U0362070

本书受国家自然基金项目（71272181）和南开大学周恩来政府管理学院"985工程"专项资金资助

中国情境下组织成员
工作-家庭促进研究

张　伶　著

南开大学出版社

天　津

图书在版编目(CIP)数据

中国情境下组织成员工作—家庭促进研究 / 张伶著
. —天津：南开大学出版社，2019.9
ISBN 978-7-310-05888-4

Ⅰ. ①中… Ⅱ. ①张… Ⅲ. ①家庭问题—研究—中国
Ⅳ. ①D669.1

中国版本图书馆 CIP 数据核字(2019)第 210460 号

南开大学出版社出版发行
出版人:陈　敬
地址:天津市南开区卫津路 94 号　　邮政编码:300071
营销部电话:(022)23508339　23500755
营销部传真:(022)23508542　邮购部电话:(022)23502200
*
天津泰宇印务有限公司印刷
全国各地新华书店经销
*
2019 年 9 月第 1 版　2019 年 9 月第 1 次印刷
240×170 毫米　16 开本　21 印张　2 插页　350 千字
定价:65.00 元

如遇图书印装质量问题,请与本社营销部联系调换,电话:(022)23507125

题记（代序）

　　张伶女士是南开大学商学院的一位女学者，是我从她学术起步时就熟识的忘年小友。她从普通馆员和编辑起步，艰难辛劳，跋涉于坎坷不平的学术道路上，顶风冒雨地摘取一项项成果。我虽然比她大 40 多岁，又和她的专业隔行，但每一次都认真读她送来的文章和专著，因为我欣赏和敬佩她的精神。

　　张伶以在职的身份读了硕士、博士，直至成为博士后流动站研究人员。张伶把她的出站报告《基于资源获取发展观的工作-家庭促进研究》送我一份，希望我为她这份报告写点题记。

　　工作与家庭历来是社会中一对相关的问题，无论是身在其间，或是旁观研究，都是备受关注的重要问题。因为家庭是社会基石，而工作又是家庭运转的活力，绝大多数人都离不开这个社会的轴心，因此，工作与家庭是人们生活中不可避免的问题。但是，过去总以工作与家庭的冲突为视角，显得很消极，而张伶的研究则以促进为视角，显得非常积极，因而可见这份研究报告对社会问题观察的细致新颖，其切入点极有针对性，所以，这一选题不是空论，而是有现实意义的。

　　张伶的这份出站报告，不是例行公事，而是博涉群籍，有科学依据。她所引用的外文资料达 252 种，中文资料 9 种。而这些资料大多是最近 20 年间的论著，应当说是最新成果，有一定的前沿性，而大量外文资料更说明这一研究的国际化。不仅如此，张伶还向社会发放了 2000 余份问卷，取得具体数据，使论文的研究基础更加扎实，而且更具特色。我认为，这是当前国内不多见的有关工作与家庭的理论著述，应当引起学术界的关注。

　　张伶这份报告分为六部分，并对这六部分的内容，做了简要的概括：

　　"首先对工作和家庭进行了界定，并且阐述了联系机制，即工作和家庭间的关系；随后，详细讨论了工作-家庭促进的内涵和维度，并对相关概念进行辨析；接下来，回顾了工作-家庭促进的相关理论、影响因素和后果；

最后从组织策略和个人策略两方面回顾了工作-家庭促进方面的策略研究"。

　　张伶的这一概括，扼要简洁。她把全书的要点明确地告诉读者。除了这部有相当学术含量的出站报告外，还有多部学术专著，足以显示她的学术潜力和勤奋好学的精神。张伶正当盛年，其学术进程如日中天。尚望戒骄戒躁，全力沉浸于学术之海洋，获取更大成就，我于张伶有厚望焉。

　　是为之题记！

来新夏写于南开大学邃谷

前　言

在工作-家庭研究领域被"冲突"视角统治 20 年之后，从积极视角出发，关注二者之间的相互促进关系正在成为组织行为领域研究的热点。工作-家庭促进是个体在工作（家庭）领域参与的程度将带来收益，而收益又会改善其在家庭（工作）领域的生活质量。资源获取发展观的前提是个体有成长、发展和追求最高层次生活质量的自然倾向。当其投入一种角色时，会获取成长的资源；也只有当最大化利用资源，才能获取积极收益。这就为工作-家庭促进研究提供了理论基础。本研究基于资源获取发展观研究工作-家庭促进及其效应，既实现了研究视角的转换，扭转了消极的惯性思维方式，唤醒原本蕴藏于人们自身的积极思维和追求发展的自然倾向，也拓展了研究的层次和水平，把研究对象从个体扩展到家庭和组织，更加强调系统性。组织历来是管理学最关注的研究层面，这无疑使工作-家庭促进研究更加具有实践意义。

在对现有文献进行回顾的过程中，笔者首先详细讨论了工作-家庭促进的内涵和维度，并对相关概念进行辨析；接下来，回顾了工作-家庭促进的相关理论、影响因素和后果；最后，从组织策略和个人策略两方面回顾了工作-家庭促进策略方面的研究。学者们的研究给予我们较好的借鉴和启发。不过，相对而言，已有的研究也存在缺乏整体性和系统性，孤立、静态地看待工作-家庭之间的互动作用的问题。此外，工作-家庭促进的大多数研究都是在西方国家，测试跨文化的工作-家庭促进模型的工作还没有开始。显然，将西方的发现普遍运用于其他社会文化背景是欠妥的。不同的文化有着不同的工作和家庭价值观、实践和习惯，需要有更多对文化规范、价值观以及其他文化差异的系统调查，用以确定工作-家庭促进的影响因素、后果、对策是某种文化所独有的还是冲破了文化的界限。由于中国的社会文化具有很强的特殊性，在中国情境下开展工作-家庭促进研究可能会得出一些不同于国外研究的结论。因此，借鉴国外已有研究，结合中国情境进行相关研究是非常必要的。

　　分析工作-家庭促进的影响机理及其效应是本研究的重要内容。本书在重点介绍了格林豪斯（Greenhaus）和鲍威尔（Powell）于 2006 年提出的工作-家庭丰富理论模型之后，沿着该模型的基本逻辑线索，从工具性途径和情感性途径两个方面对模型进行了评析。本书认为，尽管该模型对理论认识做出了巨大贡献，但仍然需要进一步验证和界定。不仅需要对信度和效度进行检验，相关研究还需要进一步理解工作和家庭相互依存的促进关系以及它们是如何具体应用的。接下来，本研究在开放式问卷调查的基础上讨论工作和家庭相互促进的具体因素及其产生的效应，为最终形成工作-家庭促进的理论模型奠定基础。

　　开放式问卷调查以组织成员为研究对象，选取全国多个省市和特别行政区的 288 位组织成员作为研究样本，涉及的组织既有营利性的企业和机构，又有非营利性的社会组织、政府部门和学校等。为了使调查尽可能客观地反映整体情况，我们在每个城市进行调查的时候，考虑了行业、组织规模的差异化。研究者设计了两个开放式问题：①你的工作如何积极地影响你的家庭生活？②你的家庭生活如何积极地影响你的工作？通过编码、命名、归类、比较等定性研究方法，得出了一些有意义的研究结论：①工作促进家庭的因素包括灵活性、员工福利、心理利益、技能与资源、工作关系和工作本身；②家庭促进工作的因素包括生理和心理利益、家庭关系、灵活性、家庭成员互动、稳定性、家庭技能、家务开支以及独立时间和空间；③受工作积极影响后，个体会产生七种家庭效应：家庭承诺、个人健康、生活水平、家庭时间、家庭关系、家庭管理技能和技术获取；④受家庭积极影响后，个体会产生六种工作效应：心理利益、灵活性、工作效率、工作关系、技能和资源。

　　利用前期开放式调研的结果，本研究进一步分析中国情境下组织成员工作-家庭促进的影响因素和结果变量，最终形成了工作-家庭促进理论模型。具体来说，影响因素概括为个人因素和组织因素两大类，其中个人因素讨论了自我效能、外倾性、与家人关系；组织因素讨论了发展机会、自主性、上司/同事支持、工作-家庭文化。结果变量包括个人层次和组织层次两大类，其中个人层次包括心理健康、工作绩效、工作满意度、组织承诺、家庭绩效、家庭满意度、积极行为、退缩行为；组织层次包括团队凝聚力和领导-成员交换关系。

依据该指标体系，本书展开了对较大样本的不同行业组织成员的调查，对整体研究数据进行了深入的分析，实证检验了本研究提出的理论模型。为保证测量量表的合理性，我们首先在天津地区进行了小范围的预调研测试，共回收 388 份有效问卷。本研究的正式调查数据来自北京、上海、天津、河北、黑龙江、吉林、辽宁、内蒙古、山东、广东、广西、海南、福建、江苏、浙江、湖南、河南、贵州、山西、陕西、宁夏等省份（自治区和直辖市），样本涉及的行业包括制造业、建筑业及公共工程、运输及仓储、通信业、金融保险及服务业等多种行业。共发放问卷 2000 份，收回 1838 份，回收率为91.9%。经过调查团队核查和项目组成员抽样检查，确定有效问卷 1795 份，有效率为 89.75%。本研究采用的统计分析软件主要有 SPSS 15.0 和 Lisrel 8.70。基于调研获取的 1795 份不同行业工作-家庭促进的相关数据，运用结构方程模型等方法对构建的工作-家庭促进概念模型进行了检验、修正和比较，并借助平均值、频数等手段测度和评价了工作-家庭促进的个人和组织影响因素、个体对工作-家庭促进两个方向的感知及工作-家庭促进带来的个人层次和组织层次的行为与绩效的基本表现水平，弥补了工作-家庭促进的实证研究不足，在完善、丰富和重构 Greenhaus 和 Powell（2006）工作-家庭丰富理论模型及韦恩（Wayne）等（2007）资源获取发展观模型的基础上实现了该模型从理论抽象到实践检验的过程。

总体来讲，现有研究都是在静态环境下的横截面研究，因而无法揭示工作-家庭促进的动态作用过程。事实上，工作-家庭促进是一个复杂的动态过程，其效果既受工作环境、薪酬激励、运行成本等因素的影响，也受自身及他人的行为、心理、决策等因素的影响。目前，采用动态跟踪调研的方式获取一手数据的研究构想在国内工作-家庭关系领域研究得到了越来越多的学者认同，是研究工作-家庭促进演化机理问题最为科学且必需的研究方法。但是，受制于数据收集的难度较大和欠缺驾驭此类长期跟踪调研项目的经验，相关工作尚处于探索阶段。为此，本研究使用模糊评价法开发了基于网络的问卷调查系统，嵌入了工作-家庭促进的探索性问题，动态跟踪个人与组织生成过程，为后续研究做出良好的铺垫。

随后，本研究又开发了工作-家庭促进影响因素的模糊评价系统，从个人层面和系统层面共同探究工作-家庭促进，以期较好地诠释工作-家庭促进的真实原因。

最后，基于工作-家庭促进的积极视角，研究者从政府部门、各类组织、成员家庭和成员个体四个层面提出了对策建议。

（1）政府策略方面。研究认为政府需要健全法律制度，为工作-家庭促进增加权威性和强制性，形成全社会支持的氛围；坚持政府为主，组织和社会力量为辅的多渠道筹资模式，开展政企社合作的高效资源运作方式来发动社会资源，保证工作-家庭促进的顺利开展；健全社工制度，构建出一支结构合理、素质优良的社会工作人才队伍，有效推动工作-家庭促进实践。

（2）组织策略方面。本研究提出一个有利于实现工作-家庭促进的、针对组织的策略框架。与以往的组织策略模型不同，工作和家庭两者不再是分割的领域，也不再是重叠的领域，而是一个互动系统。在这个系统中，组织的政策和项目是一种有利于家庭的适应政策，要求组织将工作-家庭促进问题纳入其决策的核心位置，需要考虑工作是否影响个体及其家庭生活。

（3）家庭策略方面。研究者建议个体首先应该正确认识自己的家庭以及自己作为一个家庭成员的责任。应该把从家庭中得到的快乐与为家庭做出的贡献联系在一起。为此，研究者提出了一些管理家庭的具体措施，如制订家庭宗旨、重视与家人的团聚和家庭分工等。

（4）个人策略方面。研究者从认识层面和行为层面提出了建议。在认识层面，强调了积极思维的重要性；在行为层面，为工作优化提出了具体建议，如主动性、专注重要事件、团队思维、强化优势、持续进步等。同时也指出了良好的家人、上司、同事关系对于实现工作-家庭促进的意义。

作者
2016 年 10 月

目　录

第一章 引 言

本章作为全文的起始部分，将对研究背景、问题提出、研究出发点与意义、研究方法、技术路线、结构安排以及本研究可能的创新之处予以说明。

第一节 研究背景与问题提出

一、研究背景

工作对于一个人来说，是安身立命之本；对于一个社会来说，是劳动分工、经济发展的必然形式。在现代社会中，工作已经成为大多数人社会生活内容中最基本、最主要的部分，它不仅为人们提供了收入来源，而且是人们生活方式、文化水平、行为模式的综合性反映，是现代社会反映个人社会地位一般特征的重要指标。在多元竞争的现代社会中，无论所从事的是什么样的工作，每个人都希望在自己的专业领域出类拔萃。工作成功能使人产生自我实现感，从而促进个人素质的提高和潜能的发挥。工作生活不仅对组织成员个体有意义，对组织也非常重要。在以激烈竞争和国际化扩张为标志的经济环境中，无形资产越来越成为企业的竞争优势。而人力资源作为一项非常重要的无形资产在企业战略的实现中发挥着非常重要的作用，成为影响组织核心竞争力的重要因素。通过科学的人力资源管理和开发，帮助个体正确地认识并提高工作质量，可以有效地激励他们为组织的战略服务。

家庭是人类社会的最主要组成部分，是社会的"基本细胞"，也是对人类社会产生重要影响的个体单位。家庭是应人的需求而出现的。人根据其本能的特征，需要同类的关怀和情感的交流，而家庭就是为满足人的这一天性需求而建立的一个集体。随着人类生活质量的提高，家庭的重要性日益凸显。1989 年 12 月 8 日，第 44 届联合国大会通过一项决议，宣布 1994 年为"国际家庭年"（International Year of the Family），以期提高各国政府、决策者和公众对于家庭问题的认识，促进各政府机构制定、执行和监督家庭政策；1993 年，纽约特别会议提出从 1994 年起把每年的 5 月 15 日定为"国际家庭日"（International Day of Families），旨在改善家庭的地位和条件，加强在保护和援助家庭方面的国际合作。历年主题如表 1-1 所示。

表 1-1　"国际家庭日"历年主题

年份	"国际家庭日"主题
1994	家庭：变化世界中的动力与责任
1995	无
1996	家庭：贫穷和无家可归首当其冲的受害者
1997	在伙伴关系基础上的家庭建设
1998	家庭：人权的教育者和提供者
1999	不分年龄人人共享的家庭
2000	家庭：发展的推动者和受益者
2001	家庭和志愿者：建设社会凝聚力
2002	家庭和老龄化：机遇与挑战
2003	筹备 2004 年国际家庭年十周年纪念活动
2004	国际家庭年十周年：一个行动框架
2005	艾滋病毒/艾滋病与家庭福祉
2006	变化中的家庭：机遇与挑战
2007	家庭与残疾人
2008	父亲与家庭：责任和挑战
2009	母亲和家庭：变化世界中的挑战
2010	移徙对世界各地家庭的影响
2011	面对家庭贫困和社会排斥
2012	工作与家庭——两者兼顾
2013	推进社会融合和代际团结
2014	家庭事关发展目标的实现
2015	男人说了算？当代家庭中的性别平等和儿童权利
2016	家庭、健康生活和可持续发展

从历年主题可以看出，"国际家庭日"的侧重点从"家庭中的人"转为"家庭整体发展"，由单一的家庭领域拓展到工作与家庭两个领域并

重，并且始终强调社会性别与生活质量。

在过去的半个世纪，特别在近 20 年，工作和家庭的内容和结构发生了很大的变化。工作方面，组织日益看重自身的竞争力，要求组织成员投入更多的时间和精力到工作中去，使其面临着更高的工作强度和职业压力。家庭方面，随着社会发展，家庭关系及其组合方式发生了变化，家庭结构、功能及家庭观念也发生了一系列演变：全世界家庭数目急增，家庭规模日趋缩小，离婚率普遍上升，人口老龄化问题日益严重。工作-家庭关系方面，自从 20 世纪 70 年代末，坎特（Kanter）[①]揭穿了"单独世界的神话"，研究人员、媒体和大众均对工作和家庭的相关领域表现出越来越浓厚的兴趣。不断变化的人口统计数据、工作条件、家庭角色的期望等因素促进了两个领域之间的相互渗透。日益先进的技术（如手机、笔记本电脑）在使得工作方式更加灵活的同时，也在工作和家庭生活之间建立起更加密切的联系，"随时随地工作"这一概念在越来越多人们的生活中变成现实，从而使工作与家庭角色变得更为模糊。目前研究者普遍认为，维持工作-家庭的平衡对于组织经济活力以及家庭幸福都有很重要的作用。[②]上述因素共同促进了工作和家庭关系研究的繁荣发展。

我国的文化背景和经济发展具有一定的特殊性。在中国特定的文化背景和经济发展背景下，工作、家庭以及工作-家庭关系是否具有特殊性呢？这是需要我们思考的问题。

1. 文化背景

中国人普遍认为，工作可以为家庭带来荣誉和财富。根据这种以家庭为基础的工作伦理观，额外的工作时间或者周末加班是为家庭做出的一种自我牺牲，而不是为了追求个人职业生涯成功而牺牲家庭。这种自我牺牲和长期导向使得承担额外的工作责任和任务虽然短期内会扰乱家庭生活，但会带来长期收益的理念合法化，甚至鼓励这种做法。与西方个体主义价值观相比，中国更多地倾向于集体主义价值观。集体主义价值观通过强调家庭和其他大集体的互惠而赋予工作优先的合法地位。这种集体主义文化价值观认为，把工作放到优先地位是合理的，强调了家庭和工作场所的互惠性。在集体主义

---

① Kanter R M. Work and family in the United States: A critical review and agenda for research and policy. New York: Russell Sage Foundation, 1977.

② Barnett R C. Toward a review and reconceptualization of the work-family literature. Genetic, Social, and General Psychology Monographs, 1998, 124(2):125-182.

文化中，人们将为了工作而牺牲家庭时间视为自我奉献，短期的成本能够给家庭带来长期的收益。集体主义不仅期望个体更多地意识到集体的需求，还要自愿地让个人生活服从于集体利益。中国传统的集体主义价值观强调个体和小集体（小家，例如个体的家庭）以及大家（大家庭，例如公司就是我的家）的互惠。家庭是个人私生活和小集体的一部分，而个人所属的工作场所和组织是一个更大的集体。对于工作-家庭界面来讲，个人在大集体（例如工厂和组织）中的身份要求个体牺牲一些个人和家庭承诺，而不是相反的路径。①即使经过了这么多年的经济改革，中国的企业依然是社会福利的主要提供者，组织成员依然具有很强的组织或工作团体身份。经济改革和致富光荣的口号使得努力工作不仅仅是为了家庭，更是为了国家的理念合法化。②而在西方个体主义价值观看来，上述的类似行为会被认为是为了自己的职业和个人成就，会引起家庭其他成员的不满。个人主义和集体主义在工作干涉家庭方面的区别源于不同社会规范下的角色优先权不同以及对工作和家庭和谐的认识不同。个体主义强调隐私和个体对所属家庭的责任，将家庭置于其他集体之前，一个家庭责任感强的人不应该允许工作干涉到家庭。家庭是社会的细胞。而东西方不同的发展道路，也生成了中国和西方不同的家庭模式和家庭文化观念。东方血缘社会历史道路使中国的家庭模式、概念和功能，具有不同于西方社会的特殊性。对此，梁漱溟先生③曾做过专门分析。他认为，在东西方社会结构中，家庭的社会地位和作用有很大不同。简单来讲，西方社会往往以个体为中心，家庭地位和功能相对次要，而中国传统社会往往以家庭为中心，家庭是社会生活的基本单位或细胞。费孝通在《乡土中国》中分析中西方社会结构时曾说④，西方社会结构是像田里柴捆一样的个体集合体，而中国社会的"格局不是一捆一捆扎清楚的柴，而是好像把一块石头丢在水面上所生的一圈圈推出去的波纹的'差序格局'，这和西方的'团体格局'大不相同"。在"差序格局"中，社会由不同个体按亲疏关系组成网

---

① Yang Nini. Individualism-collectivism and work-family interfaces: A Sino-U.S. comparison. In Poelmans Steven A Y(Ed), Work and family: An international research perspective. Mahwah, NJ, USA: Lawrence Erlbaum Associates, 2005: 287-318.

② Yang Nini, Chao C Chen & YiMin Zou. Sources of work-famiy conflict: A Sino-U.S. comparison of the effects of work and family demands. Academy of Management Journal, 2000, 43(1): 113-123.

③ 梁漱溟. 中国文化要义. 上海: 学林出版社, 2000.

④ 费孝通. 乡土中国. 北京: 三联书店出版社, 1985: 48-52.

状关系，是放大了的"家"。中国的传统是重家庭的，传统的中国社会是以家庭和家族为中心展开的。儒家经典提出，先"修身""齐家"，而后才能"治国""平天下"，因为"修身""齐家"居人伦之首，是形成全部社会关系和秩序的基础和起点。中国人在很早就提出了国家的哲学，认为"家"是"国"之基，"国"立于"家"之上，"国"和"家"浑然一体，不可分割。"和"是中国文化或中国伦理文化努力追求的价值目标，它体现在家庭方面，就是要求家庭成员之间关系的协调与和谐，这样才能带来家庭的稳定和生活的幸福。在传统的家庭生活中，为了保持和谐，古人提倡子对父母、妻对夫的谏诤。但是他们也强调要注意谏诤的方式，即所谓"几谏"，也是为了保持家庭和谐。《孟子·公孙丑下》提出："天时不如地利，地利不如人和"；《中庸》也指出："和也者，天下之达道也"，其目的无非是为了首先实现人际关系的协调与和谐，进而实现整个社会的和谐。

2. 经济发展背景

一般认为，中华人民共和国成立后中国经济发展经历了计划经济时代、计划经济为主市场经济为辅的双轨制时代和市场机制占主导地位的转型经济时代三个不同阶段。[①]尽管不同的经济阶段有着不同的特征，但在每个阶段，工作-家庭关系在社会资源的配置和地位的获得中，都有着特殊和重要的作用。不同的是，由于经济发展背景不同，每个阶段的工作、家庭的特点，以及人们所追求的工作-家庭目标会表现出较大的差异。

在计划经济阶段，经济发展依靠中央计划调控。在"计划经济必须实行劳动力计划调配"的思想指导下，形成"统包统配"的劳动就业制度。[②]企业既缺乏用人权，也不能辞退剩余劳动力。在当时的历史条件下，人们的职业意识淡薄，物质欲望压抑，工作是谋生的手段，家庭只是被动地服从工作需求，很多家庭长期两地分居，整个社会的工资也由国家统一管理，"平均主义""大锅饭"的思想也主导了整个分配制度。

在双轨制阶段，"统分统配"的用工制度弊端日益凸显。1980 年 8 月，中央召开全国劳动就业工作会议，总结了传统劳动就业制度的弊端，指出必须对我国经济体制包括劳动体制进行全面改革。在会议上提出了著名的"三

---

① 边燕杰，张文宏. 经济体制、社会网络与职业流动. 中国社会科学，2001（2）：77-89.

② 冯兰瑞. 论中国劳动力市场. 北京：中国城市出版社，1991.

结合就业方针"，即在国家统筹规划和指导下实行劳动部门介绍就业、自愿组织起来就业和自谋职业相结合的方针，劳动就业制度改革的序幕由此拉开。①尽管国有和集体部门还不能完全自主地依据劳动合同解雇职工，但已拥有招聘新职工的权利。个体、私营、民营、合伙或联营、三资企业等新经济形式则拥有自由招聘、解雇职工的权利。劳动力市场已经在这些企业之间发挥作用，构成了劳动用工制度上的双轨并存的局面。相应的，职工个人在选择工作单位和职业方面拥有了一定的自主权。② ③但是，人们的职业意识仍然十分淡薄，因为就业基本上是由国家统一安排，一旦被安置就业就很少有变动的可能。大多数人还是追求工作上的"铁饭碗"和国家给予更多生活上的保障，家庭依然是工作的附属品，家庭幸福指数较大程度上取决于夫妻双方对工作的满意程度。

在市场经济占主导地位的转型经济时代，劳动力市场领域的特征是，自主性的职业流动、全员劳动合同制、双向选择、多渠道就业正在从抽象的理论表述变为具体的现实。越来越多的劳动者开始抛却对"铁饭碗"的依赖，自主地选择自己的职业，个人的工作和家庭追求也变得越来越丰富，人们不再局限于过去受到限制的职业发展，相反渴求通过收入、晋升和家庭幸福等多种不同的方式展现自己的成功。在这个时代，越来越多的人开始意识到处理好工作和家庭的关系既可以为自身职业发展带来好处，也能为家庭幸福添砖加瓦。工作-家庭关系逐步受到全社会的空前关注。

二、问题提出

通过以上研究背景的分析，我们可以得出两个基本的结论：一是在我国特殊的经济和文化背景下，工作、家庭以及相互关系是影响个人职业发展、促进社会和谐的重要因素之一；二是尽管在不同的经济发展时期，工作-家庭关系的表现形式、人们对工作和家庭追求的目标不同，但是随着时代的变迁，工作-家庭关系对经济发展和社会和谐的影响得到了人们越来越强烈的关注。

特别是现阶段，我国正处于社会、经济体制的转型期，组织改革的深入和企业对绩效的追求，使得其对组织成员家庭需要的关注减少。一方面，为

---

① 冯兰瑞. 论中国劳动力市场. 北京：中国城市出版社，1991.

② 袁志刚，方颖. 中国就业制度的变迁. 太原：山西经济出版社，1998.

③ 杨宜勇. 失业冲击波——中国就业发展报告. 北京：今日中国出版社，1997：114-125.

了应对激烈的全球化竞争，组织对其成员工作绩效的要求不断提高，岗位竞争不断加剧，变相的工作时间延长、加班成为家常便饭；另一方面，日益频繁的组织兼并、重组和裁员使得个体对工作的安全感大大降低，这些前所未有的工作压力不可避免地给个体的家庭生活带来重要的影响。与此同时，现代组织成员的价值体系中也更多纳入了平衡家庭和工作关系的意识。①无论是男性还是女性都开始考虑组织政策和工作设计会不会帮助他们更好地平衡工作和家庭之间的关系。比如，美国家庭与工作协会（Families and Work Institute）②的调查发现，87%的人认为弹性政策有利于雇佣双方，对于求职者则更为重要。现代人对家庭生活质量的要求也较以前大大提高，人们希望有更多的时间和精力投入自己的家庭生活。当工作活动对家庭生活产生影响，甚至干扰家庭生活时，人们就不得不面对工作与家庭之间的平衡问题。美国心理学会（American Psychological Association）③对1791名成人进行了网络调查，结果就显示，33%的人认为很难解决工作-家庭冲突，56%的在职人员经历过工作干涉家庭的冲突，47%的人有家庭干涉工作的经历。一旦处理不当，工作和家庭需要之间失去平衡，并且长期持续这种状态，就可能给其正常的工作和家庭角色表现等带来一系列的消极影响。可见，如何帮助人们更好地平衡其工作和家庭需要之间的关系已成为当前一种迫切的社会需要。工作-生活平衡（WLB）是人力资源管理的重要领域，已经受到政策制定者、组织管理者和组织成员的更多关注。④经济合作与发展组织（Organisation for Economic Cooperation and Development，OECD）更将工作-生活平衡状态纳入幸福生活指数（Better Life Index）的考量之中，作为衡量人们生活质量和幸福程度的重要指标之一。显然，工作-家庭的和谐关系已成为人们的一致追求。

---

① Stephens G K & Sonnner S M.The measurement of work to family conflict. Educational and Psychological Measurement, 1996, 56(3): 475-486.

② Families and Work Institute. National study of the changing workforce. New York: Families and Work Institute, 2008.

③ American Psychological Association. Stress in America, 2008. Retrieved from http://www.apa.org/news/press/releases/2008/10/stress-in-Aamerica.pdf.

④ Mccarthy A, Darcy C & Grady G. Work-life balance policy and practice: understanding line manager attitudes and behaviors. Human Resource Management Review, 2010, 20(2): 158-167.

工作-家庭领域的研究源于分析雇佣与家庭生活间的相互影响，而关于雇佣对家庭生活和家庭生活对雇佣的影响的研究至少已有 70 年的历史了。[1]真正意义上的工作-家庭研究出现于 20 世纪 70 年代后期，几位学者发表了几篇开创性的文章，标志着这个研究领域的诞生[2]。尼尔（Near）等在 1980 年对工作和家庭关系的实证研究进行了描述性回顾，为工作和家庭研究指明了方向。之后，工作和家庭关系研究蓬勃发展，至今已经有 30 多年历史了。

2005 年，埃比（Eby）等[3]发表在《职业行为杂志》（*Journal of Vocational Behavior*）上的分析文献，回顾了 1980—2002 年间工业心理学和组织行为学领域内关于工作和家庭的研究。

回顾的主题包括：①工作-家庭冲突（Work-Family Conflict）；②工作角色压力（Work Role Stress）；③工作-家庭协助（Work-Family Assistance）；④工作时间计划（Work Schedules）；⑤职务再配置（Job-Related Relocation）；⑥对职业生涯和职务影响结果（Career and Job-Related Outcomes）；⑦工作-家庭领域间社会性别和关系研究（Gender and the Relationship between Work and Family Domains）；⑧双职业生涯夫妇（Dual-Earner Couples）；⑨生活领域间的关系（Relationships among Life Domains）。

该文表明，1980—2002 年间，工作和家庭领域的研究仅文献回顾类文章就有 15 篇，实证研究达到 190 篇之多。这说明，这一领域的研究在过去的近 30 年间增长很快。

学者们将有关工作和家庭关系的研究定义为两种主要类型，一种是积极关系，另一种是消极关系。长期以来，相关文献主要关注于两者之间消极的相互依赖关系，或者称为工作-家庭冲突（Work-Family Conflict，简称 WFC）[4]。这种冲突的观点认为，两者中任何一种角色的体验都会为另一种角色带来压

① Frone M R, Russell M & Cooper M L. Relation of work-family conflict to health outcomes: A four year longitudinal study of employed parents. Journal of Occupational and Organizational Psychology, 1997, 70(4): 325-335.

② Poelmans S. Organizational research on work and family: Recommen-dations for future research. In Poelmans S A Y (Ed). Work and Family: An International Research Perspective. Mahwah, NJ, USA: Lawrence Erlbaum Associates, 2005: 353-371.

③ Eby Lillian T, Wendy J Casper, Angie Lockwood, Chris Bordeaux & Andi Brinley. Work and family research in IO/OB: Content analysis and review of the literature (1980-2002). Journal of Vocational Behavior, 2005, 66(1): 127-197.

④ Barnett R C. Toward a review and reconceptualization of the work-family literature. Genetic, Social, and General Psychology Monographs, 1998, 124(2): 125-182.

力、时间约束或者紊乱的行为。Greenhaus 和彼特尔（Beutell）[1]指出，工作和家庭两种角色都有自己的需求，这些需求之间存在不可协调性，满足一种角色需求就会使得另外一种角色的需求很难得到满足。角色需求源自组织和家庭成员的期望以及个体对待工作和家庭的态度。当个人的时间和精力不足以同时满足工作和家庭两个角色的需求时，就会产生工作-家庭冲突，因此会降低生活质量。[2]

工作-家庭冲突一直是探讨工作和家庭生活之间交互关系时最受关注的主题。在一定程度上，对工作-家庭冲突的深入研究确实为人们理解工作与家庭之间的交互关系做出了重大贡献。然而，如果只一味关注冲突，这对于更好地理解工作与家庭之间的交互关系来说显然是不全面的。有必要在接下来的研究中突出工作-家庭促进的视角，即重新认识和关注工作与家庭角色表现之间互惠互利、彼此促进的一面。

工作-家庭促进的思想其实在研究者最早探讨工作-家庭冲突的时候就出现了，只是一直没有得到足够的重视。在工作-家庭研究被冲突的视角统治了 20 年之后，越来越多的研究开始关注工作与家庭角色之间的相互促进关系[3][4]，视其为一种全新而具深远意义的研究。学者们在工作-家庭的积极溢 出 效 应 （Positive Work-Family Spillover）[5][6][7][8][9]、工作-家庭增强

---

① Greenhaus J H & Nicholas J B. Sources of conflict between work and family roles. Academy of Management Review, 1985, 10(1): 76-88.

② Frone M R. Work-family balance. In J C Quick & L E Tetrick (Eds.),Handbook of occupational health psycholog. Washington, DC:American Psychological Association, 2003: 143-162.

③ Grzywacz J G, Almeida D M & McDonald D A. Work-family spillover and daily reports of work and family stress in the adult labor force. Family Relations, 2002, 51(1): 28-36.

④ Hill E J. Work-family facilitation and conflict, working fathers and mothers,work-family stressors and support. Journal of Family Issues, 2005, 26(6): 793-819.

⑤ Butler A B, Grzywacz J G, Bass B L & Linney K D. Extending the demands-control model: A daily diary study of job characteristics, work-family conflict and work-family facilitation. Journal of Occupational and Organizational Psychology, 2005, 78(2): 155-169.

⑥ Crouter A C. Spillover from family to work: The neglected side of the workfamily interface. Human Relations, 1984, 37(6): 425-442.

⑦ Glass J L & Estes S B. The family responsive workplace. Annual Review of Sociology, 1997, 23(1): 289-313.

⑧ Grzywacz J G. Work-family spillover and health during midlife: Is managing conflict everything? American Journal of Health Promotion, 2000, 14(4): 236-243.

⑨ Grzywacz J G, Almeida D M & McDonald D A. Work-family spillover and daily reports of work and family stress in the adult labor force. Family Relations, 2002, 51(1): 28-36.

（Work-Family Enhancement）[①]、工作-家庭丰富（Work-family Enrichment）[②③]
及工作-家庭促进（Work-Family Facilitation）[④⑤⑥⑦]等方面开展了大量的研究。
由于工作-家庭促进（Work-Family Facilitation）更加关注于系统机能的提升，
而组织系统技能的提升正是管理学最为关注的，因此本研究倾向于采用工作-家
庭促进这一概念。

目前的工作-家庭促进研究，其结论大多数是基于西方国家的组织成员
样本得出的，而以中国组织成员为样本的研究还很少。工作-家庭促进与冲
突的真正不同之处体现在哪里？工作-家庭促进最重要的影响因素有哪些？
工作-家庭促进与一些重要结果变量的关系如何？像这样一些问题的澄清都
是接下来的迫切任务。

事实上，不管是基于冲突还是促进的视角，如何有效帮助组织成员处理
工作和家庭之间的关系始终是该领域真正体现实践价值之所在。总结已有的
实证研究和理论探讨可以发现，其核心均在于帮助个体构建有效的社会支持
系统。几乎所有的研究者均认为，来自家庭成员以及组织的有效支持对于员
工个体更好地平衡其工作和家庭都具有重要的积极意义。但是并非任何形式
的组织支持都能取得很好的效果。国外已有研究发现，组织非正式的工作-家
庭支持与正式的支持相比，对一些组织行为后果变量的影响更大。然而，
在我国文化背景下，同样的结论是否成立？组织施行怎样的工作-家庭支持
才是切实有效的？这些问题还有待基于中国文化背景的实践检验。

---

① Voydanoff P. Linkages between the work-family interface and work, family and individual outcomes: An integrative model. Journal of Family Issues, 2002, 23(1):138-164.

② Friedman S D & Greenhaus J H. Work and family-allies or enemies? What happens when business professionals confront life choices. New York: Oxford University Press, 2000.

③ Greenhaus J H & Powell G N. When work and family are allies: A theory of work-family enrichment. Academy of Management Review, 2006, 31(1): 72-92.

④ Frone M R. Work-family balance. In J C Quick & L E Tetrick (Eds.),Handbook of occupational health psycholog. Washington, DC:American Psychological Association, 2003: 143-162.

⑤ Grzywacz J G & Butler A B. The impact of job characteristics on work-to-family facilitation: Testing a theory and distinguishing a construct. Journal of Occupational Health Psychology, 2005, 10(2): 97-109.

⑥ Hill E J. Work-family facilitation and conflict, working fathers and mothers,work-family stressors and support. Journal of Family Issues, 2005, 26(6): 793-819.

⑦ Voydanoff P. Social integration: Work-family conflict and facilitation, and job and marital quality. Journal of Marriage and Family, 2005, 67(3): 666-679.

基于此，探索工作-家庭之间积极的促进关系成为本研究的兴趣所在。在现阶段人们对于工作-家庭关系的看法是怎样的？组织成员的工作如何积极地影响他们的家庭生活？家庭生活又如何积极地影响他们的工作？受工作积极影响的家庭效应以及受家庭积极影响的工作效应各是什么？如何利用二者之间的积极关系实现工作和谐、家庭和谐以及全社会的和谐？工作-家庭促进的影响因素和效应是通过什么样的作用途径来实现的？这些均是本研究关心的主要问题。

第二节　研究的出发点和意义

一、研究的出发点

1. 促进视角

工作和家庭的含义及其相互关系在学术领域和公共部门，都是一个经常被讨论的重要议题。工作-家庭冲突对于个体、家庭、组织以及社会，都已经成为一个主要的问题，并且成为工作-家庭领域到目前为止最广泛研究的主题。尤其是工业化以后，工作和家庭处于一种零和局面，要达成平衡有一定的难度和限制的观点得到了越来越多的认同。这一时期的研究大多把工作与家庭在角色上进行分割，认为工作者角色在空间上、时间上，甚至在某种程度的社会意义上，不同于其在家庭、社区等方面的角色，身兼多重角色会带来很多困难。人力资源开发部门也非常注意这一关系，通过一系列的开发活动和培训项目去帮助组织成员平衡工作-家庭关系。

与此同时，一系列的研究成果证实了工作和家庭并不是相互竞争、此消彼长的关系，在很多方面工作和家庭是相互促进的。工作上的成功经常有助于家庭的幸福，反之亦然。但是，这些研究成果由于缺乏强有力的理论框架以及研究方法上的限制一直没有得到重视。格里兹沃茨（Grzywacz）[1]提出的工作-家庭角色促进理论模型以及 Greenhaus 和 Powell [2]提出的工作-家庭

---

[1] Grzywacz J G, Almeida D M & McDonald D A. Work-family spillover and daily reports of work and family stress in the adult labor force. Family Relations, 2002, 51(1): 28-36.

[2] Greenhaus J H & Powell G N. When work and family are allies: A theory of work-family enrichment. Academy of Management Review, 2006, 31(1): 72-92.

丰富模型有助于该理论的研究，但是需要进一步的验证和界定①。目前，国内对工作-家庭促进及其效应的研究还处于起步阶段，近两年仅仅有几篇对国外研究的介绍。②③目前，基于中国样本对工作-家庭促进及其效应的实证研究还无人涉及，而这正是本书及其后续研究计划完成的工作。

2. 组织层面

事实上，工作-家庭研究应该区分个体层面、二元层面、组织层面乃至社会层面的研究。目前大量的工作-家庭研究多是基于个体层面进行的，而对于家庭、组织和社会层面的研究则开展较少。在少量的二元层面的研究也多是关注双职工夫妇层面的分析，而同样不可忽视的领导-成员二元相互作用方面的研究目前还没有出现。具体的，组织层面的研究需要回答个体或组织在什么时间、为什么以及如何制定人力资源战略、政策、实施计划、实践或是更具体地研究家庭支持政策和文化。④组织层面的研究才刚刚起步，但显然其作用是巨大的，它能够让组织成员改变"在办公室里做的事是公司的事，下班后做的事是自己的事"的观念，不再把工作-家庭问题单纯托付给人力资源部门去处理，而是将"家庭亲善项目"渗透到组织的文化中去，根本改变个体行为。对于组织来说，怀有工作-家庭和谐的理念比起工作-家庭平衡理念对设计开发活动更加有所帮助。通过培训与开发，鼓励组织成员把自己当成自己生命的作家、作曲家、管弦乐作家和表演家。在这种和谐理念下，一些有关工作-家庭的问题，例如，"你将如何减少你的工作时间来平衡家庭关系""你将如何从家庭抽出时间更好地完成工作"等就不需多问了。相反，询问一些其他问题会更加有益处，例如："你在工作中所学的知识如

① Hill E J, Allen S, Jacob J, Bair A F, Bikhazi S L, Van Langeveld A … & Walker E. Work-family facilitation: Expanding theoretical understanding through qualitative exploration. Advances in Developing Human Resources, 2007, 9(4): 507-526.

② 唐汉瑛，马红宇，王斌. 工作-家庭界面研究的新视角：工作家庭促进研究. 心理科学进展，2007，15（5）：852-858.

③ 黄逸群，潘陆山. 工作和家庭关系研究的新思路——工作-家庭丰富研究综述. 技术经济，2007，26（8）：11-13.

④ Poelmans S. Organizational research on work and family: Recommendations for future research. In Poelmans S A Y(Ed), Work and family: An international research perspective. Mahwah, NJ, USA: Lawrence Erlbaum Associates, 2005: 353-371.

何帮助你的家庭生活""如何达成工作-家庭的和谐发展"等[①]。本书力图充分显示出这种可能性，这也正是管理学最应该关注的研究层面。

二、研究意义

本书的研究意义可以从理论和实践两个方面来探讨。

1. 理论意义

首先，对工作-家庭促进的研究从促进的角度探讨工作与家庭之间相互的正向影响关系，打破了工作与家庭冲突的传统思维模式，进一步推动了工作-家庭关系理论的发展。这不仅仅是提供了一种有别于冲突的研究视角，其重要意义还在于拓展了传统工作-家庭界面研究的层次和水平。传统工作-家庭界面研究更多只是关注身兼工作和家庭双重角色会给个体带来一系列的消极后果，而工作-家庭促进研究同时关注其对整个家庭、组织的影响，即系统论的思想。[②]其次，工作-家庭议题不是在真空中发生的，而是真实存在于国家、组织和家庭等具体情境之中。[③]鉴于大多数工作-家庭促进研究都是在西方国家进行的，而东方国家尤其是亚洲国家与西方国家在文化传统、家庭结构和社会制度上存在明显差异[④]，二者看待工作和家庭的方式迥异，迫切需要开展东方情景尤其是中国情景下组织成员的工作-家庭促进研究，并且探讨东西方情景影响因素的内在差异。研究结合中国现状，探讨中国背景下工作-家庭促进的内涵及影响因素，可能会得出与国外不一致的结论。另外，在中国背景下探讨组织成员工作-家庭促进的影响因素及效应，有助于初步建立中国文化背景下的工作-家庭促进理论，丰富工作-家庭研究积累，为今后其他学者开展其他文化情境下工作-家庭促进研究提供参考和借鉴。最后，结论将为组织管理创新提供依据。伴随着社会经济变迁和信息科技的海量膨胀，组织发展迎来新的挑战与机遇。在当前时代背景下，组织不

---

① Hill E J, Allen S, Jacob J, Bair A F, Bikhazi S L, Van Langeveld A … & Walker E. Work-family facilitation: Expanding theoretical understanding through qualitative exploration. Advances in Developing Human Resources, 2007, 9(4): 507-526.

② 唐汉瑛，马红宇，王斌. 工作-家庭界面研究的新视角：工作家庭促进研究. 心理科学进展，2007，15（5）：852-858.

③ Stepanova O. Organizational subcultures and family supportive culture in a Spanish organization. in Poelmans S A Y, Greenhaus J H & Las Heras M(Eds), Expanding the boundaries of work-family research: A vision for the future. Basingstoke, UK: Palgrave, 2013:70-90.

④ Hassan Z. Work-family conflict in east vs. western countries. Cross cultural Management: An International Journal, 2010, 17(1): 30-49.

仅仅需要关注能够为组织创造出更多利益的个体，还需要将研究的关注点从个体工作和生活拓展到个体整体生活，从强调组织提供转向基于个体需求反思组织提供的效率，纳入二元甚至多元思维，为寻求促进工作-生活和个人/家庭-生活整合的创新型路径带来更多可能。研究试图寻求工作-家庭促进的内在逻辑和理论路径节点，能够有效创新组织管理方式方法。

2. 实践意义

对工作-家庭促进的关注也具有重要的实践意义。首先，研究工作-家庭促进有助于社会和谐。我国政府历来非常关注和谐关系的建立。十八大报告明确指出"社会和谐是中国特色社会主义的本质属性"，要"构建社会主义和谐社会""推动建设和谐世界""坚持促进社会和谐"[①]。工作-家庭关系和谐无疑也是社会和谐的一个重要指标，并且在很大程度上直接影响人们的家庭主观幸福感和生活满意度。由于工作-家庭冲突过于看重角色需求间的相互竞争效应，因此忽略了角色资源间的相互促进效应。而工作-家庭促进则强调角色间的协同效应。[②]基于资源获取发展观研究工作-家庭促进及其效应，不但实现了研究焦点的转换，把研究视野从"需求"聚焦到"资源"，而且扭转了消极的惯性思维方式，唤醒原本蕴藏于人们自身的积极思维和追求发展的自然倾向，对于构建和谐社会有重要意义。其次，员工工作-家庭的相互促进对于员工个体保持健康的身心、愉悦的心情非常重要。实证研究证实了工作和家庭存在着互动机制。一旦发生工作-家庭的相互促进，那么就有利于组织成员将家庭（或者工作）中的积极情绪传递给工作（或者家庭），推进另一个领域的有效发展，而这些均能够促进组织成员的心理健康，并且体验到更多的家庭幸福感、工作幸福感和生活幸福感。最后，组织成员工作-家庭的相互促进有助于工作的顺利完成，提高工作满意度，对于组织也有非常重要的意义。工作-家庭促进非常重要的一个方面就是将家庭中的积极体验或者情绪带到工作之中，在这种正面影响之下，组织成员能够增加工作动力，以更好的状态投入工作之中，从而提升工作速度和工作效率，提高组织成员对工作的满意度，并为组织创造出更多的收益。同时，工作-家庭相互促进也给组织帮助其成员平衡工作和家庭生活的效果提供了最好的途径。从

---

① 新华网. 十八大报告 [EB /OL]. http://www.xj.xinhuanet.com/2012-11/19/c 113722546.htm.

② Voydanoff P.The effects of work demands and resources on work-to-family conflict and facilitation. Journal of Marriage and the Family, 2004, 66(2): 398-412.

一定意义上来说，工作-家庭相互促进超越了工作与家庭平衡的目标，不仅仅缓解了工作和家庭领域的现实矛盾，而且推动了两个领域的协同发展。组织完全可以通过组织成员是否达到了工作与家庭两个领域的相互促进来判断组织成员工作-家庭平衡的程度。

第三节　技术路线和结构安排

一、本研究的技术路线

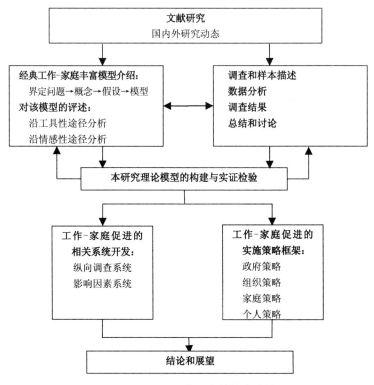

图 1-1　本研究的技术路线

二、结构安排

第一章，引言。基于工作-家庭关系领域的研究背景，指出了研究的出发点，并且从理论和实践两个方面阐述了研究意义，随后介绍了研究方法、结构安排以及有可能的创新等，为整体研究做出设想。

第二章,文献研究。本书采用内容综合分析方法分别从工作-家庭促进的内涵和维度,工作-家庭促进的理论模型基础,工作-家庭促进的影响因素、结果变量和实施策略等方面对现有文献进行了回顾。

第三章,工作-家庭促进的影响机理及其效应。本章的研究内容包括:基于 Greenhaus 和 Powell[①] 提出的工作-家庭丰富理论模型的基本逻辑线索,采取问卷调查的方法讨论工作和家庭相互促进的具体因素及其产生的效应,为最终形成工作-家庭促进的理论模型奠定基础。

第四章,工作-家庭促进理论模型的构建。本章的主要目的是在借鉴现有工作-家庭促进过程发生机制的基础上,利用前期开放式问卷调查的结果,进一步分析中国情境下工作-家庭促进的前因和结果,最终形成工作-家庭促进理论模型。

第五章,工作-家庭促进理论模型的实证检验。本章的主要目的是在前期创建的适用于中国情境的工作-家庭促进理论模型和检验指标的基础上,展开对较大样本的不同行业组织成员的问卷调查,对整体研究数据进行了深入的分析,实证检验了本研究提出的理论模型。

第六章,基于多层次模糊综合评价的工作-家庭促进纵向调查系统开发。使用模糊评价法开发了基于网络的问卷调查系统,为后续研究做了良好的铺垫。

第七章,工作-家庭促进影响因素模糊评价系统开发。采用 B/S(Browser/Server,浏览器/服务器模式)结构,通过对不同影响因素的纵向对比,确定对用户工作-家庭促进的最大影响因素,同时通过对同一影响因素内用户反馈的横向对比,对用户在该项影响因素上的表现给出评价。

第八章,工作-家庭促进的实施策略。根据实证检验结论,从政府部门、各类组织、成员家庭和成员个体四个层面提出相应的对策建议。

第九章,结论与未来研究方向。总结前述研究结果,阐述论文的基本观点,并且指出了本研究的局限和未来的研究方向。

---

① Greenhaus J H & Powell G N. When work and family are allies: A theory of work-family enrichment. Academy of Management Review, 2006, 31(1): 72-92.

第四节 研究方法和可能的创新之处

一、研究方法

对工作-家庭关系进行研究的方法有很多，如文献回顾、问卷调查、日记追踪、案例研究、讨论、访谈和实操（How to）。[1]由于本研究的目的在于构建一个实践导向的工作-家庭促进理论模型，因此本研究采用定性研究和定量研究相结合的方法。如前文所述，工作-家庭关系研究不但受到经济发展水平的影响，更多地还会受到文化因素的影响，在处理工作-家庭关系的过程中，人的行为会受到心理因素、情感、价值观等多种因素的制约，这些因素多是来自人的内心世界及亲身体验，或者是来自人类的本能。以现象学作为方法论基础的定性研究，在研究范式上偏重于人文科学观和现象学的研究范式，对于社会现象的研究按照从具体到抽象、从外到内、由浅及深的过程，从理性上认识并揭示其社会现象的本质及发展规律，突出社会环境中人的社会主体特征。具体方法如下。

第一，开放式问卷调查方法。为深化研究，研究者设计了两个开放式问卷，试图挖掘被调查者感知的工作-家庭生活之间的相互促进关系。数据搜集采用方便抽样的方法，通过电子邮件、熟人介绍等方式，对全国多个省市及香港特别行政区的 288 名各类组织成员进行了开放式问卷调查，搜集到他们对于工作-家庭促进认知的第一手资料。

第二，以逻辑演绎为核心的理论研究方法。通过对相关文献的梳理和评述，从现实中概括出研究对象的基本关系，并进行归纳与逻辑演绎，同时基于中国情境，通过构建工作-家庭促进理论模型，寻找适合中国经济文化背景的一般模式。

第三，跨学科研究方法。跨学科研究是近年来社会科学研究领域热衷使用的方法之一，在西方学术界通常被称为"整合研究"，强调对问题进行整体性的、联系性的、辩证性的思考。跨学科研究的基本特征可以分为两个方面，一是方法论上的发展，力图在多学科基础上发展一个新的研究对象以及

---

[1] Bretz R D, Milkovich G T & Read W. The current state of performance appraisal research and practice: Concerns, directions, and implications. Journal of Management, 1992, 18(2): 321-352.

在学科之间建立共同的理论模型、研究方法和共同的语言；二是该研究主要是理论的而不是通过实验和技术来进行的。工作-家庭问题是组织行为学、社会学、心理学、管理学等诸多学科关注和研究的重要问题，其研究进程也是一个见仁见智的过程。本书将在对多学科理论和研究成果广泛吸收的基础上，采用多学科交叉的知识成果和方法论进行研究。

第四，实地访谈法。作为一种互动性非常强的调研方法，实地访谈能够帮助我们直接获取受访者的经验和解释。实地访谈分为两个阶段，首先采用非结构化访谈，了解访谈对象对本研究问题的一些初步认识，在此基础上结合文献分析建立半结构化的访谈提纲；然后采用半结构化访谈，借助编制的访谈提纲继续对企业进行深度访谈，明晰工作-家庭促进的影响因素以及对组织和个人的效应。

第五，定量分析：模型的检验。为了避免定量研究中出现的同源偏差问题，同时与国际研究接轨，本研究所采用的分析数据来源于一手数据和二手数据两个方面；对于能够通过二元方式获取数据的（如组织成员及其主管、夫妻双方等）采用配对发放问卷的方式搜集数据。在样本选择方面，行业及企业规模、类型的代表性和全面性是我们重点考虑的因素，力图使得样本的选择能够涵盖多种行业类型，并且具有规模、类型上的差异性和代表性。

二、本研究可能的创新之处

国际上对于工作-家庭促进的研究目前更多的是停留在基于西方文化背景下的理论探索阶段，国内更是仅有零星几篇综述性或介绍性文章，本研究是对中国各类组织成员样本的尝试，力求为构建基于中国情境的工作-家庭促进模型奠定事实基础。

现有的研究对象要么侧重于个人层次分析，局限于探究个体感知和体验；要么侧重于系统层次（组织、家庭）的影响，而忽略了个人对于自身能力的评价。[①]基于资源获取发展观，本研究提出了一个个人层次与系统层次整合的工作-家庭促进模型，因为无论忽略哪一方面显然都是不全面的。

工作-家庭促进是一个持续进行的动态过程。基于较大样本的结构化问卷调查，虽然能够反映更为共性和普遍的规律，但也可能因此忽视被调查者

---

① Hill E J, Allen S, Jacob J, Bair A F, Bikhazi S L & Langeveld A V, et al. Work-family facilitation: Expanding theoretical understanding through qualitative exploration. Advances in Developing Human Resources, 2007, 9(4): 507-526.

更深层次和更为细化的个性化问题。因此，本研究同时采用定性研究的方法，通过开放式问卷获得被调查者鲜活的思想、态度和感知，从而揭示结构化问卷所不能反映的问题，有助于更好地反映个体对工作-家庭促进的真实情况。

第二章 文献研究

近年来，学者们对工作-家庭促进进行了诸多讨论，为该问题的深度研究奠定了基础。然而，综合现有研究文献，我们对工作-家庭促进的文献进行梳理，发现有的文献是以有限的工作相关因素和家庭相关因素之间的具体关系为重点[①]，有的只是选择性地摘录分析了早期工作-家庭促进研究[②]，缺乏使用内容综合分析方式展开的文献研究，而这正是本章的立意之所在。

本章将以工作-家庭促进作为切入点，对概念及内涵、理论基础、前因、后果、实施策略等主要方面进行文献梳理和讨论，总结现有研究结论，提出进一步研究的空间和焦点，以推动学术研究和管理实践的共同进步。

为了获得该领域最前沿、最权威、最翔实的文献资料，我们利用一些数据库（Science Direct（Elsevier）、EBSCO、Sage Journals、Pro Quest Central、Wiley、JSTOR、Springer Link、American Psychological Association（APA）、Oxford University Press、High Wire、Taylor & Francis、Google Scholar）查找外文文献。为了保证研究的科学性和前瞻性，我们手动搜索并重点研读了1980 年以来在顶级（IO/ OB）期刊中排名首类的主要出版物中的相关文章，主要是因为这些出版物要么能够周期性地发表关于工作和家庭的研究，要么一直位于顶级（IO/OB）期刊目录之上，具有较高的学术借鉴和研究价值。[③]这些期刊包括管理学术类：*Academy of Management Journal*，*Administrative Science Quarterly*，*Group and Organization Management*，*Human Resource*

---

① Kossek E E, Ozeki C. Bridging the work-family policy and productivity gap: A literature review. Community, Work and Family, 1999, 2(1): 7-32.

② Rothausen T J. Family in organizational research: A review and comparison of definitions and measures. Journal of Organizational Behavior, 1999, 20(6): 817-836.

③ Johnson J L & Podsakoff P M. Journal influence in the field of management: an analysis using Salancik's index in a dependency network.Academy of Management Journal, 1994, 37(5): 1392-1407.

Management Journal，*Journal of Applied Psychology*，*Journal of Business and Psychology*，*Journal of Management*，*Journal of Management Studies*，*Journal of Occupational Health Psychology*，*Journal of Occupational and Organizational Psychology*，*Journal of Organizational Behavior*，*Organizational Research Methods*，*Personnel Psychology*，*Journal of Vocational Behavior* 和 *Organizational Behavior and Human Decision Processes*。

对于没有下载权限的期刊论文以及国内无法购买到的图书，则通过在国外访学的师友、读书的学生等获取资料及邮购书籍。对于尚未公开发表的书籍、会议论文、工作论文等，则通过与国外学者直接邮件沟通或者中介申请的方式来获得相应文档或者 PPT 的阅读权。中文文献的查找主要利用中国学术期刊全文数据库（CNKI）、中国学位论文全文库（万方）、中文期刊全文库（维普）、人大复印资料、中国优秀博硕士学位论文全文数据库和中国台湾博硕士论文网等数据库。

第一节　工作-家庭促进的内涵和维度

一、工作-家庭促进的内涵

对工作-家庭积极关系的研究始于 1984 年，克劳特（Crouter）[1]首先提出了工作对家庭有促进作用，而家庭对工作却有阻碍作用。遗憾的是，此后的 20 世纪 80 年代和 90 年代都很少有学者去关注积极作用的存在，这一状况在 21 世纪初才得到改善。从那以后，越来越多的学者开始关注工作-家庭之间相互促进关系的研究。[2]

1. 工作-家庭促进及其相关概念辨析

对工作-家庭积极关系的描述主要通过以下四种方式提出：其一，工作-家庭的积极溢出效应（Positive Work-Family Spillover）；其二，工作-家庭促进（Work-Family Facilitation）；其三，工作-家庭丰富（Work-Family Enrichment）；其四，工作-家庭增强（Work-Family Enhancement）。这些相

---

① Crouter A C. Spillover from family to work: The neglected side of the work-family in interface. Human Relations, 1984, 37(6): 425-441.

② Hill E J.Work-family facilitation and conflict, working fathers and mothers, work-family stressors and support. Journal of Family Issues, 2005, 26(6): 793-819.

互促进关系伴随着个体经历的工作-家庭兼容、工作-家庭匹配、工作-家庭平衡以及工作-家庭整合，表明了工作-家庭之间确实存在着相互促进的关系。

（1）工作-家庭的积极溢出效应

工作-家庭的积极溢出效应是指一个领域的经验，例如情绪、技巧、价值和行为能够通过一种方式联系到另外一个领域，从而使得两个领域更为相似；Crouter[1]认为，在某一角色活动中获得的收益可以在其他的角色活动中发生正向迁移，并给其带去可能的帮助。自 20 世纪 80 年代早期，工作-家庭积极溢出效应一词开始出现在文献中。爱德华兹（Edwards）&罗斯巴德（Rothbard）[2]将积极溢出效应划分为四种类型，即情感、价值观、技能和行为。具体说来，情感指的是一种角色（发源域）体验的积极情感（如兴奋、热情、幸福）会增加另一种角色的自我效能、动机和积极人际互动，并为另一种角色（接受域）带来更好的绩效。同理，在一种角色中学习的价值观、技能和行为也会影响更具一般性的个人，因而影响其他角色。例如，在一种角色中学习的价值观（如独立性、探索精神、关怀）会对个人一般人生价值观造成社会化影响，因而间接影响其他角色所看重的东西。技能（如人际互动）和行为（如纪律作风）也能够通过这种间接过程而传递。[3]在某一角色活动中收获的情感、价值观、技能或者行为都可以在工作与家庭之间进行积极渗溢，并且这种渗溢的方向既可以从工作指向家庭，也可以是从家庭指向工作。[4]例如，个人因为在公司受到上司表扬而心情愉快，这种愉快的心情很可能在下班回家后仍然持续，从而有助于和家人进行更好的交流与沟通。

---

① Crouter A C. Participative work as an influence on human development. Journal of Applied Developmental Psychology, 1984, 5(1): 71-90.

② Edwards J R & Rothbard N P. Mechanisms linking work and family: Clarifying the relationship between work and family constructs. Academy of Management Review, 2000, 25(1): 178-199.

③ Hanson G C, Hammer L B & Colton C L. Development and validation of a multidimensional scale of perceived work-family positive spillover. Journal of Occupational Health Psychology, 2006, 11(3): 249-265.

④ Edwards J R & Rothbard N P. Mechanisms linking work and family: Clarifying the relationship between work and family constructs. Academy of Management Review, 2000, 25(1): 178-199.

（2）工作-家庭丰富

工作-家庭丰富关注点在于从一个领域获得的资源能够起到提升另外一个领域中角色绩效的作用。具体来讲就是认为个人可以从工作和家庭角色的投入中收获有意义的资源（如增强的自尊、经济收入等），它们有助于个人在相对应的角色领域中表现得更好。丰富关注的是个人从工作（或家庭）角色中收获的经验和资源给其提升家庭（或工作）角色表现的质量带来帮助的程度。也就是说，只要个人从 A 角色（工作或家庭）中收获的资源提升了其在 B 角色（家庭或工作）中的表现时，丰富就发生了。工作-家庭丰富包括两个方向：工作-家庭丰富（Work-Family Enrichment）和家庭-工作丰富（Family-Work Enrichment）。证据表明，工作-家庭丰富和家庭-工作丰富的方式是截然不相同的。[1]

Greenhaus 等[2]认为，丰富可以通过工具性和情感性两条不同的途径实现。前者指个人通过从 A 角色中获得具体的资源（如技能和视野观点、灵活性、心理和身体资源、物质资源和社会资本资源等）直接提升其在 B 角色中的表现；后者则指个人在 A 角色中的收益通过积极情感（如好心情）间接提升其在 B 角色中的表现（如个人发展、技能提升和幸福感增强）。其中，技能和观点指的是认知、人际互动和多任务处理的技能，问题或情形界定的方式；灵活性指的是在时间、速度和位置上满足角色需求的自由裁量权；心理和身体资源指的是自尊、乐观、身体健康；社会资本资源指的是工作和家庭两种角色互动关系的影响力和信息；物质资源指的是从工作或者家庭领域获得的金钱和礼物。

（3）工作-家庭增强

工作-家庭增强描述了资源和经验的获得能使个人在面对挑战时从中获益，因此更加关注于个人获得的收益和这些收益能够给不同生活领域带来显著改善的可能性。这些积极的结果包括角色特权、整体状况安全、地位提高与角色绩效资源以及人格和自我满足增强。[3]当工作领域的收入、社会支持

---

① Grzywacz J G, Marks N F. Family, work, work‐family spillover, and problem drinking during midlife. Journal of Marriage and Family, 2000, 62(2): 336-348 .

② Greenhaus J H & Powell G N.When work and family are allies: A theory of work-family enrichment. Academy of Management Review, 2006, 31(1): 72-92.

③ Sieber S D. Toward a theory of role accumulation. American Sociological Review, 1974, 39(4): 567-578.

和自我效能提升溢出到家庭生活时，增强就发生了。[①]工作-家庭增强包括两个方向（工作-家庭增强和家庭-工作增强）以及三个方面的内容：能力传递、积极情绪传递和跨领域补偿。[②]

（4）工作-家庭促进

工作-家庭促进被定义为互动收益能够提升另一个生活领域的整体机能。在本质上来讲，工作-家庭促进是工作和家庭相互依存和相互补充的概念。[③]换句话说，投入一个领域能够积极和有利地影响另一个领域的职能。弗罗（Frone）认为，工作场所（家庭生活）中的个体因为在家庭生活（工作场所）中的经历、技能和机会而得到促进。韦恩（Wayne）等[④]将其定义为个体在某一领域（工作/家庭）参与的程度将给其带来收益（如发展、情感、资本或效率），而这些收益又进一步改善其在另一领域（家庭/工作）的生活质量。也就是说，当参与一种生活领域创造的收益能够增强另一领域的效能时就会产生促进。[⑤]工作-家庭促进描述了有薪工作和家庭系统之间的互益关系，是跨越角色领域的一种协同形式，在这种形式下资源与一种角色的增强相关，或者说资源使进入另一角色变得更为容易。[⑥]

（5）概念辨析

在现有研究中，很多研究者都会交替使用上述这些术语[⑦]，不过也有研

---

① Grzywacz J G & Marks N F. Reconceptualizing the work-family interface: An ecological perspective on the correlates of positive and negative spillover between work and family. Journal of Occupational Health Psychology, 2000, 5(1): 111-126.

② Wiese B S, Seiger C P, Schmid C M, et al. Beyond conflict: Functional facets of the work-family interplay. Journal of Vocational Behavior, 2010, 77(1): 104-117.

③ Werbel J & Walter M H. Changing views of work and family roles: A symbiotic perspective. Human Resource Management Review, 2002, 12(3): 293-298.

④ Wayne J H, Grzywacz J G, Carlson D S & Kacmar K M. Work-family facilitation: a theoretical explanation and model of primary antecedents and consequences. Human Resource Management Review, 2007, 17(1): 63-76.

⑤ Grzywacz J G. Toward a theory of Work-family facilitation. Paper presented at the 32nd annual Theory Construction and Research Methodology Workshop of the Persons, National Council on Family Relations, Houston, TX, 2002.

⑥ Voydanoff P. The effects of work demands and resources on work-to-family conflict and facilitation. Journal of Marriage & Family, 2004, 66(2): 398-412.

⑦ Frone M R. Work-family balance. In J C Quick & L E Tetrick (Eds), Handbook of occupational health psychology. Washington, DC: American Psychological Association, 2003:143-162.

究者提出这些术语是不同的[1][2][3]。相比较而言，丰富更加偏重于溢出的基本概念。但其所包括的积极溢出效应没有论及社会资本、有形资产等资源，因而超越了积极溢出效应概念或者说"发源域的积极情感（Valenced Affect）、技能、行为和价值观念的传递会对接收域产生有益影响"[4]。此外，丰富还能够获取接收域发展的资源，而这些却是积极溢出效应无法获取的。[5]更详细来说，这两种方式的区别在于两个领域之间传递的经验能否提升人们生活中另外一个角色扮演的绩效。就像 Powell & Greenhaus[6]指出的那样，丰富的出现不仅需要资源从一个领域传向另一个领域，还需要其被成功地应用，从而提高或者影响个人在另一个领域中的绩效。丰富和促进之间的主要区别在于分析的程度不同，即丰富更加关注个人角色绩效的提升或者生活质量的提升，而促进更加关注于系统机能的提升。 Grzywacz 等[7]提出，丰富是促进发生的一种机制。丰富出现的时候有可能系统机能并不提高。例如，当个人来自家庭经验的正面影响能够提高其工作绩效，这种对个人工作效能的提升有可能影响也有可能不影响整个大的工作系统，例如工作团队绩效的提高或者与上级取得更好的关系。当我们考虑对每一个概念进行深入研究时，区别丰

---

① Carlson D S, Kacmar K M, Wayne J H & Grzywacz J G. Measuring the positive side of the work-family interface:Development and validation of a work-family enrichment scale. Journal of Vocational Behavior, 2006, 68(1): 131-164.

② Hanson G C, Hammer L B & Colton C L. Development and validation of a multidimensional scale of perceived work-family positive spillover. Journal of Occupational Health Psychology, 2006, 11(3): 249-265.

③ Wayne J H. Cleaning up the constructs on the positive side of the work-family interface. In D R Crane & J Hill (Eds), Handbook of families and work: Interdisciplinary perspectives . Lanham, MD: University Press of America, 2009: 105-140.

④ Hanson G C, Hammer L B & Colton C L. Development and validation of a multidimensional scale of perceived work-family positive spillover. Journal of Occupational Health Psychology, 2006, 11(3): 249-265.

⑤ Wayne J H. Cleaning up the constructs on the positive side of the work-family interface. In D R Crane & J Hill (Eds), Handbook of families and work: Interdisciplinary perspectives . Lanham, MD: University Press of America, 2009: 105-140.

⑥ Powell G, Greenhaus J. Is the Opposite of Positive Negative? The Relationship between Work-Family Enrichment and Conflict. Academy of Management Meetings,New Orleans, LA, 2004.

⑦ Grzywacz J G, Carlson D S, Kacmar K M & Wayne J H. A multi-level perspective on the synergies between work and family. Journal of Occupational and Organizational Psychology, 2007, 80(4): 559-574.

富、增强、积极溢出和促进的概念就显得非常重要了。

2.工作-家庭促进的内容

在分析了工作-家庭积极关系的众多概念之后，我们把本书的研究兴趣锁定于"工作-家庭促进"（Work-Family Facilitation）这一概念，因为工作-家庭促进关注的是整个系统水平（System Level）的提升，而组织系统机能的提升历来是学术界和实践界最为关注的。

促进包含三个重要成分：参与（Engagement）、收益（Gains）和改进（Enhanced Functioning）。参与是指个人将自身投入于某领域相关的各项活动中的程度，由于个人的行为是促进的基础，因此它非常重要。通过个体积极地参与某个领域活动，体验到其中的特权、利益或收获，这些能够帮助个体在其他领域中发挥作用。关于收益，卡尔森（Carlson）等[①]从理论上确定了个体从某一领域可以获得的四种收益，并通过实证的方法加以证实。它们是：发展的收益，即获得技能、知识或某种观点；情感的收益，即心态的调整、建立自信等；资本的收益，即获得金钱、社会资本或健康资本等；效率的收益，即由多重角色责任导致的注意力提高。当在某一领域有所收益，而这种收益被传递并随后对其他领域的作用力提高时，促进就产生了。改进是指在基础流程中有改进，这种改进在该领域中是至关重要的，例如解决问题或人际沟通。

由此可见，更加完整的工作-家庭促进概念能够顺应一种整合的需要，即个人在某一社会系统（工作或者家庭）中的角色投入对另一系统（家庭或者工作）中的角色表现和系统的整体运作产生贡献的程度。工作-家庭促进的概念力求整合工作与家庭之间相互促进作用的全部内容，既关注角色收益在工作和家庭之间发生正向迁移的过程（积极渗溢），同时也关注在个人和系统两个水平上的积极改变（丰富和助长）。例如，个人从工作业绩中收获个人成就感，产生好心情，并将这种愉悦的情绪体验带回家里，感染与其互动的家人，进而给家庭成员乃至整个家庭生活带来积极的改变（如家庭生活水平提高、关系更加和睦）。

---

① Carlson D S, Kacmar K M, Wayne J H & Grzywacz J G. Measuring the positive side of the work-family interface: development and validation of a work-family enrichment scale. Journal of Vocational Behavior, 2006, 68(1): 131-164.

二、工作-家庭促进的维度

目前关于工作-家庭促进的维度，研究者普遍认为是双向的，即区分工作促进家庭和家庭促进工作。这种双向的现象是指个体在一个领域的参与程度对另一个领域的参与或过程产生促进的程度，对这一概念有几个详细解释[①]。首先，大量理论和证据表明工作-家庭促进是双向的[②]，可以理解为参与工作能有利于家庭生活，家庭结构和过程有利于雇佣角色。其次，此概念提出了至少两种工作-家庭相互影响的方式。通过具体化"促进在另一个领域的参与"，此概念支持工作和家庭是相联系的，且能通过个体"跨边界"的发展而互惠于彼此。[③] 然而，工作（家庭）能改善家庭（工作）的过程表明，即使家庭成员/同事没有直接参与，工作和家庭也能互相促进。最后，工作-家庭促进和工作-家庭冲突是独立的[④][⑤]，如同健康不仅仅是没有疾病，工作-家庭匹配或平衡不仅仅是没有工作-家庭冲突。实际上，因子分析表明工作促进家庭和家庭促进工作是工作-家庭相互影响的不同特征，并且都独立于工作对家庭的冲突及家庭对工作的冲突。

Wayne 等[⑥]的研究表明，工作-家庭促进可以是双向的，这意味着工作可以为加强家庭功能提供收益（工作对家庭的促进，Work-to-Family Facilitation，简称 WFF），而家庭也可以为加强工作功能提供收益（家庭对工作的促进，Family-to-Work Facilitation，简称 FWF）。虽然假定工作对家庭和家庭对工作

① Wayne J H, Grzywacz J G, Carlson D S & Kacmar K M. Work-family facilitation: a theoretical explanation and model of primary antecedents and consequences. Human Resource Management Review, 2007, 17(1): 63-76.

② Frone M R, Russell M & Cooper M L. Relation of work-family conflict to health outcomes: A four year longitudinal study of employed parents. Journal of Occupational and Organizational Psychology, 1997, 70(4): 325-335.

③ Campbell-Clark S. Work/family border theory: A new theory of work/family balance. Human Relations, 2000, 53(6): 747-770.

④ Grzywacz J G. Work-family spillover and health during midlife: Is managing conflict everything? American Journal of Health Promotion, 2000, 14(4): 236-243.

⑤ Kirchmeyer C. Perceptions of nonwork-to-work spillover: Challenging the common view of conflict-ridden domain relationships. Basic and Applied Social Psychology, 1992, 13(2): 231-249.

⑥ Wayne J H, Grzywacz J G, Carlson D S & Kacmar K M. Work-family facilitation: A theoretical explanation and model of primary antecedents and consequences. Human Resource Management Review, 2007, 17(1): 63-76.

的促进是不同的[①]，但是我们使用的"促进"都是指整体现象，包括以上两个方向。

2006 年，Greenhaus 和 Powell 对 1992 年到 2005 年间公开发表的相关文献进行了回顾。[②]在明确指出工作-家庭促进同工作-家庭冲突一样是双向的，即工作对家庭的促进发生于工作经历提高家庭质量，家庭对工作的促进发生于家庭经历提高工作质量之后，一个问题应运而生：每一个维度究竟在多大程度上出现在过去的文献中。于是，他们梳理了以往研究文献的作者、使用的概念术语，并检验了它们是否区分了促进的形式和方向，以及促进与冲突间的相关系数，具体如表 2-1 所示。

表 2-1　现有研究中工作-家庭促进维度汇总表

研究	概念术语	促进		冲突		促进与冲突间相关系数
		方向	均值	方向	均值	
Cohen 和 Kirchmeyer（1995）	资源增强	非工作到工作	2.99	非工作到工作	1.32	0.06
Grzywacz（2000）	积极溢出	工作到家庭	2.64	工作到家庭	2.63	没有报告
		家庭到工作	3.41	家庭到工作	2.08	
Grzywacz 等（2002）	积极溢出	工作到家庭	2.62	工作到家庭	2.62	没有报告
		家庭到工作	3.42	家庭到工作	2.10	
Grzywacz 和 Bass（2003）	冲突	工作到家庭	2.61	工作到家庭	2.65	没有报告
		家庭到工作	3.42	家庭到工作	2.12	
Grzywacz 和 Marks（2000a）	积极溢出	工作到家庭	2.64	工作到家庭	2.63	没有报告
		家庭到工作	3.42	家庭到工作	2.08	
Grzywacz 和 Marks（2000b）	积极溢出	工作到家庭	2.61	工作到家庭	2.65	-0.02
		家庭到工作	3.42	家庭到工作	2.12	-0.04
哈默（Hammer）等（2002）	积极溢出 妻子	工作到家庭	3.72	工作到家庭	2.85	-0.16
		家庭到工作	3.94	家庭到工作	2.20	-0.16
	丈夫	工作到家庭	3.61	工作到家庭	3.03	-0.02
		家庭到工作	3.76	家庭到工作	2.12	-0.07
Hanson 等（2003）	积极溢出	工作到家庭	3.20			
		家庭到工作	3.67			

① Frone M R. Work-family balance. In J C Quick & L E Tetrick (Eds.), Handbook of Occupational Health Psychology. Washington, DC: American Psychological Association, 2003: 143-162.

② Greenhaus J H & Powell G N. When work and family are allies: A theory of work-family enrichment. Academy of Management Review, 2006, 31(1): 72-92.

续表

研究	概念术语	促进		冲突		促进与冲突间相关系数
		方向	均值	方向	均值	
希尔（Hill）（2005）	冲突	工作到家庭	2.56	工作到家庭	2.98	没有报告
		家庭到工作	2.80	家庭到工作	2.01	
Kirchmeyer（1992a）	资源增强	父母责任到工作	3.24			
		社区到工作	3.09			
		休闲到工作	3.10			
Kirchmeyer（1992b）	积极溢出	父母责任到工作	3.16	父母责任到工作	1.78	−0.15
						−0.19
		社区到工作	3.09	社区到工作	1.61	0.13
		休闲到工作	3.10	休闲到工作	1.48	
Kirchmeyer（1993）	积极溢出	父母责任到工作	3.19	父母责任到工作	1.98	−0.20
						0.18
		社区到工作	3.34	社区到工作	1.58	0.35
		休闲到工作	3.05	休闲到工作	1.41	
Kirchmeyer（1995）	积极溢出	非工作到工作	3.21	非工作到工作	1.61	0.15
Ruderman 等（2002）	强化	个人到工作	NA			
斯蒂芬斯（Stephens）等（1997）	积极溢出	工作到照顾义务	3.59	工作到照顾义务	2.90	0.10
						−0.18
		照顾义务到工作	3.46	照顾义务到工作	2.46	
苏美尔（Sumer）和奈特（Knight）（2001）	积极溢出	工作到家庭	3.34	工作到家庭	2.79	0.00
		家庭到工作	3.47	家庭到工作	1.85	−0.10
蒂德耶（Tiedje）等（1990）	角色强化	工作到家庭	3.71	工作到家庭	2.95	−0.16
Tompson 和 Werner（1997）	冲突	没有区分	0.03			
Wayne 等（2004）	冲突	工作到家庭	2.88	工作到家庭	2.62	0.00
		家庭到工作	2.34	家庭到工作	2.08	0.02

资料来源：作者根据 Greenhaus J H & Powell G N. When work and family are allies: A theory of work-family enrichment. Academy of Management Review, 2006, 31(1): 72-92 修改编制。

表 2-1 表明，在已有的 19 个个体报告研究中区分促进（许多研究者使用增强以外的其他术语，如积极溢出等）两个方向的有 11 篇，7 个研究只有一个方向，只有一个研究没有区分方向。另外，19 个研究中的 15 个同时测量了工作-家庭冲突和工作-家庭促进。其中关于工作-家庭冲突和工作-家庭促进的 21 项相关关系中仅有 8 项在统计学意义上显著（三项为正向相关，五项为负向相关）且平均值为 0.02。因此，一些学者推断个体所体验的工作-家庭角色互益的程度与其所体验的两种角色之间冲突的水平无关；如工作-家庭冲突和工作-家庭促进是相互独立的两种效应。[1][2][3]但是，在工作-家庭领域的相关文献中关于工作-家庭冲突和工作-家庭促进之间关系的准确定性仍然存在着争论。加深对工作-家庭促进和工作-家庭冲突之间关系的理解有助于更好地研究工作-家庭界面，特别是有助于了解一种角色的个体体验影响另一种角色体验的路径和方法。

第二节　工作-家庭促进的理论基础

从 20 世纪 60 年代开始，陆续有许多学者对工作和家庭关系做了探讨。如今，工作-家庭问题已经成为包括工作-家庭关系研究、压力和健康研究、人力资源管理等多个领域的重要问题之一。为了表述工作-家庭关系的复杂性，研究者们建立了多个理论模型，但从根本上可以划分为工作-家庭促进理论和工作-家庭冲突理论两种。

工作-家庭冲突理论包括角色压力理论和决策过程理论等，其中角色压力理论占据了主导地位。该理论起源于著名的组织压力的密歇根研究[4]，卡恩（Kahn）等定义工作-家庭冲突为"一种角色冲突的形式，这种冲突中，

① Frone M R. Work-family balance. In J C Quick & L E Tetrick (Eds.), Handbook of Occupational Health Psychology. Washington, DC: American Psychological Association, 2003:143-162.

② Grzywacz J G & Bass B L. Work, family, and mental health: Testing different models of work-family fit. Journal of Marriage and Family, 2003, 65(1): 248-262.

③ Grzywacz J G. Work-family spillover and health during midlife: Is managing conflict everything? American Journal of Health Promotion, 2000, 14(4): 236-243.

④ Kahn R L, Wolfe D, Quinn R, Snoek J D, Rosenthal R A. Organizational Stress: Studies in Role Conflict and Ambiguity. New York: Wiley, 1964.

工作和家庭领域的角色压力在一些方面是不相容的。"换句话说，在家庭（工作）领域的参与使得工作（家庭）角色的参与变得更困难。[①]

本研究是以工作-家庭促进为切入点，关注的是工作-家庭积极方面的相互影响，研究的是工作领域和家庭领域的协调作用。因此，将工作-家庭促进理论的梳理作为重点。

一、角色增强理论

1974年，西伯（Sieber）[②]提出了角色增强理论（The Role Enhancement Theory），成为工作和家庭如何相互促进的理论基础。Sieber 认为，大多数人以为角色的多重性会造成来自负载和冲突的双重负担，因为一个人扮演越多角色，他面对时间压力以及面对冲突期望的角色混乱的可能性就越大。显然，人在角色压力下并不是无行为能力的，并且社会也不是混乱无序的，某些过程必须由角色理论家在考虑社会混乱和心理沮丧的前提下给出。因此大量的"机制"被看作前提条件以帮助构建个人角色体系，从而排除或减少紧张和混乱。事实上，我们在探讨解决角色压力的机制之前，最好是先考虑角色的多重性是否真的会产生更多的压力而不是满足，或者说是干扰的可能性更大还是稳定的可能性更大。如果角色的多重性产生了更多的满足，或稳定大于无序，那么我们就不会去关心降低压力的机制的确立。重新确定角色压力意味着有关角色多样性的结果的研究应该测量满足和削弱两方面。忽略附加角色可能带来的好处的研究不是理论研究的足够充分的方法。Sieber 把角色定义为一种适用于某种社会地位并且一般独立地坚持个性主导地位的期望模式，一种角色获得的资源或者积极成果有利于其他领域的角色促进。角色积累的积极成果可以分为四种类型：角色的特权、整体状态的安全、提高地位和角色表现的资源以及个性的丰富和自我满足（如自尊、成就感）。因此，角色增强理论认为，能量或者技巧在工作领域流动和发展可能也会改进个人在非工作领域的职责，这一过程被称为积极溢出或者角色增强[③]、角色促进。积极传递过程包括积极情绪激发、人际互

① Greenhaus J H & Nicholas J B. Sources of conflict between work and family roles. Academy of Management Review, 1985, 10(1): 76-88.

② Sieber S D. Toward a theory of role accumulation. American Sociological Review, 1974, 39(4): 567-578.

③ Grzywacz J G, Marks N F. Reconceptualizing the work-family interface: An ecological perspective on the correlates of positive and negative spillover between work and family. Journal of Occupational Health Psychology, 2000, 5(1): 111-126.

动、能力创造和满足。[1][2][3]比如，如果个体在工作领域所做的有意义的工作让他们感受到了自豪感和尊重，这种情绪能够传递到其家庭领域，使其心情舒畅并获得积极体验。这一理论的基本思想是，一个领域投入的资源（比如能量、时间）可以增加另一个领域的资源（比如技能、弹性），因而参与多重角色可以为个人提供更多的机会和能量，使得个人在其他生活领域能更好地发展和承担职责[4]。比如，Crouter[5]根据积极溢出思想认为，如果个体在工作中发展了决策技巧，他们也会在孩子问题上使用这些技巧，使之更有效。

马克斯（Marks）[6]的多重角色和人类能量的扩展理论与角色增强理论有异曲同工之妙。这一理论的核心思想是，承担多重责任不总是带来困难，相反，角色的多样性能够促进角色间的互利互惠，甚至推动某些不擅长角色的实践发展。多重角色势必要求人们花费更多的时间和注意力。Marks 认为，人类精力是稳定的能量活动系统，实质上是一种供需思维，不会产生资源耗竭或者匮乏的情形。具体说来，角色需求使人们产生出履行这种角色的能量，通过人类的角色活动可以获得资源并且生产激发出更多的能量以备其他活动使用，这种循环往复的过程就能保证人类活动所需，让人们形成感知，具有幸福感。

二、情感事件理论

情感事件理论（Affective Events Theory）是由韦斯（Weiss）和科罗潘扎诺（Cropanzano）[7]共同提出的。与传统理论相比，情感事件理论开创性地将

① Frone M R. Work-family balance. In J C Quick & L E Tetrick (eds.), Handbook of Occupational Health Psychology. Washington, DC: American Psychological Association, 2002:143-162.

② Piotrkowski C S. Work and the family system. New York: Free Press, 1979.

③ Rothbard N R and J M Brett. Promote equal opportunity by recognizing gender differences in the experience of work and family. In E A Locke (ed.), The Blackwell Handbook of Principles of Qrganizational Behavior. Oxford: Blackwell, 2000:389-403.

④ Barnett R C. Toward a review and reconceptualization of the work/family literature. Genetic, Social, and General Psychology Monographs, 1998, 124(2): 125-182.

⑤ Crouter C. Spillover from family to work: The neglected side of the work-family interface. Human Relations, 1984, 37(6): 425-441.

⑥ Marks S R. Multiple roles and role strain: some notes on human energy, time and commitment. American Sociological Review, 1977, 42(6): 921-936.

⑦ Weiss H M & Cropanzano R. Affective events theory: A theoretical discussion of the structure, causes,and consequences of affective experiences at work. In Staw B M & Cummings L L (Eds.), Research in organizational behavior. Greenwich, CT: Elsevier Science/JAI Press, 1996:1-74.

研究的焦点转移到工作情感经验，并且探讨了工作情感经验的结构、起因和后果。该理论认为情感具有多维性，情感经验对随后的结果具有举轻若重的作用。当人们在生活中感受到愤怒、沮丧、自豪或者快乐时，这些迥异的情绪体验必然会带来不同行为结果。根据该理论，工作-家庭促进能够创造出一种积极情绪，而这种积极情绪反过来也会影响人们的行为态度。遵循这种实践逻辑，卡尔森（Carlson）等[1]构建出一个将事件、影响、态度和行为连接起来的四步骤模型。其中，事件指的是员工个体的工作-家庭丰富经验带来的时间积累；影响指的是工作积累的积极情绪；态度指的是工作满意度；行为是工作绩效。根据该理论，在一个令人感到特别充实的事件中，员工个体获得的特别短暂的积极情感冲击有助于其经历其他相似的积极情绪事件，从而形成对整体有益的情绪状态。也就是说，如果工作-家庭丰富是一个事件，经由上述事件的积累可获得协同作用和积极结果。其内在机制是，如果个体感知到工作环境支持和随后能够拓展到家庭领域的积极经验，他就很容易获得积极情绪，这种情绪状态会促进他们端正工作态度，提升工作满意度，创造出更好的工作绩效和更多的积极行为。在情感事件理论中，时间一向被视为考察情感和满意度的重要属性。情感事件理论的核心思想是，个体对工作时间的情感反应能够极大地决定其态度和行为。该理论将工作满意度定义为个体情绪导致的态度。很多实证研究均证明工作场所事件能够影响工作满意度[2][3]、反生产工作行为[4]和组织退缩行为[5]，从而支撑了该理论的基本原理。

情感事件理论聚焦于工作领域，构建出工作-家庭促进事件后果的理论框

① Carlson D, Kacmar K M, Zivnuska S, et al. Work-family enrichment and job performance: A constructive replication of affective events theory. Journal of Occupational Health Psychology, 2011, 16(3): 297-312.

② Mignonac K & Herrbach O. Linking work events, affective states and attitudes: An empirical study of managers' emotions. Journal of Business and Psychology, 2004, 19(2): 221-240.

③ Wegge J. Communication via videoconference: Emotional and cognitive consequences of affective personality dispositions, seeing one's own picture, and disturbing events. Human-Computer Interaction, 2006, 21(3): 273-318.

④ Spector P E & Fox S. An emotion-centered model of voluntary work behavior: Some parallels between counterproductive work behavior and organizational citizenship behavior. Human Resource Management Review, 2002, 12(2): 269-292.

⑤ Zhao H, Wayne S J, Glibkowski B C & Bravo J. The impact of psychological contract breach on work-related outcomes: A meta-analysis. Personnel Psychology, 2007, 60(3): 647-680.

架，有效地解释了个体情绪的作用，评价并判断个体经验与行为的关系，从而推动工作-家庭促进产生积极工作结果。工作和家庭是两个密不可分、紧密相连的领域，积极情绪可在两个领域溢出和交叉。虽然该理论目前仅运用于工作领域，但基于工作和家庭的密切关联，个体为了实现两个领域的平衡和增强，会在一定程度上推动该领域在家庭生活中的实践，支持两个领域的共同发展。

三、拓展-建构理论

1998 年，弗雷德里克森（Fredrickson）[①]以积极情绪的早期研究为基础，提出拓展-建构理论，以解释积极情绪（如高兴、兴趣、满足感、自豪感和爱等）的发展价值。个体拥有积极情绪通常被视为一种成功标志，如果未来行动还希望获得这种成功体验就可以效仿这类行动经验。拓展-建构理论承认积极情绪的传统功能，并将其作用扩大化。该理论认为，积极情绪拥有通过瞬时思维-行动范畴，将个体拓展至与世界关联的手段和能力。虽然积极情绪具有短暂性和差异性，但都能带来长久的正向后果：拓展人们的瞬间认知和行动，建构和增强个体资源以提升今后生存发展、提升人们的主观幸福感。从扩展和建构理论视角看，积极情绪是个人成长和社会连接的载体。积极情绪通过构建人们的自身及社会资源，促使个体变得更好并在将来拥有优质生活。这里的个体资源主要包括：身体资源，如健康、身体技能；社会资源，如友谊、社会支持网络；智力资源，如知识、思想理论、知识的复杂性、执行控制；心理资源，如心理弹性、乐观、创造力。具体的，积极情绪能够拓展人们的思维-行动模式，使人能更有效地获取和分析信息、做出更恰当的行动选择并采取创造性行动[②]；消解消极情绪带来的思维和行动的限制，缓释组织成员消极情绪引起的在个体躯体和精神上的紧张和不适[③④]；激发与构建心理弹性[⑤]，使其螺旋式向上

---

① Fredrickson B L. What good are positive emotions? Review of General Psychology, 1998, 2(3): 300-319.

② Fredrickson B L & Branigan C A. Positive emotions broaden action urges and the scope of attention. Manuscript in Preparation, 2000.

③ Fredrickson B L & Levenson R W. Positive emotions speed recovery from the cardiovascular sequelae of negative emotions. Cognition and Emotion, 1998, 12(2): 191-220.

④ Fredrickson B L. Positive emotions. In C R Snyder & S J Lopez (Eds), Handbook of positive psychology. New York: Oxford University Press, 2005:120-134.

⑤ Tugade M & Fredrickson B L. Resilient individuals use positive emotions to bounce back from negative emotional arousal. Manuscript in preparation, 2000.

发展①。此外，积极情绪具有长期持续地增强个人资源的效应。积极情绪能够为人们带来较多的间接利益和长远利益（如增强人们的心理弹性，积累社会网络资源），不断提升人们的主观幸福感，并为应对未来威胁储存力量。体验积极情绪的能力会被遗传编码，成为人类特性的一部分。积极情绪不仅能对个人资源产生长期持续的效应，也能产生弥漫性的积极影响。比如，处于高兴状态的个体，往往在体力、智力、心理和社会适应等方面均表现出拓展能力。积极情绪与思维-行动的拓展、个人资源建构的关系并不是单向的，它们是相互影响、相互引发的。早期的积极情绪体验拓展了个体的注意力和认知，这有利于个体对逆境的应对和对资源的建构，而这种有效应对又预示着未来的积极行为的产生。

根据拓展-建构理论，工作-家庭增强影响满意度包括两条路径：其一是加强拓宽个体的思维-行动范畴的积极情绪；其二是减少限制个体思维-行动范畴的消极情绪②。工作-家庭丰富和家庭-工作丰富都有引起扩展和构建效应的潜力。研究表明，工作-家庭丰富能够带来特定的积极体验③④，这些有助于形成积极情绪，从而使扩展和构建过程的基础资源准备充分。根据该理论，工作-家庭丰富产生的积极情绪刺激了外向型的思维和行动⑤，然后通过增加资源提升工作满意度；与此同时，工作-家庭丰富能够缓解潜在限制资源构建的心理困扰，从而提高工作满意度，有利于个体协调其他角色需要并获得更高的绩效。

四、简要评述

在工作-家庭关系研究中，长期占统治地位的是角色压力和能量匮乏观

---

① Fredrickson B L & Joiner T. Positive emotions trigger upward spirals toward emotional well-being. Manuscript submitted for publication, 2000.

② Fredrickson B L & Branigan C. Positive emotions broaden the scope of attention and thought-action repertoires. Cognition & Emotion, 2005, 19(3): 313-332.

③ Grzywacz J G & Marks N F. Reconceptualizing the work-family interface: An ecological perspective on the correlates of positive and negative spillover between work and family. Journal of Occupational Health Psychology, 2000, 5(1): 111-126.

④ Greenhaus J H & Powell G N. When work and family are allies: A theory of work-family enrichment. Academy of Management Review, 2006, 31(1): 72-92.

⑤ Fredrickson B L. The role of positive emotions in positive psychology: The broaden-and-build theory of positive emotions. American Psychologist, 2001, 56(3): 218-226.

点，但是 Sieber ① 、Marks② 和卡巴诺夫（Kabanoff）③ 的理论建立了一个更加积极的理论基础。大量理论和实证研究均表明多重角色有利于个体及社会系统。④雇员工作角色能提供经济和社会资源（如收入、健康福利、社会联系），这将有利于家庭过程（如健康护理、社会资本），而如果没有承担雇员角色，这些资源将不能获得。同时，从大量样本的实证报告中可以看出，配偶的支持以及有机会在家庭讨论工作问题，可能会增强员工更好解决工作压力问题的能力。其他报告也一致认为，受雇的已婚母亲比未受雇的已婚母亲或者受雇的未婚或者没有孩子的女性体验到更多愉悦，同时有更好的健康状况。

虽然角色增强理论为工作与家庭如何互相促进提供了概念支持，但是该理论的主要缺陷是限制了工作-家庭促进的可能范围，角色理论有利于理解工作（家庭）可能被用于解决家庭（工作）相关的问题，但很少在没有产生问题的情形下考察工作-家庭促进带来的积极情绪的扩散效应对技能和资源的转移做出的解释。工作和家庭两个领域的良性互动会带来积极情绪，正是这种情绪为工作-家庭促进带来了诸多意想不到的结果。

情感事件理论将工作-家庭促进视为一种事件，明确提出工作-家庭促进能够带来积极情绪，而积极情绪有利于产生工作绩效、工作满意度、积极工作行为等。该理论为"组织通过工作-家庭促进能提高收益，组织成员通过工作-家庭促进而得到心理满足"提供了有效支持。不过，韦斯（Weiss）和科罗潘扎诺（Cropanzano）⑤以及随后的学者们仅将情感事件理论局限于工作领域，而没有考虑到工作和家庭的紧密关系极易导致溢出效应和交叉效应，未来还需要对情感事件理论进行应用范畴拓展。

---

① Sieber S D. Toward a theory of role accumulation. American Sociological Review, 1974, 39(4): 567-578.

② Marks S R. Multiple roles and role strain: Some notes on human energy, time and commitment. American Sociological Review, 1977, 42(6): 921-936.

③ Kabanoff B & O'Brien G. Work and leisure: A task attributes analysis. Journal of Applied Psychology, 1980, 65(5): 596-609.

④ Barnett R C & Hyde J S. Women, men, work, and family. An expansionist theory. American Psychologist, 2001, 56(10): 781-796.

⑤ Weiss H M & Cropanzano R. Affective events theory: A theoretical discussion of the structure, causes and consequences of affective experiences at work. In Staw B M & Cummings L L (Eds.), Research in organizational behavior. Greenwich, CT: Elsevier Science/JAI Press, 1996:1-74.

无独有偶，弗雷德里克森（Fredrickson）[①]提出的拓展-建构理论同样支持积极情绪的有益后果。另外，该理论还将积极情绪的有益结果具体化（如创造性行动、心理弹性、个体资源），并且指出这些结果具有长期效应。实证研究也证实工作-家庭促进通过积极情感能够产生一系列促进组织及其成员发展的后果。最近，Carlson 等[②]将工作-家庭促进与工作结果的中介变量由单一的积极情绪增加至两个变量（即积极情绪与心理困扰），为中介变量的探索性研究做出了贡献。拓展-建构理论虽然明确了工作-家庭促进的积极结果路径，但是并没有给出互动如何产生以及如何鼓励促进产生积极情绪的明确解释。

第三节　资源获取发展观

从我们对于工作-家庭促进理论的介绍和评述中不难看出，关于工作-家庭促进的研究正在逐步得到学者们的重视。但是，也存在缺乏整体性和系统性，孤立、静态地看待工作-家庭之间的互动作用的问题。以往理论研究并没有充分讨论工作-家庭关系的特征，很少具体化工作-家庭关系背后的驱动因素，对工作-家庭联系背后的必然驱动因素与偶然结构因素间的区分也研究不足。在这方面，Wayne 等人[③]做出了贡献，他们通过回顾以往研究，概念化定义工作-家庭促进，并具体化驱动工作-家庭促进出现的理论过程，进而提出一个更加全面、更加贴近现实的工作-家庭促进理论，即资源获取发展观（Resource-Gain-Development Perspective）。

一、资源获取发展观的由来

工作-家庭促进抓住了工作-家庭相互影响中的积极一面并且明确了二者之间存在协同作用的可能。遗憾的是，现有研究缺少理解和研究协同作用

---

① Fredrickson B L. What good are positive emotions? Review of General Psychology, 1998, 2(3): 300-319.

② Carlson D S, Hunter E M, Ferguson M, et al. Work-family enrichment and satisfaction: Mediating processes and relative impact of originating and receiving domains. Journal of Management, 2014, 40(3): 845-865.

③ Wayne J H, Grzywacz J G, Carlson D S, Kacmar K M. Work-family facilitation: A theoretical explanation and model of primary antecedents and consequences. Human Resource Management Review, 2007, 17(1): 63-76.

的理论。事实上，除了少量文献，在对跨学科文献的回顾中，多数研究仍然局限于单一理论的现状。在拓展 Greenhaus 和 Powell[①]研究的基础上，2007年，Wayne 等人借鉴并融合了三个相辅相成的理论框架，即积极组织学术研究（Positive Organizational Scholarship，POS）[②]、生态系统理论（Ecological Systems Theory，EST）[③]和资源保护理论（Conservation of Resources Theory，COR）[④]，并以此构建出工作-家庭促进的理论基础，即资源获取发展观（Resource-Gain-Development Perspective，简称 RGD）。

1. 积极组织学术研究

积极组织学术研究指的是那些关注组织和组织中个体的积极过程和结果的研究。[⑤]其特别说明了组织的背景和过程以及它们之间的相互作用将会给个体、团队和组织带来积极的结果。积极组织学术研究关注个体能力和组织过程，因为这些将会给组织带来积极的结果。积极组织学术研究可以解释工作-家庭促进的目的以及促进对社会体系（如工作和家庭）的影响。[⑥]

积极组织学术研究的基本假设为工作和家庭的社会体系内的情感产出提供了一个有关促进目的及其潜力的解释。积极组织学术研究的其中一个假设是，生命系统受"向日效应"的支配，即倾向于积极而远离消极。积极性被视为功能，因为它可以激活各种力量，增强个人和组织的优势。因此，根据积极组织学术研究理论，个人受到积极经验的吸引，并倾向于开发和利用

① Greenhaus J H & Powell G N. When work and family are allies: A theory of work-family enrichment. Academy of Management Review, 2006, 31(1): 72-92.

② Cameron K S, Dutton J E, Quinn R E & Wrzesniewski A. Developing a discipline of positive organizational scholarship. In K S Cameron J E Dutton & R E Quinn (Eds.), Positive organizational scholarship: Foundations of a new discipline. San Francisco: Berrett-Koehler, 2003:361-379.

③ Bronfenbrenner U. The ecology of human development: Experiments by nature and design. Cambridge, MA: Harvard University Press, 1979.

④ Hobfoll S E. Conservation of resources: A new attempt at conceptualizing stress. American Psychologist, 1989, 44(3): 513-524.

⑤ Cameron K S, Dutton J E, Quinn R E & Wrzesniewski A. Developing a discipline of positive organizational scholarship. In K S Cameron, J E Dutton & R E Quinn (Eds.), Positive organizational scholarship: Foundations of a new discipline. San Francisco: Berrett-Koehler, 2003:361-379.

⑥ Fredrickson B L & Losada M F. Positive affect and the complex dynamics of human flourishing. American Psychologist, 2005, 60(7): 678-686.

他们环境中的优势力量，同时培养、保持他们的系统，并使得该系统受益。概括来讲，积极组织学术研究关注的是人类条件的最佳状态，强调研究工作-家庭积极的相互作用的重要性。

2. 生态系统论

生态系统论提供了另外一个视角，强调人们渴望成长和发展并有成长和发展的能力，认为个体和社会群体（如工作单位、家庭）寻求更高、更复杂形式的合作及组织。该理论认为，个体有一种自然的倾向，希望获得更高层次的生活质量。当个体或系统开发可用资源以适应和协调个体或环境时，个体或系统得到发展。工作-家庭促进由于被看作"个体和他人、目标及环境的互动"的程度①，而被概念化为一个过程。通过这个过程，个体和社会群体得到发展。而个体发展或收益的获得正是工作-家庭促进概念模型的核心。该理论认为，个体所处环境中的资源是工作-家庭促进发生的一个重要原因，因为这些资源是个体与环境相互作用的工具或方式。该理论还指出了"需要特征"的重要性②，认为这些个体特征与工作-家庭促进是相关的，原因是个体某一特征可能会给他们带来不同种类的可用资源或是帮助个体从可获资源中得到更多的收益③。根据生态系统论，"需要特征"对促进有间接影响，或者说是环境资源和促进之间的调节变量，环境资源促进个体成长的程度取决于个体的"需要特征"。

许多研究证明了个体和系统寻求更高水平的组织和发展。研究表明，中年人围绕实现和整合工作和家庭责任的目标而调整生活方式。莫因（Moen）及其同事认为，如果夫妻交换工作和家庭责任，就可以最大化个体和家庭目标。④⑤这些证据都表明开发一个领域的资源以增强另一个领域的资源，不仅仅受到资源集合的需求刺激，还受到个体和系统期望获得更高水平发展以及

---

① Bronfenbrenner U & Ceci S J. Nature-nurture reconceptualized in developmental perspective: A bioecological model. Psychological Review, 1994, 101(4): 568-586.

② Bronfenbrenner U & Morris P A. The ecology of developmental processes. In W Damon (Ed.) (5th ed.), Handbook of child psychology. New York: John Wiley and Sons, 1998:993-1028.

③ Grzywacz J G. Toward a theory of work-family facilitation. Paper presentation, 34th Annual Theory Construction and Research Methodology Workshop (November), 2002.

④ Becker P E & Moen P. Scaling back: Dual-earner couples'work-family strategies. Journal of Marriage and the Family, 1999, 61(4): 995-1007.

⑤ Moen P & Yu Y. Effective work/life strategies: Working couples, work conditions, gender, and life quality. Social Problems, 2000, 47(3): 291-326.

组织的影响。

3. 资源保护理论

积极组织学术研究和生态系统理论分别解释了促进为什么发生以及如何发生，并指出了资源的重要性。而资源保护理论[①②③]则启发式地阐明了如何识别资源具体类型。霍布福尔（Hobfoll）把资源定义为能产生作用的环境的属性，认为资源包括个体特征、物体、条件、能源和支持。个体特征是那些由人对世界的取向（例如自尊和乐观主义）所决定的处事方式和技巧，如自尊、乐观等；物体之所以有价值，是源于它们的物理性质或通过对物的所有权而获得的地位，如一个人拥有汽车、家居、服装、食品或其他物质资料；条件资源是在结婚、雇佣或获得资历之后寻求的资源；能源包括时间、金钱、知识等，通过能源资源可以获得其他资源，如通过工作的时间可以获得晋升机会等；支持包括忠诚或亲密关系等以维持其他种类的资源。

积极组织学术研究、生态系统理论和资源保护理论同样被应用于工作-家庭界面，但是，积极组织学术研究和资源保护理论并没有独立且直接地构造出促进模型。虽然积极组织学术研究和生态系统理论可以解决促进可能发生的原因，但是并不能给出一个指导性的理论框架。资源保护理论提供了这样一种启发式指导，但作为一种基于压力的理论，它可以解释人们为了节约和保护资源而最小化压力，但它并没有直接或明确地考虑到成长和发展背后的动力。尽管如此，三种理论仍然为工作-家庭促进提供了一个坚实的基础。通过整合上述三种理论的想法和概念，Wayne 等人提出了资源获取发展观，本研究将其作为工作-家庭促进研究的理论基础。

二、资源获取发展观的内容

资源获取发展观的基本假设是个体渴望成长，这些渴望促使个体在每个

---

① Hobfoll S E. Conservation of resources: A new attempt at conceptualizing stress. American Psychologist, 1989, 44(3): 513-524.

② Hobfoll S E. Stress, culture, and community: The psychology and philosophy of stress. New York: Plenum, 1998.

③ Hobfoll S E. The influence of culture, community, and the nested-self in the stress process: Advancing conservation of resources theory. Applied Psychology, 2001, 50(3): 337-422.

领域中积极寻求资源来使自己进步，从而在各个领域中都获得成功。在这里，资源具有三项主要功能：帮助个体实现目标、满足需求、鼓励个人成长和发展。[①]该视角的基本前提是个人对于成长、发展和他们自身以及所参与系统（包括家庭和组织）功能运作的最高水平具有自然倾向。正是由于这种对于积极性和发展性的自然倾向，当个体处于某一种角色时，便会获取资源以供成长和发展。假定个人最大限度地利用现有资源并可以获得积极收益，那么某一领域（工作/家庭）的收益被应用、替换或补充到另一领域（家庭/工作）的最终结果便是系统运作的提高或促进。[②③]

资源获取发展观认为，工作-家庭促进的关键驱动力是性格特征和环境资源（对象、条件、能量和支持），因为它们有助于新技能和观点的开发（发展收益），产生积极情感（情感收益），增加经济、社会或健康资本（资本收益）以及提高在某一系统的效率（效率收益），进而促进其他系统的功能运作。个体所拥有某一种资源越多，工作-家庭促进的潜力就会越大；同样，资源积累得越多，工作-家庭促进的潜力就会越大。

实证研究成果支持这样的观点，即域内资源是工作-家庭促进的主要驱动力。例如，沃伊丹诺夫（Voydanoff）[④]提出假设并发现工作需求是干扰家庭表现的主要因素（工作对家庭的冲突），而工作资源是个体认为工作能够使家庭受益的首要因素。同样，Grzywacz 和巴特勒（Butler）[⑤]也认为，与工作相关的资源，特别是在需要有效的社交技巧的工作和职位中的决策机会，更支持工作使家庭受益的观点。

[①] Bakker A B & Demerouti E. The job demands-resources model: State of the art. Journal of Managerial Psychology, 2007, 22(3): 309-328.

[②] Crouter A C. Spillover from family to work: The neglected side of the work-family interface. Human Relations, 1984, 37(6): 425-442.

[③] Kirchmeyer C. Perceptions of nonwork-to-work spillover: Challenging the common view of conflict-ridden domain relationships. Journal of Basic and Applied Psychology, 1992, 13(2): 231-249.

[④] Voydanoff P. The effects of work demands and resources on work-to-family conflict and facilitation. Journal of Marriage and Family, 2004, 66(2): 398-412.

[⑤] Grzywacz J G & Butler A B. The impact of job characteristics on work-to-family facilitation: Testing a theory and distinguishing a construct. Journal of Occupational Health Psychology, 2005, 10(2): 97-109.

第四节　工作-家庭促进的影响因素、结果变量和实施策略

大量研究证实，工作-家庭促进不是一蹴而就的，而是有着特定的运行机制。也就是说，只有在某些因素的作用下，工作-家庭促进才能产生。此外，工作-家庭促进还能以其特有属性带来一系列积极结果。为了更有效地发挥工作-家庭促进的积极效能，组织和个体分别制订了应对策略。

一、工作-家庭促进的影响因素

社会生态理论认为个体和社会系统（如组织和家庭）开发可用资源以通过更高水平的复杂性达到内在实现。[①]促进作为系统（工作群体或家庭）发展的一个机制，受到个体和环境因素（对象、条件、能量和支持）的影响。具体的，个人所拥有的任何单一资源越多，促进的潜力越大；同样的，资源的总体累计越多，促进的潜力越大。个体和环境因素有助于在一个系统中获得四种收益：①发展收益，即发展新技能和视角；②情感收益，即获得积极情绪；③资本收益，即得到经济、社会或健康资产；④效率收益，即以更高的效率提升其他领域的效能。[②]促进的环境条件是别人提供或个体通过在环境中获得的资源（即物质、资产或商品）。社会生态理论也认为，有些个体由于拥有不同特征而能从环境中获得更多资源。[③]将其应用于促进，即有些个体拥有的心理资源比如个体导向的成长[④]，能使其比其他个体获得更多来自工作的有利于家庭的资源。下面具体阐述这两个影响因素。

---

① Bronfenbrenner U & Ceci S J. Nature-nurture reconceptualized in developmental perspective: A bioecological model. Psychological Review, 1994, 101(4): 568-586.

② Wayne J H, Grzywacz J G, Carlson D S & Kacmar K M. Work-family facilitation: A theoretical explanation and model of primary antecedents and consequences. Human Resource Management Review, 2007, 17(1): 63-76.

③ Bronfenbrenner U & Morris P A. The ecology of developmental processes. In W Damon (Ed.)(5th ed.), Handbook of child psychology. New York: John Wiley and Sons, 1998:993-1028.

④ Ryff C D. Happiness is everything, or is it? Explorations on the meaning of psychological well-being. Journal of Personality and Social Psychology, 1989, 57(6): 1069-1081.

1. 工作-家庭促进的环境影响因素

坎贝尔·克拉克（Campbell-Clark）[①]区分了工作和家庭两个领域的因素、工作和家庭边界以及两个领域中的个体，这些概念定义了工作-家庭交换关系所体现的特征。在讨论工作和家庭通过什么方式获得价值过程时，Campbell-Clark 间接总结了与工作-家庭促进第一相关的环境因素：资源可用性。虽然所有工作都提供资源，但是提供的经济、心理和社会资源是不相等的。一些个人能够从其环境中获得更多的资源或更为有效地利用这些资源，从而获得更大收益。例如，与非专业人员相比，专业人员通常有更多获得家庭支持资源的路径[②]，这表明个体的职位（地位）影响有助于提高资源的可获得性。或者更进一步说，当类似资源可获得时，有些个体能够以更有效的方式使用资源。

实证研究支持资源是工作-家庭促进前因观点。例如，沃伊丹诺夫（Voydanoff）[③]的研究发现，工作资源是工作-家庭促进的主要前因。类似的，Grzywacz 和 Butler[④]证实，工作相关资源（即更多锻炼的机会和掌握更多的技能）与工作促进家庭的认知增强有关。Wayne 等[⑤]进一步证明，超越个人方面的环境资源可以塑造积极的、动态的和丰富的环境，并且使促进成为可能。例如，有一份充实的工作和一个支持性的工作环境促进了个人情绪和认知的正向发展，从而能够增强另一个领域的职能。从一定意义上来说，当个人使用更多能够丰富环境的对象、条件、能量或支持资源且它们提供了成长和发展（即促进）的时候，个人更有可能体验促进。

① Clark S. Work-family border theory: A new theory of work-family balance. Human Relations, 2000, 53(6): 747-770.

② Lambert S & Haley-Lock A. The organizational stratification of opportunities for work. Community, Work, and Family, 2004, 7(2): 179-195.

③ Voydanoff P . The effects of work demands and resources on work-to-family conflict and facilitation. Journal of Marriage & Family, 2004, 66(2): 398-412.

④ Grzywacz J G & Butler A B. The impact of job characteristics on work-to-family facilitation: Testing a theory and distinguishing a construct. Journal of Occupational Health Psychology, 2005, 10(2): 97-109.

⑤ Wayne J H, Grzywacz J G, Carlson D S & Kacmar K M. Work-family facilitation: a theoretical explanation and model of primary antecedents and consequences. Human Resource Management Review, 2007, 17(1): 63-76.

团队资源是重要的环境资源。Wayne 等[①]提出，团队能够通过工作提供重要的社会资源来帮助个体成长和发展，在工作和家庭领域中产生一种积极的溢出效应。亨特（Hunter）等[②]借鉴资源获取发展观，利用多层次结构方程模型分析发现，拥有团队资源的个体往往更可能获得工作-家庭促进和家庭-工作促进。作为一种社会资源，团队资源具有相似性、凝聚力和熟悉性。其中，团队的相似性指的是团队成员之间在显性特征上的相似程度（即表层特征，例如种族和性别）及潜在特征（即信息特征，例如个性、职业化经历、教育）。[③]相似个体之间不像不相似个体之间那样有较多冲突；相反，他们更加友好，多产高效，并且相处融洽[④]；团队凝聚力描述的是一种把团队成员凝聚在一起的纽带力量[⑤⑥]。有凝聚力的团队往往在工作中能够为了团队目标相互团结，并且形成友谊和相互信赖；团队熟悉性指的是团队成员之间相互了解的程度[⑦]。一旦彼此的熟悉度提高，团队成员就能够了解其他团队成员独特的工作方式、不同的生活经历，并且理解每个人的角色，从而高效地开展任务，减少对具体交流沟通的依赖。[⑧⑨]与资源的水平以及可用资源相比，资源

① Wayne J H, Grzywacz J G, Carlson D S & Kacmar K M. Work-family facilitation: a theoretical explanation and model of primary antecedents and consequences. Human Resource Management Review, 2007, 17(1): 63-76.

② Hunter E M, Perry S J, Carlson D S & Smith S A. Linking team resources to work-family enrichment and satisfaction. Academy of Management Annual Meeting Proceedings, 2010, 77(2): 304-312.

③ Hobman E V, Bordia P & Gallois C. Consequences of feeling dissimilar from others in a work team. Journal of Business and Psychology, 2003, 17(3): 301-325.

④ Tsui A S, Egan T D & O'Reilly C A. Being different: Relational demography and organizational attachment. Administrative Science Quarterly, 1992, 37(37): 549-579.

⑤ Beal D J, Cohen R R, Burke M J & McLendon C L. Cohesion and performance in groups: A meta-analytic clarification of construct relations. The Journal of Applied Psychology, 2003, 88(6): 989-1004.

⑥ Tekleab A G, Quigley N R & Tesluk P E. A longitudinal study of team conflict, conflict management, cohesion, and team effectiveness. Group and Organization Management, 2009, 34(2): 170-205.

⑦ Espinosa J A, Slaughter S A, Kraut R E & Herbsleb J D. Familiarity, complexity, and team performance in geographically distributed software development. Organization Science, 2007, 18(4): 613-630.

⑧ Balkundi P & Harrison D A. Ties, leaders, and time in teams: Strong inference about network structure's effects on team viability and performance. Academy of Management Journal, 2006, 49(1): 49-68.

⑨ Espinosa J A, Slaughter S A, Kraut R E & Herbsleb J D. Familiarity, complexity, and team performance in geographically distributed software development. Organization Science, 2007, 18(4): 613-630.

和技能的特征更为重要。一些资源（如灵活度、支持）和技能（如问题解决能力、管理）在金字塔形式中处于更加基础地位，而其他资源和能力可能更适合具体任务而不适用于其他情形。比如，由雇佣强加的时间结果发展而来的时间管理技能[①]高度适用于组织和协调家庭责任，并最大化个体和家庭休闲时间。克什迈耶（Kirchmeyer）[②]的研究认为，与孩子有互动的员工在与同事和客户相处时更加耐心。

资源的可获得性为工作-家庭促进提供了机会，然而，只有当这些资源能进入到工作或家庭系统时，才能被利用，这就引起了工作-家庭边界特征的讨论。选择性的可渗透边界是工作-家庭促进发生所需要的。如同布罗德里克（Broderick）[③]所说，如果边界不是可渗透的，那么系统可能既没有机会从环境获得生存资源，又不能排出系统垃圾。如果边界没有能力选择，那将不可避免地从环境中吸收有害的因素，系统既不能保护自己免受攻击，又不能维持现有内部因素。选择性的可渗透边界观点已经在大量家庭类型中得到证实，这些家庭的特征是"开放型"或"环境敏感型"，而不同于控制收入信息和内外部资源整合信息的"随机型"或"成就敏感型"，因此，与工作-家庭促进相关的第二个环境因素是工作-家庭边界可选择的可渗透性。需要注意的是，家庭边界比工作边界更具有渗透性[④]，即边界渗透性是不均匀的。这是因为个人对家庭和工作领域有不同期望。例如，个体可能会期望家庭能带给自己温暖的生活，但对于工作并不会抱有同样的期望。当个人体验到工作-家庭促进时，他会将之视为意想不到的惊喜，从而体验较多的感动或感激。

总之，在家庭和工作场所至少有两个促使工作-家庭促进发生的环境因素。实际上，当资源和技能可利用以及接收的领域对资源和技能选择性地开

---

① Jahoda M. Employment and unemployment: A social psychological analysis. Cambridge, England: Cam-bridge University Press, 1982.

② Kirchmeyer C. Perceptions of nonwork-to-work spillover:Challenging the common view of conflict-ridden domain relationships. Basic and Applied Social Psychology, 1992b, 13(2): 231-249.

③ Broderick C B. Understanding family process: Basics of family systems theory. New Bury Park, CA: Sage, 1993.

④ Frone M R, Russell M & Cooper M L. Prevalence of work-family conflict: Are work and family boundaries asymmetrically permeable?Journal of Organizational Behavior, 1992b, 13(7): 723-729.

放时，工作-家庭促进更易发生。实证数据支持了这些假设，比如，决策自由度反映了提供给雇员的技能发展数量和方向，高水平的决策自由度将引起更多工作-家庭促进[①]，为支持资源可获得性能促使工作家庭促进提供了证据。

2. 工作-家庭促进的个体影响因素

环境因素能保证工作-家庭促进，个体行为在产生和维持这一过程中也是必需的。生态学理论提供了讨论个体参与在工作-家庭促进中的作用的基础，它将影响工作-家庭促进的三种个体特征。布朗芬布伦纳（Bronfenbrenner）等[②]指出，个体特征、资源以及需求特征塑造个体-环境互动。

个体特征是个人自身能够促进积极性的方面，它能够促使个人较为容易地体验积极情感、寻求积极的发展经历，并且赢得地位和其他资产。Wayne等[③]提出，个体特征包括积极情绪、自我效能和工作认同。其中，拥有积极情绪的人通常更加关注积极情况。外倾性是一种以较高水平的积极情感为特征的个性特征，其与工作有益于家庭和家庭有益于工作的个人评估有关[④⑤]；自我效能指的是个人关于成功实施某种行为或某项任务的自身能力的信念[⑥⑦]。拥有高自我效能的员工会积极承担新鲜事物，以及更具挑战性和困难的工作任务[⑧]，因此高自我效能是提升学习绩效的有力因素[⑨]，有助于实现职业

① Grzywacz J G & Marks N F. Reconceptualizing the work-family interface: An ecological perspective on the correlates of positive and negative spillover between work and family. Journal of Occupational Health Psychology, 2000, 5(1): 111-126.

② Bronfenbrenner U & Morris P A. The ecology of developmental processes. In W Damon (Ed.), Handbook of child psychology. New York: John Wiley & Sons, 1998, 1(5): 993-1028.

③ Wayne J H, Grzywacz J G, Carlson D S & Kacmar K M, et al. In W Damon (Ed.), Handbook of Child Psychology, 2007, 17(1): 63-76.

④ Grzywacz J G & Marks N F. Reconceptualizing the work-family interface: An ecological perspective on the correlates of positive and negative spillover between work and family. Journal of Occupational Health Psychology, 2000, 5(1): 111-126.

⑤ Wayne J H, Musisca N & Fleeson W. Considering the role of personality in the work-family experience: Relationships of the big five to work-family conflict and facilitation. Journal of Vocational Behavior, 2004, 64(1): 108-130.

⑥ Bandura A. Self-efficacy: Toward a unifying theory of behavioral change. Psychological Review, 1977, 84(2): 191-215.

⑦ Hackett G & Betz N E. A self-efficacy approach to the career development of women. Journal of Vocational Behavior, 1981, 18(3): 326-339.

⑧ Ford J K, Quinones M A, Sego D J & Sorra J S. Factors affecting the opportunity to perform trained tasks on the job. Personnel Psychology, 1992, 45(3): 511-527.

⑨ Goldstein I L & Ford J K. Training in organizations: Needs assessment, development, and evaluation (4th ed.). Belmont, CA: Wadsworth/Thomson, 2000.

成功①。因为拥有较高自我效能的个人会寻求更多的机会，并体验更多的成功，更有可能获得新技能、积极情绪、信心，甚至经济资产；工作认同指的是个人重视工作②，并且愿意承担工作角色的程度③。实证研究表明，工作认同与更多的工作-家庭丰富有关。④

性格特征形成了维持个体-环境互动，资源特征反映增强这一互动有效性的个体特征。在相同的工作和家庭安排下（即资源可用性或选择性的可渗透边界），更有创新性的个体更易在非工作情形下利用工作相关技能。或者，在特定领域知识水平更高的个体更易发现和利用不同领域间的联系。⑤总之，对于有些个体来说，能够比其他个体开发更多可用资源和边界，资源是最重要的，因为资源让个体更加高效地适应并处理生活紧张情境，从生活机会中获益。⑥布拉夫（Brough）等指出，实现工作-家庭促进的核心因素是可转让的工作相关资源；当某一领域中的资源是可传递的并应用于另一领域时，工作-家庭促进就更有机会发生。⑦

在这里，需求被定义为"工作（或者家庭）领域中责任水平和强度的总

---

① Judge T A & Bono J E. Relationship of core self-evaluation traits-self-esteem, generalized self-efficacy, locus of control, and emotional stability-with job satisfaction and job performance: A meta-analysis. Journal of Applied Psychology, 2001, 86(1): 80-92.

② Lodahl T M & Kejner M. The definition and measurement of job involvement. Journal of Applied Psychology, 1965, 49(1): 24-33.

③ Reitzes D D. Social and emotional engagement in adulthood. In M H Bornstein, L Davidson, C Keyes & K M Moore (Eds.), Wellbeing: Positive development across the life course. Crosscurrents in contemporary psychology. Mahwah, NJ: Lawrence Erlbaum, 2003: 425-447.

④ Wayne J H, Randel A & Stevens J. The role of identity and work-family support in work-family enrichment and its work-related consequences. Journal of Vocational Behavior, 2006, 69(3): 445-461.

⑤ Csikszentmihalyi M. Creativity: Flow and the psychology of discovery and invention. New York: Harper Collins, 1996.

⑥ Cohn M A, Fredrickson B L, Brown S L, Mikels J A & Conway A M 2009. Happiness unpacked: Positive emotions increase life satisfaction by building resilience. Emotion, 2009, 9(3): 361-368.

⑦ Brough P, O'Driscoll M & Kalliath T. The ability of "family-friendly" organizational resources to predict work-family conflict and job and family satisfaction. Stress and Health, 2005, 21(4): 223-234.

体感知"。①大量工作-家庭研究学者都对该变量进行了研究②③④。很多研究都发现,需求与工作-家庭促进正相关。⑤⑥⑦⑧需求特征反映了促进或阻碍个体-环境互动的个体对环境的反应特征会影响工作-家庭促进。性别是最显著的例子,已有报告指出,对于诸如父母假的家庭亲密关系⑨,男性比女性报告了更少的来自工作场所的促进。同样,雇主不会基于社会状态指标而给予雇员更多工作-家庭促进机会⑩,或者由于其他环境压力,这些个体可能不能利用这些资源。因此,来自社会环境的需求特征调节着环境与工作-家庭促进间的关系,因为它们使得特定个人从可获得的资源中获得更多收益。相反,个体特质和资源特征调节着环境与工作-家庭促进间的关系。

除了社会生态观点以外,一些工作特征被长期理论化,认为它们将通过提供资源正向影响组织成员。员工的独立性(即自主性)以及工作在不同环

① Boyar S, Carr J, Mosley D Jr & Carson C. The development and validation of scores on perceived work and family demand scales. Educational and Psychological Measurement, 2007, 67(1): 100-115.

② Demerouti E, Peeters M W & van der Heijden B M. Work-family interface from a life and career stage perspective: The role of demands and resources. International Journal of Psychology, 2012, 47(4): 241-258.

③ Lu C Q, Siu O L, Chen W Q & Wang H J. Family mastery enhances work engagement in Chinese nurses: A cross-lagged analysis. Journal of Vocational Behavior, 2011, 78(1): 100-109.

④ Magee C A, Stefanic N, Caputi P & Iverson D C. The association between job demands-/control and health in employed parents: The mediating role of work-to-family interference and enhancement. Journal of Occupational Health Psychology, 2012, 17(2): 196-205.

⑤ Proost K, De Witte H, De Witte K & Schreurs B. Work-family conflict and facilitation: The combined influence of the job demand-control model and achievement striving. European Journal of Work and Organizational Psychology, 2010, 19(5): 615-628.

⑥ Sanz-Vergel A, Demerouti E, Moreno-Jiménez B & Mayo M. Work-family balance and energy: A day-level study on recovery conditions. Journal of Vocational Behavior, 2010, 76(1): 118-130.

⑦ Voydanoff P. Implications of work and community demands and resources for work-to-family conflict and facilitation. Journal of Occupational Health Psychology, 2004, 9(4): 275-285.

⑧ Kacmar K M, Crawford W S, Carlson D S, Ferguson M & Whitten D. A short and valid measure of work-family enrichment. Journal of Occupational Health Psychology, 2014, 19(1): 32-45.

⑨ Pleck J H. Are "family-supportive" employer policies relevant to men? In J C Hood (Ed.), Men, work, and family. Newbury Park, CA: Sage, 1993: 217-237.

⑩ Grzywacz J G, Almeida D M & McDonald D A. Work-family spillover and daily reports of work and family stress in the adult laborforce. Family Relations, 2002, 51(1): 28-36.

境、地点和制度下的多样性出现在大量文献研究的模型中。哈克曼（Hackman）等[1]认为，自主性和多样性增强了员工个体的责任意识，并提供了内在激励。卡拉塞克（Karasek）[2]认为，自主性和多样性有利于个体心理健康是因为其能被用于有效解决工作内在需求。科恩（Kohn）等[3]认为，自主性能为个体提供认知和精神健康。目前，学者们普遍认为，诸如自主性和多样性的工作特征以及它们所创造的资源，能对其他领域诸如家庭产生积极影响，如激励、能量、新技能以及态度。[4][5]

众多研究结果都支持自主性和多样性为个体家庭提供了有利资源。证据一致表明，有更多工作自主性的组织成员会更多地参与到家庭活动之中（如给孩子读书、与孩子共同设计解决问题的方案、接受孩子询问）。巴奈特（Barnett）等[6]发现，家庭角色承担不好的女性的一个重要前因是工作有更多多样性。低水平的工作-家庭积极溢出与低水平的决策相关，此研究既包含工作自主性，又包括多样性。因此，有实证和理论证据支持更高自主性和多样性的工作将为员工提供更多资源，从而有利于家庭生活。例如，Grezywacz和 Marks[7]认为工作自由度和家庭支持与工作和家庭之间积极的溢出密切相关。Grzywacz 和 Butler[8]发现，如果工作任务要求有更多自主性和多样性，极具复杂性并且亟须熟练的社会技能，那么个体就会体验到较高层次的工

---

① Hackman J R & Oldham G R. Motivation through the design of work: Test of a theory. Organizational Behavior and Human Decision Processes, 1976, 16(2): 250-279.

② Karasek R A. Job demands, job decision latitude,and mental strain: Implications for job redesign. Administrative Science Quarterly, 1979, 24(2): 285-308.

③ Kohn M L & Schooler C. The reciprocal effects of the substantive complexity of work and ntellectual flexibility: A longitudinal assessment. American Journal of Sociology, 1978, 84(1): 24-52.

④ Friedman S D & Greenhaus J H. Work and family—allies or enemies? What happens when business professionals confront life choices. New York: Oxford University Press, 2000.

⑤ Geurts S A E & Demerouti E. Work-/non-work interface: A review of theories and findings. In M J Schabracq, J A M Winnubst & C L Cooper (Eds.), The handbook of work and health psychology. New York: Wiley, 2003: 279-312.

⑥ Barnett R C, Marshall N L & Sayer A. Positive-spillover effects from job to home: A closer look. Women & Health, 1992, 19(2-3): 13-41.

⑦ Grzywacz J G & Marks N F. Reconceptualizing the work-family interface: An ecological perspective on the correlates of positive and negative spillover between work and family. Journal of Occupational Health Psychology, 2000, 5(1): 111-126.

⑧ Grzywacz J G & Butler A B. The impact of job characteristics on work-family facilitation: Testing a theory and distinguishing a construct. Journal of Occupational Health Psychology, 2005, 10(2): 97-109.

作-家庭促进。类似的，Voydanoff[1]发现能力因素和心理报酬（如尊敬和有意义的工作）与工作-家庭促进有重要关联。因此，提高组织成员对他们工作时间的控制是实现工作-家庭促进的重要一步。[2]

Grzywacz[3]研究了一些个体差异是否会促使一些组织成员更好地利用工作资源，从而获得更多有利于家庭生活的影响。他们研究的个体差异因素是个人发展，定义为个体认为他参与活动随时间而将得到的发展、扩展或改善程度。[4]实际上，那些高水平发展的个体更有兴趣学习并提升自己能力。首先，个人发展可能产生积极态度，这些积极态度将对家庭产生积极溢出；其次，个人发展可能增加工作中获得的知识和技能转化到家庭的可能性。比如，高水平发展的个体可能有更高的改善家庭功能的需求，因此，他们可能更加意识到工作中的知识和技能能用于家庭领域。这些证据以及工作特征模型都证明只有有个人发展的个体才能从增强的工作特征中获益。[5]

二、工作-家庭促进的结果变量

工作-家庭促进存在诸多结果变量。学者们根据不同的研究重点，对工作-家庭促进所产生的结果也有所侧重。其中，具有代表性的观念有三种。

第一类研究认为[6][7]，工作-家庭促进有三种积极结果。

（1）工作和家庭经历对健康有附加效果。积极溢出效应能够缓解消极事

---

① Voydanoff P. The effects of work demands and resources on work-to-family conflict and facilitation. Journal of Marriage and Family, 2004, 66(2): 398-412.

② Thomas L T & Ganster D C. Impact of family-supportive work variables on work-family conflict and strain: A control perspective. Journal of Applied Psychology, 1995, 80(1): 6-15.

③ Grzywacz J G. Toward a theory of work-family facilitation. Paper presented at the 32nd Annual Theory Construction and Research Methodology Workshop of the Persons, National Council on Family Relations, Houston, TX, 2002, November.

④ Ryff C D. Happiness is everything, or is it? Explorations on the meaning of psychological well-being. Journal of Personality and Social Psychology, 1989b, 57(6): 1069-1081.

⑤ Hackman J R & Oldham G R. Motivation through the design of work: Test of a theory. Organizational Behavior and Human Performance, 1976, 16(2): 250-279.

⑥ Voydanoff P. Conceptualizing community in the context of work and family. Community, Work, and Family, 2001, 4(2): 133-156.

⑦ O'Driscoll M, Brough P & Kalliath T. Work-family conflict and facilitation, chapter 6.F Jones, R Burke & M Westman (Eds.), Managing the work -home interface. Hove, Sussex, UK: Psychology Press, 2006.

件的影响，提升员工个体的心理健康水平。[1][2]例如，积极的工作-家庭溢出[3]和家庭-工作丰富[4]会减轻心理困扰。研究者已经一致证实，角色积累对身体和心理健康都有利[5]，特别当角色是高质量时。另外，研究已表明，工作满意和家庭满意对个体身心愉悦、生活满意以及可感知的生活质量有附加作用。[6]这些研究认为，参与双重角色以及对工作和家庭角色都满意的个体比参与一个角色以及对一个或所有角色都不满意的个体更健康。

（2）参与两个角色有利于个体减轻在一个角色中的压力。研究发现，对工作更满意的个体的家庭压力源以及损害健康的因素更弱[7]，对家庭更满意的个体的工作压力源以及损害健康的因素也更弱。这些调节因素认为多重社会角色有利于减轻特定角色中的压力，如同多个财务计划有利于防止个体投资于一个计划，在经济下滑时引起财务问题，参与多重角色能使个体在一个角色中的失败得到其他角色成功的补偿。

（3）一个角色中的经历能对另一个角色产生积极的经历和后果。这种机制和前两种机制不同是因为它代表的是从一个角色到另一个角色转换的积极体验。一个角色中的态度、行为和情感可能会溢出至另一角色。[8]例如，人们通常不能在走进办公室或者从工作中回到家时就马上终止他们的问题

---

① Grzywacz J. Work-family spillover and health during midlife: Is managing conflict everything? American Journal of Health Promotion, 2000, 14(4): 236-243.

② Hanson G C, Hammer L B & Colton C L. Development and validation of a multidimensional scale of perceived work-family positive spillover. Journal of Occupational Health Psychology, 2006, 11(3): 249-265.

③ Kinnunen U, Feldt T, Geurts S & Pulkkinen L. Types of work-family interface: Well-being correlates of negative and positive spillover between work and family. Scandinavian Journal of Psychology, 2006, 47(2): 149-162.

④ Haar J M & Bardoel E A. Positive spillover from the work-family interface: A study of Australian employees. Asia Pacific Journal of Human Resources, 2008, 46(3): 275-287.

⑤ Barnett R C & Hyde J S. Women, men, work, and family. American Psychologist, 2001, 56(10): 781-796.

⑥ Rice R W, Frone M R & McFarlin D B. Work-nonwork conflict and the perceived quality of life. Journal of Organizational Behavior, 1992, 13(2): 155-168.

⑦ Voydanoff P & Donnelly B W. Multiple roles and psychological distress: The intersection of the paid worker, spouse, and parent roles with the role of the adult child. Journal of Marriage and the Family, 1999, 61(3): 739-751.

⑧ Edwards J R & Rothbard N P. Mechanisms linking work and family: Clarifying the relationship between work and family constructs. Academy of Management Review, 2000, 25(1): 178-199.

或者高兴的心情。可见某个角色上的丰富会提升另一角色的生活质量，生活质量的提高也可能增强另一个角色的满意度。Greenhaus 和 Powell [1]的研究发现，家庭卷入会产生各种各样资源。例如，产生于家庭角色的应对技巧会提高一个人在家的表现，转而有利于提高一个人在工作领域的积极结果。Marks[2]认为，参与一些角色能创造增强其他角色体验的能量。Sieber[3]的研究也表明，一个角色需要的能量作为社会关系能再投资于其他角色。此外，随着个体参与大量角色，他们的人格能随他们适应多重角色而增强，他们能从所有角色的扩展人格受益。比如，一个经理报告了她的职业生活如何受益于个人生活："我认为成为一名母亲以及看着孩子长大使我成为一名更优秀的经理，使得我对其他人更有耐心并让他们按照对他们有利的方式发展"[4]。一个工人解释他的工作经历如何有利于他的家庭生活："我有一个 16 岁儿子，我用工作中的一些事情教育他，我更好地倾听并让他表达意见"[5]。

　　第二类研究与艾伦（Allen）等[6]的划分类似，即将工作-家庭促进结果归纳为以下三种。

　　（1）工作相关结果，即工作-家庭促进对工作和工作场所的影响，例如工作满意度（从工作中得到的愉悦的程度）、情感认同（对组织的情感依恋）和离职意向（离开这个公司）等。范斯廷博根（Van Steenbergen）和伊利莫斯（Ellemers）发现，工作-家庭促进会带来较低的缺勤率和较高的工作绩效。[7]Carlson 等同样证实，工作-家庭促进能够带来更高的工作

　　① Greenhaus J H & Powell G N. When work and family are allies: A theory of work-family enrichment. Academy of Management Review, 2006, 31(1): 72-92.

　　② Marks S R. Multiple roles and role strain: Some notes on human energy, time and commitment. American Sociological Review, 1977, 42(6): 921-936.

　　③ Sieber S D. Toward a theory of role accumulation. American Sociological Review, 1974, 39(4): 567-578.

　　④ Ruderman M N, Ohlott P J, Panzer K & King S N. Benefits of multiple roles for managerial women. Academy of Management Journal, 2002, 45(2): 369-386.

　　⑤ Crouter A C. Spillover from family to work: The neglected side of the work-family interface. Human Relations, 1984, 37(6): 425-442.

　　⑥ Allen T D, Herst D E L, Bruck C S & Sutton M. Consequences associated with work-to-family conflict: A review and agenda for future research. Journal of Occupational Health Psychology, 2000, 5(2): 278-308.

　　⑦ Van Steenbergen E F & Ellemers N. Is managing the work-family interface worthwhile? Benefits for employee health and performance. Journal of Organizational Behavior, 2009, 30(5): 617-642.

绩效。①根据 Greenhaus 和 Powell②的情感路径，如果拥有父母身份的个体从其家庭角色中获得了更好的时间管理技巧，那么其就有可能更好地履行父母职责，从而在家庭中获得更多的积极情感，这些将会转化成工作中的积极的情感（即家庭-工作促进）。反过来说，在工作中得到的资源（如自尊）可能会使其在工作中表现得更好，创造更多绩效，并在最后转化成家庭领域更积极的影响（即工作-家庭促进）。由此可见，在这两种情况中，组织成员会对工作产生更积极的情感，并可拓展为获得更高的工作满意度和情感认同。对于离职意向，研究发现工作-家庭促进与离职意向呈正相关关系。③也就是说，当组织成员认为他们工作和家庭角色是丰富的，他们可能回报组织期望的态度，但不一定有意向一直留在组织。

（2）非工作相关结果，即工作-家庭促进对家庭和其他非工作因素的影响，例如家庭满意度和生活满意度。研究一致认为，工作-家庭促进对工作之外的生活有积极影响。参与家庭活动与更高生活满意度密切相关。④由此可推断出工作-家庭促进与家庭满意度和生活满意度有关。⑤⑥很多实证研究表明工作-家庭丰富和家庭满意度呈正相关关系。⑦⑧⑨例如，Wayne 等⑩的研究便证实，家庭-

① Carlson D S, Ferguson M, Kacmar K M, Grzywacz J G & Whitten D. Pay it forward: The positive crossover effects of supervisor work-family enrichment. Journal of Management, 2011, 37(3): 770-789.

② Greenhaus J H & Powell G N. When work and family are allies: A theory of work-family enrichment. Academy of Management Review, 2006, 31(1): 72-92.

③ McNall L A, Masuda A D & Nicklin J M. Flexible work arrangements, job satisfaction, and turnover intentions: The mediating role of work-to-family enrichment. The Journal of Psychology, 2010, 144(1): 61-81.

④ Judge T A, Boudreau J W & Bretz R D. Job and life attitudes of male executives. Journal of Applied Psychology, 1994, 79(5): 767-782.

⑤ Van Steenbergen E F, Ellemers N & Mooijaart A. How work and family can facilitate each other: Distinct types of work-family facilitation and outcomes for women and men. Journal of Occupational Health Psychology, 2007, 12(3): 279-300.

⑥ Aryee S, Srinivas E S & Tan H H. Rhythms of life: Antecedents and outcomes of work-family balance in employed parents. Journal of Applied Psychology, 2005, 90(1): 132-146.

⑦ Carlson D S, Grzywacz J G & Kacmar K M. The relationship of schedule flexibility and outcomes via the work-family interface. Journal of Managerial Psychology, 2010, 25(4): 330-355.

⑧ Carlson D S, Kacmar K M, Wayne J H & Grzywacz J G. Measuring the positive side of the work-family interface: Development and validation of a work-family enrichment scale. Journal of Vocational Behavior, 2006, 68(1): 131-164.

⑨ McN all L A, Nicklin J M & Masuda A D. A meta-analytic review of the consequences associated with work-family enrichment. Journal of Business and Psychology, 2010, 25(3): 381-396.

⑩ Wayne J H, Musisca N & Fleeson W. Considering the role of personality in the work-family experience: Relationships of the big five to work-family conflict and facilitation. Journal of Vocational Behavior, 2004, 64(1): 108-130.

工作促进与家庭满意是正相关；Carlson 等[1]发现家庭-工作促进会带来家庭绩效和家庭功能的提升。

（3）健康相关结果，即身体健康和精神健康。研究表明，工作-家庭促进会产生必要的资源来应对生活压力。[2]威廉姆斯（Williams）等[3]认为更多的工作-家庭促进与更好的身体健康状况有关，因为这些个体有"固定的资源存储"[4]，以更好地处理压力，并且获得更多的幸福。

还有一类研究测量的是工作相关变量和家庭相关变量间的关系。虽然并非所有研究都测量工作-家庭间的增强，但是它们经常显示出两者之间的正向关系。表 2-2 和表 2-3 是有代表性的研究结果。表 2-2 中与工作相关的因素是自变量，家庭因素是因变量；表 2-3 中家庭因素是自变量，工作因素是因变量。由于大量研究有跨领域特征，一个变量是自变量还是因变量是不一定的，然而，我们用这种方式组织这些研究，以揭示一个角色的经历正向影响另一个角色经历和结果的潜质。

表 2-2　测量工作相关的自变量与家庭相关的因变量间关系的研究汇总表

工作相关的自变量	家庭相关的因变量	支持的研究
收入	婚姻质量和稳定，陪孩子的时间、孩子健康、照顾孩子的满意度	Barnett 和 Hyde (2001)，Friedman 和 Greenhaus (2000)，Haas (1999)，Voydanoff(2001)
工作范围/自主性/复杂性	婚姻质量、积极的父母照顾责任、积极父母和家庭环境、孩子与父母间健康的互动、孩子心理和身体健康、照顾孩子的满意度、孩子阅读技能	Friedman 和 Greenhaus (2000)，哈斯（Haas）(1999)，詹金斯（Jenkins）等(2000)，Voydanoff (2001)
支持性和灵活性的工作环境	在家庭和孩子上花费的时间、与婴儿的互动、绩效、满意度、福利	Friedman 和 Greenhaus (2000)，Frone 等(1997)，Haas (1999)，帕拉休拉曼（Parasuraman）(1996)，Voydanoff(2001)
组织网络和同事接受	孩子身体健康和学校成绩、孩子看护满意度、家庭满意度	Friedman 和 Greenhaus (2000)，Frone 等(1997)，Haas (1999)，Parasuraman (1996)，Voydanoff(2001)

---

[1] Carlson D S, Grzywacz J & Zivnuska S. Is work-family balance more than conflict and enrichment? Human Relations, 2009, 62(10): 1459-1486.

[2] Greenhaus J H & Powell G N. When work and family are allies: A theory of work-family enrichment. Academy of Management Review, 2006, 31(1): 72-92.

[3] Williams A & Franche R L. Examining the relationship between work-family spillover and sleep quality. Journal of Occupational Health Psychology, 2006, 11(1): 27-37.

[4] Hobfoll S E. Social and psychological resources and adaptation. Review of General Psychology, 2002, 6(4): 307.

续表

工作相关的自变量	家庭相关的因变量	支持的研究
工作绩效	作为父母的绩效	Friedman 和 Greenhaus (2000)
工作参与	家庭参与	Rothbard (2001)
工作满意度	家庭满意度、积极的父母责任、与孩子的良好关系、孩子的心理健康、孩子的成绩	巴林（Barling）(1986)，Friedman 和 Greenhaus (2000)，Greenhaus 和 Parasuraman (1999)，斯图尔特（Stewart）和 Barling (1996)

资料来源：Greenhaus J H & Powell G N. When work and family are allies: A theory of work-family enrichment. Academy of Management Review, 2006, 31(1): 72-92.

从表 2-2 可以看出，工作收入与婚姻质量和健康积极相关，良好的工作环境与家庭和积极行为及结果呈正相关关系。大量证据表明工作内容（工作范围、自主或复杂性）和积极的家庭环境、婚姻和孩子照顾体验相关。网络活动与同事融洽和同孩子关系相关，特别是对于女性。罗斯巴德（Rothbard）[①]发现，工作中的心理投入和家庭生活心理投入呈正相关关系，其他研究发现，工作满意和家庭满意、积极的父母责任以及孩子照顾责任呈正相关关系。

表 2-3　测量家庭因素的自变量与工作因素的因变量间关系的研究汇总表

家庭因素的自变量	工作因素的因变量	支持研究
婚姻	收入、组织水平、发展、工作满意度	布雷茨（Bretz）和贾奇（Judge）(1994)，弗里德曼（Friedman）和 Greenhaus (2000)，雅可布（Jacobs）(1992)，Judge 和 Bretz (1994)，兰道（Landau）和亚瑟（Arthur）(1992)，梅拉米德（Melamed）(1996)，普费弗（Pfeffer）和罗斯（Ross）(1982)，施内尔（Schneer）和赖特曼（Reitman）(1993)
与孩子关系	收入和工作满意度	Friedman 和 Greenhaus (2000)，Landau 和 Arthur (1992)
家庭支持	收入、积极的工作态度和满意度、工作范围、职业生涯发展、受接受度	亚当斯（Adams）等(1996)，Friedman 和 Greenhaus (2000)；Frone 等(1997)，Voydanoff (2001)
家庭参与	工作参与	Rothbard (2001)

资料来源：Greenhaus J H & Powell G N. When work and family are allies: A theory of work-family enrichment. Academy of Management Review, 2006, 31(1): 72-92.

---

① Rothbard N P. Enriching or depleting? The dynamics of engagement in work and family roles. Administrative Science Quarterly, 2001, 46(4): 655-684.

从表 2-3 可以看出，从家庭成员处得到的社会支持与职业成功、职业发展和工作满意度呈正相关关系。同时，婚姻和孩子与三种广泛使用的职业成功指标——收入、发展和满意度呈正相关关系，特别是对于男性。根据这些研究结果，家庭生活的心理投入有利于工作的心理投入的理论只适用于女性。

三、工作-家庭促进的实施策略

对工作-家庭促进实施策略的研究关注三种类型的策略，即改变工作或家庭角色、从配偶处获得支持、使用家庭导向的职业政策和项目。首先，改变工作和家庭角色包括与一般策略相似的策略，即调整环境、改变情形的意义和管理情感。调整环境包括个体策略或整合的家庭策略如识别工作职责、改变职业、寻求有效的家务分工、从外部获得家务和孩子照顾的帮助等。改变情形的意义包括个体或夫妻重新衡量职业成功的重要性，重新定义工作或家庭绩效成功标准，以及重新优化家庭目标。管理情感包括大量减少压力的策略。[1]其次，家庭支持特别是配偶支持，是促进的第二个策略。伯利（Burley）[2]研究证实了配偶支持与生活满意呈正相关关系。此外也有研究证明了配偶的信息和情感支持与工作满意、家庭满意之间的正向关系。[3]最后，家庭导向的政策和项目，包括兼职工作和弹性工作的制度方法、基于家庭的雇用、灵活时间、带薪不带薪假期、照顾帮助、压缩工作周、上级培训、咨询和教育项目、改善工作条件、薪酬。[4]研究认为，使用基于家庭的福利如基于家庭的雇用、无加班需求、灵活工作计划和请假，以及预防性资源（即上级灵活性和支持性环境），与留任和工作满意正相关。基希迈耶（Kirchmeyer）[5]发现，

---

① Greenhaus J H & Parasuraman S. A work-nonwork interactive perspective of stress and its consequences. In J M Ivancevich & D C Ganster (Eds.), Job stress: From theory to suggestion. New York: Haworth, 1987: 37-60.

② Burley K A. Family variables as mediators of the relationship between work-family conflict and marital adjustment among dual-career men and women. Journal of Social Psychology, 1995, 135(4): 483-497.

③ Parasuraman S, Greenhaus J H & Granrose C S. Role stressors, social support, and well-being among two-career couples. Journal of Organizational Behavior, 1992, 13(4): 339-356.

④ Haas L. Families and work. In S K Steinmetz & G W Peterson (Eds.), Handbook of marriage and the family. New York: Plenum, 1999: 571-611.

⑤ Kirchmeyer C. Nonwork-to-work spillover: A more balanced view of the experiences and coping of professional women and men. Sex Roles, 1993, 28(9-10): 531-552.

包括工作态度在内的预防性资源与父母工作的角色增强正相关；埃兹拉（Ezra）和克曼（Deckman）[1]研究证实，使用灵活和压缩工作计划，以及诸如组织和上级理解家庭责任的预防性资源，与工作家庭平衡的满意度正相关。

显然，三种类型策略的划分方法将组织和个人的策略混在一起了。在梳理了大量现有研究的基础上，本书主要从组织和个人两方面来探讨如何采取措施促进工作-家庭的积极关系的实现，具体内容如下。

1. 组织策略

在过去几十年，随着时代的进步，人口趋势转变和就业市场紧缩，组织逐渐意识到需要关注组织成员及其孩子甚至配偶、父母、朋友和其他利益相关群体的价值观和愿望，这也导致工作场所开始实施促进工作与家庭共同发展的一系列政策，以满足不断变化的工作-家庭系统的需求。这些政策被称为"家庭亲善政策"（Family-Friendly Policies）或者"工作-家庭政策"（Work-Family Policies）。组织通过制订实施政策，提供时间、服务或者经济福利的方式来缓解成员压力[2]，支持在复杂环境中面临工作、家庭和个人时间平衡和冲突的组织成员[3]。家庭亲善政策侧重于组织或雇主为成员提供服务，具有单向性，即"组织→成员"，其中具有代表性的政策可以概括为四类：灵活工作安排，如远程办公、居家工作、压缩工作周、兼职工作；家人照料，如孩子或者老人照料信息的推荐或中介服务、工作场所的儿童看护中心；假期，如产假、陪产假、亲子假、学习假期、旅游假期、紧急事假；救助，如组织成员帮助计划、儿童护理津贴、照料援助、医疗援助、财政救助等。

家庭亲善政策的制订遵循两种理论路径：制度路径与理性选择路径（den

---

① Ezra M & Deckman M. Balancing work and family responsibilities: Flextime and child care in the federal government. Public Administration Review, 1996, 56(2): 174-179.

② Butts M M, Casper W J & Yang T S. How important are work-family support policies? A meta-analytic investigation of their effects on employee outcomes. Journal of Applied Psychology, 2013, 98(1): 1-25.

③ Lee S Y & Hong J H. Does family-friendly policy matter? Testing its impact on turnover and performance. Public Administration Review, 2011, 71(6): 870-879.

Dulk，2005；Bae 和 Goodman，2014）[1][2]。其中，制度路径认为，雇主是因为社会规范压力而不得已开展家庭亲善政策的。组织制订家庭亲善政策是为了回应法律和监管责任（den Dulk，2005；Goodstein，1994）[3][4]；理性选择路径则认为雇主是为了经济利益而自愿制订家庭亲善政策。根据理论选择路径，组织实施家庭亲善政策是为了提高工作绩效、劳动生产率，降低成员离职率。理性选择路径认为，组织实施家庭亲善政策的决策合乎逻辑，因为组织相信家庭亲善政策的收益会超过这些政策的成本，因此愿意为成员提供一定的支持和便利（Seyler，Monroe & Garand，1995）[5]。

无论基于何种理论路径的考虑，组织实施家庭亲善政策的重要原因就是为了帮助组织成员平衡工作和家庭角色，使其能够有效、科学地应对两领域需求冲突的现实困境，为组织带来良好收益。现有研究结果也表明了家庭亲善政策有益于雇员和雇主双方[6]。例如，托马斯（Thomas）和 Thomas[7]的研究证实，组织提供儿童照顾政策能够提高生产力和组织成员士气，降低事故发生率。马歇尔（Marshall）和 Barnett[8]的研究发现，如果组织提供家庭亲善政策（例如工作分享、弹性工作安排、一站式子女照料和产妇津贴等），那

---

① Den Dulk L. Workplace work-family arrangements: A study and explanatory framework of differences between organizational provisions in different welfare states. In S Poelman (Ed.), Work and family: International research on work and family.Mahwah, NJ: Lawrence Erlbaum, 2005:169-191.

② Bae K B & Goodman D. The Influence of family-friendly policies on turnover and performance in South Korea. Public Personnel Management, 2014, 43(4): 520-542.

③ Den Dulk L. Workplace work-family arrangements: A study and explanatory framework of differences between organizational provisions in different welfare states. In S Poelman (Ed.), Work and family: International research on work and family.Mahwah, NJ: Lawrence Erlbaum, 2005:169-191.

④ Goodstein J D. Institutional pressure and strategic responsiveness: Employer involvement in work-family issues. Academy o f Management Journal, 1994, 37(2) : 350-382.

⑤ Seyler D L, Monroe P A & Garand J C. Balancing work and family: The role of employer-supported child care benefits. Journal of Family Issues, 1995, 16(2) : 170-193.

⑥ Lee S Y & Hong J H. Does family-friendly policy matter? Testing its impact on turnover and performance. Public Administration Review, 2011, 71(6) : 870-879.

⑦ Thomas L T & Thomas J E. The ABCs of child care: Building blocks of competitive advantage. MIT Sloan Management Review, 1990, 31(2): 31-41.

⑧ Marshall N L & Barnett R C. Family-friendly workplaces, work-family interface, and worker health. In Keita G P & Hurrell J J (Eds.), Job stress in a changing workforce.Washington, DC: APA Books, 1994:253-264.

么就会获得较高的组织承诺。恩戈（Ngo）等[1]开发和验证了一个概念模型以考察家庭亲善实践对组织层面的影响，调查结果发现家庭亲善实践与组织气氛正相关，这支持了格罗弗（Grover）和克鲁克（Crooker）[2]的结论：采取家庭亲善实践的组织有可能是支持性和创新性的工作场所，因为在这些场所中，家庭亲善实践是合作和关怀的管理风格的一部分。不难发现，家庭亲善政策有助于组织成员获得更具人性化和支持性的工作环境，并能带来更高的组织绩效和组织承诺。

事实上，对于组织而言，制订并实施家庭亲善政策的主要目的是留住人才，获得更多产出。随着减少离职和增加绩效成为"人力资源专业人员面临的最大挑战之一"[3]，家庭亲善政策的组织效能越发凸显。例如，李（Lee）和洪（Hong）[4]使用 2004 年和 2006 年联邦人力资本调查以及 2005 年和 2007年的财政数据，评估了四种家庭亲善政策：儿童护理津贴、远程办公、家庭护理带薪休假和可变工作制对成员离职率和组织绩效的影响，结果表明特定的家庭亲善政策确实能够帮助组织降低离职率并提升组织绩效。具体的，他们发现，儿童护理津贴对降低离职率有积极显著的影响，不过其他三项家庭亲善政策却不能发挥同样显著而积极的作用；儿童护理津贴和可变工作制政策对组织绩效有显著积极的影响，而家庭护理带薪休假却对绩效没有任何显著影响，远程办公则对组织绩效有显著且负向的影响。显然，在家庭亲善实践的过程中，组织不应仅仅停留在传统的政策提供者角色，过于强调组织政策的数量而忽视组织成员特殊性需求，会导致不能有效发挥家庭亲善政策的功效。社会的快速变化和开放的心态使组织成员个性日益彰显。每个组织成员都有着不同的生活背景和需求，"一刀切"或者"大锅烩"的策略已经不能有效满足他们的需要，因此组织也需要不断开发与实施更具个性化的家庭

① Ngo H Y, Foley S & Loi R. Family friendly work practices, organizational climate, and firm performance: A study of multinational corporations in Hong Kong. Journal of Organizational Behavior, 2009, 30(5) : 665-680.

② Grover S L & Crooker K J. Who appreciates family-responsive human resource policies: The impact of family-friendly policies on the organizational attachment of parents and non-parents. Personnel Psychology, 1995, 48(2): 271.

③ Durst S L. Assessing the effect of family friendly programs on public organizations. Review of Public Personnel Administration, 1999, 19(3): 19.

④ Lee S Y & Hong J H. Does family-friendly policy matter? Testing its impact on turnover and performance. Public Administration Review, 2011, 71(6): 870-879.

亲善政策。

尽管实施家庭亲善政策能够为组织带来诸多益处，但是家庭亲善实践却并非一帆风顺。为此，组织应为成员使用家庭亲善政策保驾护航：①使家庭亲善政策符合个体多样化的家庭需求；②管理人员为家庭亲善型的，即组织管理人员支持家庭亲善政策的施行；③主管保证组织成员在政策使用过程中获得舒适体验。

此外，在家庭亲善政策的实施过程中，我们还需要注意以下四种情景：主管支持、普遍性、可协商性和沟通质量[①]。其中，主管支持包括情感型支持和工具型支持，它们对工作-家庭冲突的缓解起着关键作用。主管支持行为认可个人需求和价值偏好，更具尊重和包容感，可消除雇员使用政策的障碍。普遍性始终坚持家庭亲善政策是面对所有人群的，不因种族、性别、婚姻状况、地域的差异而不同，不具有特殊主义色彩。可协商性主张考虑多样化的个体需求，避免"一刀切"。有效沟通则更能显示政策的包容性和雇主关怀，能够打破政策潜在壁垒，增加政策的使用价值。

还需要注意的是，组织提供家庭亲善政策并不意味着就实现了"家庭亲善"。更为重要的是，家庭亲善政策深受工作-家庭文化的影响。[②]具体的，支持性组织文化有利于组织成员使用家庭亲善政策，而阻碍性组织文化则会限制组织成员的政策使用行为。可见，如果没有一种支持性的工作-家庭文化，家庭亲善政策就无法完全获得预期效果。因此，为了更好地发挥家庭亲善政策的功能，组织必须挖掘自身管理潜能，营造健康、积极、尊重、支持的工作-家庭文化，使每一位组织成员都能在组织中感受到家一般的温暖，提升他们的组织依赖感和满意度，使其毫无顾虑地使用家庭亲善政策。

2. 个人策略

实现工作-家庭平衡既是当前组织面对的新时代挑战，更是大多数新生代成年人（Emerging Adults）的期望。[③]尽管组织会通过提供家庭亲善政策来促进其成员的工作-家庭平衡，但在现实生活中很多组织成员还需依赖有效

① Ryan A M & Kossek E E. Work-life policy implementation: Breaking down or creating barriers to inclusiveness? Human Resource Management, 2008, 47(2): 295-310.

② Peper B, Dikkers J, Vinkenburg C & van Engen M. Causes and consequences of the utilization of work-life policies by professionals: "Unconditional Supervisor Support Required." In Kaiser S, Ringlstetter M J, Eikhof D R & Cunha M P E(Eds.), Creating balance? Berlin/Heidelberg:Springer, 2011:225-250.

③ Basuil D A & Casper W J. Work-family planning attitudes among emerging adults. Journal of Vocational Behavior, 2012, 80(3): 629-637.

的个人策略来应对工作与家庭领域的矛盾与冲突。研究表明,个体可通过时间管理活动[①]、目标导向的选择-优化-补偿行为[②]为满足家庭需求的临时工作安排[③]来降低工作-家庭冲突或广义冲突的负面影响。例如,当家庭出现紧急情况时,个体可通过请假这种临时策略来尽快解决家庭危机。除了单身人员,双职工还可以使用令双方都能满足家庭需要的工作与家庭角色卷入模式来获得工作-家庭平衡[④⑤]。

这些个体及双职工家庭策略引出了一个更广泛的问题:工作-家庭界面角色的决策制订。Greenhaus 和 Powell[⑥]认为,个体所做出的参与工作和家庭角色的决策会影响他们在生活中达到平衡的程度。例如,长时间工作的决定在带来高水平工作绩效的同时,也会产生实质性的工作干扰家庭和对工作-家庭平衡未知的夸大影响。关注决策制订意味着承认个体在开展生活时的积极作用,契合认可主动选择对增强幸福感重要性的自我领导视角。[⑦⑧]由于个体及家庭决策能够影响我们模型中的一系列变量(例如,角色卷入、工作和家庭经历、角色绩效、人生价值观等),所以理解这些决策制订的过程以及它们如何影响平衡是非常重要的。

与此同时,我们还应该意识到,职业生涯和家庭选择随着生命历程而改变,而发生这些改变通常也是为了应对重要生活变迁。例如,一个在 25 岁时聚焦于职业的个体在 35 岁时生下一对双胞胎后可能会从自身积累的职业

① Adams G A & Jex S M. Relationships between time management, control, work-family conflict, and strain. Journal of Occupational Health Psychology, 1999, 4(1): 72-77.

② Baltes B B & Heydensgahir H A. Reduction of work-family conflict through the use of selection, optimization, and compensation behaviors. Journal of Applied Psychology, 2003, 88(6): 1005-1018.

③ Behson S J. Coping with family-to-work conflict: the role of informal work accommodations to family. Journal of Occupational Health Psychology, 2002, 7(4): 324-341.

④ Becker P E & Moen P. Scaling back: dual-earner couples' work-family strategies. Journal of Marriage & Family, 1999, 61(4): 995-1007.

⑤ Moen P & Yu Y. Effective work-life strategies: working couples, work conditions, gender, and life quality. Social Problems, 2000, 47(47): 291-326.

⑥ Greenhaus J H & Powell G N. A conceptual analysis of decision making at the work-family interface. Paper presented at the Second International Conference of Work and Family, IESE Business School, University of Navarra,Barcelona, Spain, 2007.

⑦ Sweet S & Moen P. Advancing a career focus on work and family: Insights from the life course perspective.In M Pitt-Catsouphes, E E Kossek & S Sweet (Eds.), Work-family handbook: Multi-disciplinary perspectives and approaches. Mahwah, NJ:Erlbaum, 2006: 189-208.

⑧ Neck C P & Manz C C. Mastering self-leadership: Empowering yourself for personal excellence(4 th ed). Upper Saddle River, NJ:Pearson Prentice Hall, 2007.

生涯和家庭经历中反思当前情况，形成不同的工作-家庭平衡观点。一个早年感知到平衡的个体在以后可能会觉得后悔，甚至会觉得在总的生命历程中没有达到真正的平衡。个体当前的平衡感也有可能会被个体期望未来优先级的转变所影响。例如，在孩子年龄尚小时聚焦于家庭的个体可能会期望将来成为职业生涯和家庭"双聚焦型"，并将其纳入影响当前平衡感的因素。因此，个体制订工作-家庭促进策略时需综合分析时态因素，从自己的职业生涯阶段和家庭发展阶段出发去开发符合自身的应对措施。

　　基于职业生活的动态性，为了回应个人和家庭需求，组织成员需进行有效的职业生涯自我管理（Career Self-Management，CSM）。其中，职业生涯自我管理旨在帮助个人实现所期望的职业生涯结果的问题解决和决策制订过程。其中包括三个组成部分：职业生涯探索或搜集信息[1][2][3]、职业生涯目标设定[4][5]，以及帮助个人实现目标的职业生涯策略[6][7][8]。职业生涯自我管理的重点是个人主动获得成功和职业生涯满意度的过程。不断动荡的经济环境和组织需要个体在整个生命周期中做出大量的职业生涯决策和转型，并且对

① Greenhaus J H, Callanan G A, Godshalk V M. Career Management. Thousand Oaks, CA: Sage. 4th ed, 2010.

② Kossek E E, Roberts K, Fisher S & Demarr B. Career self-management: A quasi-experimental assessment of the effects of a training intervention. Personnel Psychology, 1998, 51(4): 935-960.

③ Zikic J & Richardson J. Unlocking the careers of business professionals following job loss: Sensemaking and career exploration of older workers. Canadian Journal of Administrative Sciences/Revue Canadienne des Sciences de l'Administration, 2007, 24(1): 58-73.

④ Greenhaus J H, Callanan G A, Godshalk V M. Career Management. Thousand Oaks, CA: Sage. 4th ed, 2010.

⑤ Seibert S E, Kraimer M L, Holtom B C & Pierotti A J. Even the best laid plans sometimes go askew: Career self-management processes, career shocks, and the decision to pursue graduate education. Journal of Applied Psychology, 2013, 98(1): 169.

⑥ De Vos A, De Hauw S & Van der Heijden B I. Competency development and career success: The mediating role of employability. Journal of Vocational Behavior, 2011, 79(2): 438-447.

⑦ Greenhaus J H, Callanan G A, Godshalk V M. Career Management. Thousand Oaks, CA: Sage. 4th ed, 2010.

⑧ Kossek E E, Roberts K, Fisher S & Demarr B. Career self-management: A quasi - experimental assessment of the effects of a training intervention. Personnel Psychology, 1998, 51(4): 935-960.

管理自己的职业生涯承担更大的责任①②，所以职业生涯自我管理变得越发重要。其中，个性化职业生涯（The Customized Career）成为传统线性职业生涯的替代方式③。瓦尔库尔（Valcour）等④指明了个性化职业生涯有别于传统的职业生涯的三个方面。首先，个性化职业生涯会背离全职工作日程，因此个体会通过兼职工作或工作分享来减少工作负荷。其次，个性化职业生涯偏离了通过延迟进入劳动力市场的年龄、就业中断或者个性化退休的方式来持续就业的假设。最后，个性化职业生涯扎根于与雇主之间相对非传统的关系，例如临时而非长期的关系，或者承包商/机构关系而不是作为核心员工。此外，可持续职业生涯以提升组织和个人效率的方式，使得个人长期拥有积极的职业生涯经历。⑤⑥科塞克（Kossek）等⑦提出可持续职业生涯具有以下基本特点：足够的安全感以满足经济需要；符合个人核心的职业生涯和生活的价值观；弹性和能力以适合个人不断变化的需求和利益的可再生性，因而个人有固定的职业重建机会。伴随时间压力不断增加（截止日期）、速度（步伐）加快和高负荷（工作数量）⑧，职业生涯逐渐以在以往工作时间内要做更多工作为特征。上述情况提高了职业生涯倦怠，使得工作需求增加时必须控制

---

① Greenhaus J H, Callanan G A, Godshalk V M. Career Management. Thousand Oaks, CA: Sage. 4th ed, 2010.

② King Z. Career self-management: Its nature, causes and consequences. Journal of Vocational Behavior, 2004, 65(1): 112-133.

③ Kossek E E, Ollier-Malaterre A, Lee M D, Hall D T, Pichler S. Managerial gatekeeping rationales for customized work arrangements: evidence of the changing employee-organization relationship. Presented at Annu. Soc. Ind. Organ. Psychol. (SIOP) Conf., 26th, Apr. 14-16, Chicago, 2011a.

④ Valcour M, Bailyn L, Quijada M A, Bailyn L & Quijada M A. Customized careers. In Gunz H P and M A Peiperl(Eds), Handbook of Career Studies. Newbury Park, CA:, Sage, 2007:188-210.

⑤ Herman C & Lewis S. Entitled to a sustainable career? motherhood in science, engineering, and technology. Journal of Social Issues, 2012, 68(4): 767-789.

⑥ Kossek E E, Valcour M & Lirio P. The sustainable workforce: Organizational strategies for promoting work-life balance and well-being. In C Cooper & P Chen (Eds.), Work and wellbeing . Oxford: Wiley-Blackwell, 2014:295-318.

⑦ Kossek E E, Lirio P & Valcour M. The sustainable workforce: organizational strategies for promoting work-life wellbeing. Presented at Fifth International Community, Work and Family Conference, IESE, July 1-3, Barcelona, Spain, 2013b.

⑧ Natalie S & Barbara P. Work-life conflict: Is work time or work overload more important?. Asia Pacific Journal of Human Resources, 2008, 46(3): 303-315.

工作负荷能力，从而以可持续的方式，使其成为将职业生涯整合到令人满意的个人和家庭生活的能力，最终实现工作-家庭平衡。

为了实现职业生涯的自我管理，个体必须发展自己的可雇佣力。因为高可雇佣的个人能够利用劳动力市场，在他们目前的工作中谈判条件和资源[1][2][3]，例如社会支持、自由权和弹性，所有的这些资源都能使他们降低工作-家庭冲突[4]并获得更多的工作-生活平衡[5]。换句话说，因为"市场重视他们在调整更好的就业安排水平上的贡献"[6]，只有高雇佣力的组织成员才有能力获得组织中提供的、使他们实现工作上和工作领域之外的目标和责任的资源。

除了上述打破传统职业生涯发展模式的职业选择之外，有更多的组织成员会遵循传统的职业观念。对此，于岩平、罗瑾琏和周艳秋[7]等的研究为传统型组织成员正确处理工作与家庭的关系提出如下建议：①转变传统观念。要实现工作-家庭平衡，就需化解愧疚感，女性应转变观念，将部分照顾家庭的责任转移到男性身上，转变"妻子照顾家庭天经地义"的观念。②确定优先顺序。强调工作和家庭平衡并不意味着将两者放在平等位置，要学会适当取舍。重视工作甚于家庭的职业女性，会将工作放前面；注重亲情的家庭女性，会将家庭摆在第一位，工作迁就家庭。确定好工作与家庭的顺序便于为职业女性安排合适的岗位。③争取家庭支持。职业女性应主动争取家人、亲朋和组织的支持，共同分担工作事务和家庭事务。

---

① Bretz R D, Boudreau J W & Judge T A. Job search behavior of employed managers. Personnel Psychology, 1994, 47(2): 275-301.

② Lazear E P. Salaries and piece rates. Journal of Business, 1986, 59(3): 405-431.

③ Pinkley R L, Neale M A & Bennett R J. The impact of alternatives to settlement in dyadic negotiation. Organizational Behavior & Human Decision Processes, 1994, 57(1): 97-116.

④ Michel J S, Kotrba L M, Mitchelson J K, Clark M A & Baltes B B. Antecedents of work-family conflict: A meta-analytic review. Journal of Organizational Behavior, 2011, 32(5): 689-725.

⑤ Greenhaus J H & Allen T D. Work-family balance: A review and extension of the literature. In J C Quick & L E Tetrick (Eds.), Handbook of occupational health psychology (2nd ed). Washington, DC: American Psychological Association, 2011.

⑥Bretz R D, Boudreau J W & Judge T A. Job search behavior of employed managers. Personnel Psychology, 1994, 47(2): 275-301.

⑦ 于岩平，罗瑾琏，周艳秋. 高星级酒店女性员工工作-家庭平衡研究报告. 妇女研究论丛，2012(6): 31-36.

四、简要评述

随着工作-家庭促进研究的不断深入，学者们基本达成如下共识。

1. 现有研究的一致性结论

（1）工作-家庭促进是关乎工作与家庭、组织与个人的重要议题

工作-家庭促进指的是一种角色（如家庭）体验促进另一种角色（如工作）体验的程度。根据定义，工作-家庭促进与工作和家庭两个领域紧密相关，是两个领域积极经验的传递。工作-家庭促进还与组织、个人有关，这种积极体验的实施主体是员工/组织成员，但也需要得到组织的有效支持。

（2）工作-家庭促进具有双向性和多元性

工作-家庭促进不仅包括两个方向，即从工作到家庭的促进和从家庭到工作的促进，还具有多元性，参与、收益和改进都是它的主要内容。其中，参与是指个人将自身投入于某领域各项活动中的程度；收益包括发展收益、情感收益、资本收益和效率收益；改进是指在基础流程中有改进。

（3）工作-家庭促进需要适宜的组织实施策略

对工作-家庭促进实施策略的研究关注三种类型的策略，即改变工作或家庭角色、从配偶处获得支持、使用家庭导向的用工政策和项目。事实上，工作-家庭促进离不开组织和个人策略。其中，组织通过大力实施家庭亲善政策为工作-家庭促进提供现实条件；个人则需制订有效的职业决策，动态调整职业生涯，提升自身可雇佣力为工作-家庭促进的实现创造有利条件。

2. 现有研究的不足

工作-家庭关系是复杂多变的。这种研究性质既强调需要开展多样化研究，又暗含研究存在某些疏漏之处。现有研究的不足主要表现如下。

（1）西方情景研究占据主导地位，忽视东方情景

目前，工作-家庭促进的大多数研究都是在西方国家，测试跨文化的工作-家庭促进模型的工作还没有开展。显然，将西方的发现普遍运用于其他社会文化背景是欠妥的。不同的文化有着不同的工作和家庭价值观、实践和习惯，需要有更多对文化规范、价值观以及其他文化差异的系统调查，以确定工作-家庭促进的影响因素、后果、对策是某个文化所独有的还是冲破了文化的界限。国外学者的研究给予我们很好的借鉴和启发。但是，由于我国的社会文化具有很大的特殊性，在中国情境下开展工作-家庭促进研究可能会得出一些不同于国外研究的结论。

（2）数据多是横截面数据，缺失纵向数据

工作-家庭促进研究多为横截面数据，纵向数据相对缺失。虽然横截面数据有其内在优势（如易于管理和收集数据），但是根据短期或者某个时间点的调查资料或者统计结果无法感知工作-家庭促进研究的长期影响，而工作-家庭促进研究的使用决策和使用过程都需要一定的时间来形成，因此纵向追踪研究是未来的研究方向。

第三章　工作-家庭促进的影响机理及其效应

　　本章的主要目的是分析工作-家庭促进的影响机理及其效应。研究内容包括：基于 Greenhaus 和 Powell[①]提出的工作-家庭丰富理论模型的基本逻辑线索，通过问卷调查的方法具体讨论工作和家庭相互促进的影响因素及其产生的效应，为最终形成工作-家庭促进理论模型奠定基础。

第一节　一个经典的工作-家庭丰富理论模型

　　庞朴先生曾经说过："经过一个多世纪的代价巨大的社会实验，中国人终于懂得了一个真理：未来的陷阱原来不是过去，倒是对过去的不屑一顾。就是说，为了走向未来，需要的不是同过去的一切彻底决裂，甚至将过去彻底砸烂；而应该妥善地利用过去，在过去这块既定的地基上构筑未来大厦。如果眼高于顶，只愿在白纸上描述未来，那么，所走向的不是真正的未来，而只能是过去的某些最糟糕的角落。"[②]具体到本研究，我们在建立发展一个新的、能够反映当今复杂性的、具有中国文化背景的工作-家庭促进影响机理及其效应的工作-家庭促进理论模型之前，首先需要分析研究现状以及我们如何发展到今天。

　　近 20 年来，工作-家庭关系的研究都是以冲突为主导的，现在越来越多

---

　　① Greenhaus J H & Powell G N. When work and family are allies: A theory of work-family enrichment. Academy of Management Review, 2006, 31(1): 72-92.

　　② 王询. 文化传统与经济组织. 大连：东北财经大学出版社，1992：22.

的研究开始关注工作-家庭角色之间的相互促进关系。[①②③④]一系列的研究成果证实了这种促进关系，进一步挑战了传统认为工作。"家庭角色相冲突的观点。Greenhaus 和 Powell 提出的工作-家庭丰富理论模型对理论认识做出了巨大贡献，他们将工作-家庭丰富定义为"从工作（家庭）的经验获得的资源可以被用来提升家庭（工作）体验的程度"。

一、角色积累和工作-家庭丰富

第二章文献研究中曾经提到 Voydanoff[⑤] 的研究，他认为有三种方式能够使得参与多重角色产生积极后果，即工作和家庭经历对健康有附加效果、参与两个角色有利于个体防止在一个角色中的压力、一个角色中的经历能对另一个角色产生积极的经历和后果。

Greenhaus 和 Powell[⑥]相信第三种方式最好地阐释了工作-家庭丰富概念，他们认为工作-家庭丰富同工作-家庭冲突一样是双向的，工作对家庭的丰富发生于工作经历提高家庭质量，家庭对工作的丰富发生于家庭经历提高工作质量。

二、工作-家庭丰富理论模型

图 3-1 显示了角色 A 的经历能提高角色 B 的质量。Greenhaus 和 Powell 认为，生活质量包括两个因素：高绩效和积极效果。他们假设角色 A 形成的资源能提高角色 B 的质量，提高的程度受到角色 B 的重要性、可感知的与角色 B 的相关性、资源与角色 B 需求的一致性的调节。

---

① Barnett R C. Toward a review and reconceptualization of the work-family literature. Genetic, Social and General Psychology Monographs, 1998, 124(2): 125-182.

② Frone M R. Work-family balance. In J C Quick & L E Tetrick (Eds.),Handbook of occupational health psychology. Washington, DC:American Psychological Association, 2003:143-162.

③ Grzywacz J G, Almeida D M & McDonald D A. Work-family spillover and daily reports of work and family stress in the adult labor force. Family Relations, 2002, 51(1): 28-36.

④ Hill E J. Work-family facilitation and conflict, working fathers and mothers,work-family stressors and support. Journal of Family Issues, 2005, 26(6): 793-819.

⑤ Voydanoff P. Conceptualizing community in the context of work and family. Community, Work, and Family, 2001, 4(2): 133-156.

⑥ Greenhaus J H & Powell G N. When work and family are allies: A theory of work-family enrichment. Academy of Management Review, 2006, 31(1): 72-92.

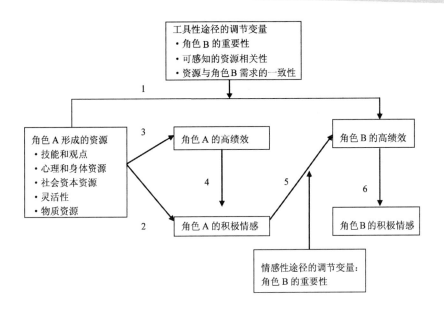

图 3-1　工作-家庭丰富理论模型

资料来源：Greenhaus J H & Powell G N. When work and family are allies: A theory of work-family enrichment. Academy of Management Review, 2006, 31(1): 72–92.

　　资源是能用于解决问题或挑战的资产。资源的形成是增强过程的关键动力[①②③]，角色特征和个人特征决定角色参与形成资源的程度。然而，由于 Greenhaus 和 Powell 关注的是跨角色关系，因此产生资源的因素在以往研究中没有涉及。

　　图 3-1 区分了在一个角色中形成的五种资源：技能和观点、心理和身体资源、社会资本资源、灵活性、物质资源。从字面可以看出，技能和观点包括两个因素，技能是一系列广泛的和任务相关人认知以及个人技能、操作技

　　① Friedman S D & Greenhaus J H. Allies or enemies?What happens when business professionals confront life choices. New York: Oxford University Press, 2000.

　　② Greenhaus J H & Parasuraman S. Research on work,family and gender: Current status and future directions.In G. N. Powell (Ed.), Handbook of gender and work. Newbury Park, CA: Sage, 1999:391-412.

　　③ Grzywacz J G. Toward a theory of work-family facilitation. Paper presented at the 2002 Persons, Processes and Places: Research on Families, Workplaces and Communities Conference, San Francisco, 2002.

能、多重任务技能、源自角色体验的知识和智慧[1][2][3][4]；观点是思考问题和解决问题的基础，如个体差异、文化背景下的价值差异、对他人问题的理解[5]、对信任的学习，用一句话概括就是，工作和家庭经历能扩展个人的世界观[6]。

心理和身体资源包括积极的个人评价如自足[7][8]和自尊[9]、坚强[10]、对未来的积极情感如乐观和希望[11][12]以及身体健康。角色体验也通过社会资本提供资源，即所谓的"社会关系的构建能移动并用于其他活动"[13]，Greenhaus 和 Powell[14] 的模型中包括两种社会资本资源——影响和信息，来源于个体在工作和家庭关系中的能帮助实现他们目标的个人关系。

模型中的灵活性指的是对时间、节奏、地点的自主性，这已经被工作-

① Bauer T N, Morrison E W & Callister R R. Organizational socialization: A review and directions for future research. Research in Personnel and Human Resources Management, 1998, 16: 149-214.

② Holman D J & Wall T D. Work characteristics, learning-related outcomes, and strain: A test of competing direct effects, mediated, and moderated models. Journal of Occupational Health Psychology, 2002, 7(4): 83-301.

③ McCauley C D, Ruderman M N, Ohlott P J & Morrow J E. Assessing the developmental components of managerial jobs. Journal of Applied Psychology, 1994, 79(4): 544-560.

④ Ruderman M N, Ohlott P J, Panzer K & King S N. Benefits of multiple roles for managerial women. Academy of Management Journal, 2002, 45(2): 369-386.

⑤ Crouter A. Spillover from family to work: The neglected side of the work-family interface. Human Relations, 1984, 37(6): 425-442.

⑥ Kanter R M. Work and family in the United States: A critical review and agenda for research and policy. New York: Russell Sage Foundation, 1977.

⑦ Bandura A. Self-Efficacy: The exercise of control. New York: Freeman 1997.

⑧Gist M E & Mitchell T R. Self-Efficacy: A theoretical analysis of its determinants and malleability. Academy of Management Review, 1992, 17(2): 183-211.

⑨ Brockner J. Self-Esteem at work. Lexington, MA: Lexington Books, 1988.

⑩ Kobasa S C. Stressful life events, personality, and health: An inquiry into hardiness. Journal of Personality and Social Psychology, 1979, 37(1): 1-11.

⑪ Seligman M E P. Learned optimism. New York: Knopf, 1991.

⑫ Seligman M E P. Authentic happiness: Using the new positive psychology to realize your potential for lasting fulfillment. New York: Free Press, 2002.

⑬ Adler P S & Kwon S. Social capital: Prospects for a new concept. Academy of Management Review, 2002, 27(1): 17-40.

⑭ Greenhaus J H & Powell G N. When work and family are allies: A theory of work-family enrichment. Academy of Management Review, 2006, 31(1): 72-92.

家庭文献认为是一个潜在资源。[①②]最后，物质资源包括从工作和家庭角色中得到的金钱和礼物。

应该提出的一点是，许多资源是相互依赖的，比如，技能和信息能增强自足[③]并有利于社会资本资源的获得[④]；坚强作为心理资源能提高操作技能[⑤]和促进身体健康[⑥]。由于相互依赖性，获取一种资源能提高其他资源的获得性。

模型将两种机制或途径具体化。首先，形成于角色 A 的资源能直接从角色 A 转移到角色 B，从而增强角色 B 的绩效，同汉森（Hanson）等的观点[⑦]一致，Greenhaus 和 Powell 将此机制称为工具性途径。第二，形成于角色 A 的资源对角色 B 有促进作用，从而产生角色 B 的高绩效或对角色 B 产生积极影响，Greenhaus 和 Powell 称其为情感性途径。下面将分别讨论此两种途径。

1. 工具性途径

在工具性途径中，不同类型的资源直接从角色 A 转移到角色 B，从而可以提高角色 B 的绩效。文献表明技能和观点是转移的[⑧⑨⑩⑪]，直接或通过知识

① Thomas L T & Ganster D C. Impact of family-supportive work variables on work-family conflict and strain: A control perspective. Journal of Applied Psychology, 1995, 80(1): 6-15.

② Thompson C A, Beauvais L L & Lyness K S. When work-family benefits are not enough: The influence of work-family culture on benefit utilization, organizational attachment, and work-family conflict. Journal of Vocational Behavior, 1999, 54(3): 392-415.

③ Gist M E & Mitchell T R. Self-efficacy: A theoretical analysis of its determinants and malleability. Academy of Management Review, 1992, 17(2): 183-211.

④ Friedman R A & Krackhardt D. Social capital and career mobility: A structural theory of lower returns to education for Asian employees. Journal of Applied Behavioral Science, 1997, 33(3): 316-334.

⑤ Kobasa S C. Commitment and coping in stress resistance among lawyers. Journal of Personality and Social Psychology, 1982, 42(4): 707-717.

⑥ Wiebe D J & McCallum D M. Health practices and hardiness as mediators in the stress-illness relationship. Health Psychology, 1986, 5(5): 425-438.

⑦ Hanson G C, Colton C L & Hammer L B. Development and validation of a multidimensional scale of work-family positive spillover. Paper presented at the 18th Annual Meeting of SIOP, Orlando, 2003.

⑧ Crouter A. Spillover from family to work: The neglected side of the work-family interface. Human Relations, 1984, 37(6): 425-442.

⑨ Kanter R M. Work and family in the United States: A critical review and agenda for research and policy. New York: Russell Sage Foundation, 1977.

⑩ Piotrkowski C S, Rapoport R N & Rapoport R. Families and work. In M B Sussman & S K Steinmetz (Eds.),Handbook of marriage and the family. New York: Plenum Press, 1987: 251-283.

⑪ Repetti R L. Linkages between work and family roles.In S Oskamp (Ed.), Family processes and problems: Social psychological aspects. Newbury Park, CA:Sage, 1987: 98-127.

结构中介①。支持性的实证数据有两个来源：个人报告和跨角色关系。鲁德尔曼（Ruderman）等②研究了女性经理的个人生活质量如何增强其管理有效性，这和麦考尔（McCall）等③对男性执行官的报告一致。克劳特（Crouter ）④认为，工作中的观点和技能可以改善父母角色行为。

相关研究也发现了技能和观点的转移，比如，工作复杂性和积极父母角色的正向关系⑤⑥可能反映了工作复杂性在领导技能发展上的影响⑦。能在工作中自我定位的父母更倾向于孩子的自我定位⑧，表明观点也能从工作领域向家庭领域转移。

源于一种角色的心理和身体资源能增加另一个角色的绩效，这在个人报告和关系研究中都有证明。自尊、自足和信心能提高其他角色的绩效是由于它们能刺激动机、努力、坚持和目标设定。⑨⑩⑪比如，Ruderman⑫的研究表

---

① Edwards J R & Rothbard N P. Mechanisms linking work and family: Clarifying the relationship between work and family constructs. Academy of Management Review, 2000, 25(1): 178-199.

② Ruderman M N, Ohlott P J, Panzer K & King S N. Benefits of multiple roles for managerial women. Academy of Management Journal, 2002, 45(2): 369-386.

③ McCall M W, Lombardo M M & Morrison A M. The lessons of experience: How successful executives develop on the job. Lexington, MA: Lexington Books, 1988.

④ Crouter A. Participative work as an influence on human development. Journal of Applied Developmental Psychology, 1984, 5(1): 71-90.

⑤ Haas L. Families and work. In M Sussman, S K Stein-metz & G W Peterson (Eds.), Handbook of marriage and the family(2nd ed.). New York: Plenum Press, 1999: 571-612.

⑥ Perry-Jenkins M, Repetti R L & Crouter A C. Work and family in the 1990s. Journal of Marriage and the Family, 2000, 62(4): 981-998.

⑦ McCauley C D, Ruderman M N, Ohlott P J & Morrow J E. Assessing the developmental omponents of managerial jobs. Journal of Applied Psychology, 1994, 79(4): 544-560.

⑧ Haas L. Families and work. In M Sussman, S K Stein-metz & G W Peterson (Eds.), Handbook of marriage and the family(2nd ed.). New York: Plenum Press, 1999: 571-612.

⑨ DiPaula A & Campbell J D. Self-esteem and persistence in the face of failure. Journal of Personality and Social Psychology, 2002, 83(3): 711-724.

⑩ Erez A & Judge T A. Relationship of core self-evaluations to goal setting, motivation, and performance. Journal of Applied Psychology, 2001, 86(6): 1270-1279.

⑪ Judge T A & Bono J E. Relationship of core self-evaluations traits-self-esteem, generalized self-efficacy, locus of control, and emotional stability-with job satisfaction and job performance: a meta-analysis. Journal of Applied Psychology, 2001, 86(1): 80-92.

⑫ Ruderman M N, Ohlott P J, Panzer K & King S N. Benefits of multiple roles for managerial women. Academy of Management Journal, 2002, 45(2): 369-386.

明，23%的女性经理认为个人生活的心理收益如自尊和信心增强了其管理有效性。格林-托马斯（Grimm-Thomas）和佩里-詹金斯（Perry-Jenkins）[1]发现，自尊是工作复杂性和积极父母行为的中介变量。由于高绩效增强自足[2]，观察到的工作绩效和家庭绩效间的正向关系[3]可能反映了工作绩效、自足、父母绩效间的偶然关系。同样，配偶支持和职业成功间的正向关系可能是由情感支持带来的自尊引起的。[4]

角色 A 形成的乐观和希望能通过增加耐性和面对失败和挑战时的坚定性而正向影响角色 B 的绩效。[5][6]坚强和有效解决问题相关，这又能产生正向后果。[7]身体健康能提供能量、敏锐和毅力，提高角色绩效，而身体不健康能从时间损耗（如缺勤）和角色绩效降低看出。[8]

个体可能通过一个角色的社会资源来解决另一个角色的问题。比如，公司提供的老年服务信息能帮助雇员解决照顾老人和生病亲戚的问题，同样，雇员配偶提供的信息可能会有效地用于他/她的职业。工作联系能对家庭生活产生影响，比如一个有权势的同事帮助他/她的孩子进入一所甄选严格的大学，家庭联系也能对职业产生影响，有助于获得晋升、获得银行贷款以开办自己企业等。工作中的社会网络和家庭结果正相关，家庭支持和职业结果正相关[9][10][11]，证明了一个角色中由社会资本产生的信息和影响能增强其他角色

---

① Grimm-Thomas K & Perry-Jenkins M. All in a day's work: Job experiences, self-esteem, and fathering in working-class families. Family Relations, 1994, 43(2): 174-181.

② Bandura A. Self-efficacy: The exercise of control. New York: Freeman, 1997.

③ Friedman S D & Greenhaus J H. Allies or enemies?What happens when business professionals confront life choices. New York: Oxford University Press, 2000.

④ House J S. Work stress and social support. Reading, MA: Addison-Wesley, 1981.

⑤ Seligman M E P. Learned optimism. New York: Knopf, 1991.

⑥ Seligman M E P. Authentic happiness: Using the new positive psychology to realize your potential for lasting fulfillment. New York: Free Press, 2002.

⑦ Blaney P H & Ganellen R J. Hardiness and social support. In B R Sarason, I G Sarason & G R Pierce (Eds.), Social support: An interactional view.New York: Wiley, 1990: 297-318.

⑧ Cartwright S & Cooper C L. Managing workplace stress. Thousand Oaks, CA: Sage, 1997.

⑨ Adams G A, King L A & King D W. Relationships of job and family involvement, family social support, and work-family conflict with job and life satisfaction. Journal of Applied Psychology, 1996, 81(4): 411-420.

⑩ Friedman S D & Greenhaus J H. Allies or enemies?What happens when business professionals confront life choices. New York: Oxford University Press, 2000.

⑪ Frone M R, Yardley J K & Markel K S. Developing and testing an integrative model of the work-family interface. Journal of Vocational Behavior, 1997, 50(2): 145-167.

的绩效[1]。

　　工作角色中的灵活性确保个体能将更多时间用于承担家庭责任，由此增强个体的家庭绩效。灵活的工作安排、家庭支持性的组织文化以及支持的上级关系和工作-家庭冲突负相关。[2][3]汤普森（Thompson）等的研究也表明，工作场所的灵活性允许个人更多地参与家庭生活[4]。此外，对于配偶承担更多照顾责任的个人，由于在家庭责任安排上更灵活，因而有利于工作绩效提高。[5]

　　一个角色获得的物质资源也有利于其他角色绩效的提高。雇佣收入能通过购买商品和服务提高家庭生活质量。[6]收入同婚姻稳定和质量呈正向关系[7][8]，同孩子健康和孩子照顾服务质量呈正向关系，反映了金钱能使家庭生活变得更好。同样，家庭角色获得的财务资源（如礼物、无息贷款、继承）也能用于开始、发展和升级职业；参与提供商业合同的活动或投资于职业发展的教育。因此，Greenhaus 和 Powell 提出假设1：角色 A 的技能和观点、心理和身体资源、社会资本资源、灵活性以及物质资源能直接提高角色 B 的绩效。

---

① Voydanoff P. Incorporating community into work and family research: A review of basic relationships. Human Relations, 2001, 54(12): 1609-1637.

② Allen T D. Family-supportive work environments: The role of organizational perceptions. Journal of Vocational Behavior, 2001, 58(3): 414-435.

③ Thomas L T & Ganster D C. Impact of family-supportive work variables on work-family conflict andstrain: A control perspective. Journal of Applied Psychology, 1995, 80(1): 6-15.

④ Thompson C A, Beauvais L L & Lyness K S. When work-family benefits are not enough: The influence of work-family culture on benefit utilization, organizational attachment, and work-family conflict. Journal of Vocational Behavior, 1999, 54(3): 392-415.

⑤Friedman S D & Greenhaus J H. Allies or enemies?What happens when business professionals confront life choices. New York: Oxford University Press, 2000.

⑥ Miller S. The role of a juggler. In S Parasuraman & J H Greenhaus (Eds.), Integrating work and family: Challenges and choices for a changing world. West-port, CT: Quorum, 1997: 48-56.

⑦ Barnett R C & Hyde J S. Women, men, work, and family. American Psychologist, 2001, 56(10): 781-796.

⑧ Haas L. Families and work. In M Sussman, S K Stein-Metz & G W Peterson (Eds.), Handbook of marriage and the family(2nd ed.). New York: Plenum Press, 1999: 571-612.

2. 情感性途径

麦克德米（MacDermid）等[1]已经观察到，大多数理论视角都意识到了情感在工作-家庭干预中的重要性，他们的结论与工作-家庭角色的正向依赖更相关，即既是情感性途径又是工具性途径。感情包括心态和情绪，心态形成于感情状态而不是具体的刺激；它是更具体的状态，比如愤怒或高兴，与具体事件相关[2][3]。在 Greenhaus 和 Powell 的模型中没有区分这两种感情，而是包括了两种积极的感情。

他们认为，当个体不断接受某角色带来的资源，他们在此角色中的积极情感将增加，从而有利于其他角色职能的实现。因此，情感性途径有两种因素：①资源对某角色的积极影响；②积极情感的效应对其他角色功能实现的影响。下面将讨论这两种因素。

角色 A 产生的资源能通过两种方式对其产生积极影响。首先，一些资源直接影响角色 A，比如，心理资源如自尊、乐观、希望和坚强能产生积极心态、积极情绪或满意度[4]。同样，工作中的社会资源积累能产生职业的积极感受[5]，灵活性和工作场所支持也是一样的[6]。工作中的财务奖励能其产生积极的工作感受[7]，家庭收入能够提高婚姻稳定性[8]。

其次，角色 A 产生的资源能提高角色 A 的绩效，反过来又增强角色的

① MacDermid S M, Seery B L & Weiss H M. An emotional examination of the work-family interface. In R G Lord, R J Klimoski & R Kanfer (Eds.), Emotions in the workplace: Understanding the structure and role of emotions in organizational behavior. San Francisco: Jossey-Bass, 2002: 402-427.

② Brief A P & Weiss H M. Organizational behavior: Affect in the workplace. Annual Review of Psychology, 2002, 53(1): 279-307.

③ Weiss H M & Cropanzano R. Affective events theory:A theoretical discussion of the structure, causes and consequences of affective experiences at work. Research in Organizational Behavior, 1996, 18(3): 1-74.

④ Isen A M & Baron R A. Positive affect as a factor in organizational behavior. Research in Organizational Behavior, 1991, 13: 1-53.

⑤ Seibert S E, Kraimer M L & Liden R C. A social capital theory of career success. Academy of Management Journal, 2001, 44(2): 219-237.

⑥ Friedman S D & Greenhaus J H. Allies or enemies?What happens when business professionals confront life choices. New York: Oxford University Press, 2000.

⑦ Judge T A, Cable D M, Boudreau J W & Bretz R D. An empirical investigation of the predictors of executive career success. Personnel Psychology, 1995, 48(3): 485-519.

⑧ Haas L. Families and work. In M Sussman, S K Stein-Metz & G W Peterson (Eds.), Handbook of marriage and the family(2nd ed.). New York: Plenum Press, 1999: 571-612.

积极情感。在工具路径讨论中我们关注的是一个角色的绩效如何通过资源转移增强其他角色的绩效，这些相同的资源也能提高角色的绩效，比如，工作产生的自尊[1]、技能发展[2]和社会资源[3]能提高工作绩效并促进成功，从上级得到的信息有利于工作安排，继承得到的物质资源能支持家庭旅行。由于个体更愿意将事情做好，很好地承担一个角色可能反映了不断增加的积极情感[4]。

总之，角色 A 形成的资源既能通过产生积极感情而产生直接作用，又能通过高绩效而产生间接作用。因此，提出假设 2：角色 A 产生的技能和观点、心理和身体资源、社会资本资源、灵活性以及物质资源对角色 A 产生积极情感。

情感性途径的第二个因素是角色 A 的积极情感对角色 B 的影响。在对心态溢出的讨论中，爱德华（Edwards）和罗斯巴德（Rothbard）[5]提出的假设认为，一个角色的积极心态能增强另一个角色的认知功能、任务和个人内在行为以及耐性，因此提高第二个角色的绩效和收益并发展积极心态。

Rothbard[6]分析一个角色对另一角色参与的积极影响，并且对第二种角色最终产生高绩效[7]提供了三种解释：第一，积极情感和慈善与帮助行为有关[8]，它能增加个体参与其他角色的心理可能性；第二，积极情感与外部关

---

① Korman A K. Hypothesis of work behavior revisited and an extension. Academy of Management Review, 1976, 1(1): 50-63.

② McCall M W, Lombardo M M & Morrison A M. The lessons of experience: How successful executives develop on the job. Lexington, MA: Lexington Books, 1988.

③ Grzywacz J G & Butler A B. The impact of job characteristics on work-to-family facilitation: Testing a theory and distinguishing a construct. Journal of Occupational Health Psychology, 2005, 10(2) : 97-109.

④ Judge T A, Thoreson C J, Bono J E & Patton G K. The job satisfaction-job performance relationship: Aqualitative and quantitative review. Psychological Bulletin, 2001, 127(3) : 376-407.

⑤ Edwards J R & Rothbard N P. Mechanisms linking work and family: Clarifying the relationship between work and family constructs. Academy of Management Review, 2000, 25(1) : 178-199.

⑥ Rothbard N P. Enriching or depleting? The dynamics of engagement in work and family roles. Administrative Science Quarterly, 2001, 46(4) : 655-684.

⑦ Kahn W A. To be fully there: Psychological presence at work. Human Relations, 1992, 45(4) : 321-349.

⑧ Isen A M & Baron R A. Positive affect as a factor in organizational behavior. Research in Organizational Behavior, 1991, 13: 1-53.

注而非自我关注相关，它能产生积极反应；第三，和 Marks[1]的研究一致，积极情感能扩展个体的能量水平，由此提高参与其他角色的可能性。Rothbard 发现，男性在工作中的积极情感有利于家庭角色，女性在家庭中的积极情感有利于工作角色。因此，提出假设 3：角色 A 的积极情感能提高角色 B 的绩效。

假设 2 和假设 3 共同解释了工作-家庭丰富的情感性途径。工具性途径和情感性途径的一个重要区别是源于一个角色的资源增强其他资源功能的机制。在工具性途径中角色 A 的资源对角色 B 的绩效有直接影响，然而在情感性途径中，是通过角色 A 的积极情感产生间接作用，值得提出的是，两种途径最终都能有利于角色 B 的功能。

3. 工具性途径的调节变量

工具性途径要求角色 A 的资源运用于角色 B 并导致 B 的高绩效。除心理和身体资源外，Greenhaus 和 Powell 认为，将资源用于其他角色是有意识的。比如，从同事处获得信息来解决家庭问题、利用有权势亲戚来寻找工作机会、将奖金用于度假、利用工作灵活性增加陪伴孩子的时间以及通过工作技能来与家庭成员更好地互动都是有意识的决定。心理和身体资源不是有意识的，是由于个体不需要决定将自尊、坚强、乐观或身体健康运用于某些情形。

期望理论[2]能帮助解释个体转移技能和观点、社会资本资源、灵活性和物质资源的可能性。该理论认为，个体最可能参与高价值以及高回报的行为。在工具性途径中，行为是将资源用于角色 B，结果是角色 B 的高绩效。

Greenhaus 和 Powell 认为，当角色 B 对个体很重要时，角色 B 的高绩效最有价值。根据社会身份理论，社会角色形成个人身份意识的基础。[3][4]参与不同社会角色的个体有一系列提供生命意义和目的的社会身份，然而，社会身份经常通过重要性来划分等级，因此一些角色在个人概念中更具中心地

---

① Marks S R. Multiple roles and role strain: Some notes on human energy, time and commitment. American Sociological Review, 1977, 42(6): 921-936.

② Vroom V H. Work and motivation. New York: Wiley, 1964.

③ Frone M R, Russell M & Cooper M L. Job stressors,job involvement and employee health: A test of identity theory. Journal of Occupational and Organizational Psychology, 1995, 68: 1-11.

④ Tajfel H & Turner J C. The social identity theory of intergroup behavior. In S Worchel & W G Austin (Eds.),Psychology of intergroup relations(2nd ed.),. Chicago: Nelson-Hall, 1986: 7-24.

位。实现更重要角色的高绩效更能增强健康，原因在于这些角色能够提供更多的意义和目的。[1]角色越重要，个体投入的时间和情感就更多，[2][3]于是，个体有意识地将资源应用于重要的角色，故意减少对不重要的角色的投入。因此，提出假设4：当角色 B 更重要时，角色 A 产生的技能和观点、心理和身体资源、社会资本资源、灵活性以及物质资源更易直接提高角色 B 的绩效。

和期望理论一致，Greenhaus 和 Powell 认为，当资源运用能得到积极结果时，个体更易将角色 A 的资源用于角色 B。如同当相信努力能引起高绩效时，个体将更加努力工作一样，当相信资源能帮助实现高绩效时，个体也会将资源从一个角色转移到另一个角色。

影响资源可感知的一致性因资源不同而不同。当一个特殊技能和观点在工作和家庭角色间区别更小时，可感知的一致性就越强。[4]但工作和家庭角色是相似的，个体能在跨角色中呈现相同行为，并能感知两种角色的技能和观点的一致要求。

角色 A 需要的信息和角色 B 需要的信息的一致性可能受到信息源可信度的影响，比如，如果一个同事更有知识、更可信，那么他关于老年人照顾选择的信息更可信，同样，当家庭成员对特定工作情形更熟悉时，他们的工作建议更可能被采纳。

至于影响和金钱，当社会关系投资要求增加或者金钱能提高角色绩效时，一致性最强。相反，当角色 B 不能提供潜在机会（如业务拓展或送孩子到重点学校），或资源被认为无效或不充分时，个体不太可能将金钱和影响转移到其他角色。同样，当他人或个体自身强烈要求参与角色 B 时[5]，或个体认为参与角色 B 有利于他/她满足角色期望时，他/她更易将灵活性用于角色 B。换句话说，当时间承诺被期望并认为能提高绩效时，灵活性最可能用

---

① Thoits P A. On merging identity theory and stress research. Social Psychology Quarterly, 1991, 54(2): 101-112.

② Lobel S A & St Clair L. Effects of family responsibilities, gender, and career identity salience on performance outcomes. Academy of Management Journal, 1992, 35(5): 1057-1069.

③ Stryker S & Serpe R T. Identity salience and psychological centrality: Equivalent, overlapping, or complementary concepts? Social Psychology Quarterly, 1994, 57(1): 16-35.

④ Ashforth B E, Kreiner G E & Fugate M. All in a day's work: Boundaries and micro role transitions. Academy of Management Review, 2000, 25(3): 472-491.

⑤ Kahn R L, Wolfe D M, Quinn R, Snoek J D & Rosenthal R A. Organizational stress. New York: Wiley, 1964.

于其他角色。因此，提出假设 5：当资源感知和角色 B 更相关时，角色 A 产生的技能和观点、心理和身体资源、社会资本资源、灵活性以及物质资源更容易用于资源 B。

对个体而言，特定时段工作或家庭角色的经历能增强其他角色的绩效，对增强有贡献的因素包括资源的形成和对角色 A 的积极情感，对角色 B 的积极结果以及调节变量。这一理论能通过关注特定时刻而为增强过程提供有效视角。

假设 4 和假设 5 认为当角色 B 更重要以及个体认为资源与角色 B 更相关时，个体更可能将角色 A 的资源转移到角色 B。然而，资源的转移并不意味着其他角色能产生高绩效。高绩效的获得依赖于资源是否与角色 B 的实际要求相容。

比如，当工作环境是攻击性文化时，形成与家庭领域的合作性问题解决技巧或团队观点会阻碍而非提高工作绩效[1]，同样，在更自主的工作环境中形成的直接的决策制订风格会阻碍个体取向的家庭，然而，当任务要求和模式与这些方法相容时，合作性或直接的技巧能增强角色绩效。

同样，用于角色的信息既能提高又能阻碍绩效，取决于其与角色要求的相容性，信息相容性的一个关键因素是信息的准确性。虽然一些信息是客观的（如幼儿园的费用），但是大量信息都是主观的（如对幼儿园质量的评估），以建议形式出现（如"这个幼儿园是你孩子的良好选择"）。因此，如果同事低估了费用或高估了质量，其对特定幼儿园的建议可能是没有帮助的。在这些例子中，信息与家庭对高质量且合理收费的幼儿园的需求是不一致的。另一个例子，家庭成员通过个人努力来获得晋升的建议在鼓励团队绩效的公司文化中是无意义的。

即使灵活性有很多优点[2]，其也会因为角色 B 内有其他人阻碍或对于满足角色 B 不是必需的而对角色 B 产生消极影响或没有影响。比如，工作灵活性允许组织成员在孩子放学后与孩子在一起，但这可能因为孩子更愿意以其

---

① Cooke R A & Szumal J L. Using the organizational culture inventory to understand the operating cultures of organizations. In N M Ashkanasy, C P M Wilderom & M F Peterson (Eds.), Handbook of organizational culture and climate. Thousand Oaks, CA: Sage, 2000: 147-162.

② Friedman S D & Greenhaus J H. Allies or enemies?What happens when business professionals confront life choices. New York: Oxford University Press, 2000.

他方式玩耍而并不能增强绩效。

　　用于购买商品和服务的金钱能增强或阻碍角色 B 的绩效，取决于商品和服务是否满足情形的需要。比如，雇用保姆可能因为减少父母与孩子间的互动而不利于家庭绩效。另外，家庭资源的教育投资可能并不能提高低技能工作岗位的工作绩效。因此，提出假设 6：当资源和角色 B 要求更一致时，角色 A 产生的技能和观点、心理和身体资源、社会资本资源、灵活性以及物质资源更容易直接提高角色 B 的绩效。

　　4. 情感性途径的调节变量

　　如前所述，情感途径有两个因素：①角色 A 形成的资源对角色 A 形成积极情感；②角色 A 的积极情感增强角色 B 的绩效。Greenhaus 和 Powell 认为后者受到角色 B 重要性的调节。

　　Rothbard [①]关于积极情感可能影响绩效的原因有三种解释，即慈善和帮助行为、外部关注及能量扩展。Greenhaus 和 Powell 认为，当角色 B 更重要时，成功和健康对其特别有意义，所以角色 A 的帮助行为和外部关注更易引起积极互动和心理健康[②]。他们指出，虽然积极情感可能是有帮助的、可用的，但是也可能因为角色并非个人概念的中心而不能应用。因此，提出假设7：当角色 B 更重要时，角色 A 的积极情感更可能提高角色 B 的绩效。

第二节　对经典工作-家庭丰富理论模型的评述

　　尽管 Greenhaus 和 Powell 的模型在工作-家庭促进研究中起到了具有里程碑意义的作用，但是，正如他们自己在文章中所说的，"它和其他依赖于回顾的研究方法一样[③④]，此模型的缺陷也不应被低估"。

　　按照 Greenhaus 和 Powell 的模型，工作或家庭角色的体验无论通过哪一

---

　　① Rothbard N P. Enriching or depleting? The dynamics of engagement in work and family roles. Administrative Science Quarterly, 2001, 46(4): 655-684.

　　② Thoits P A. On merging identity theory and stress research. Social Psychology Quarterly, 1991, 54(2): 101-112.

　　③ Golden B R. The past is the past—or is it? The use of retrospective accounts as indicators of past strategy.Academy of Management Journal, 1992, 35(4): 848-860.

　　④ Schwenk C R. The use of participant recollection in the modeling of organizational decision processes.Academy of Management Review, 1985, 10(3): 496-503.

种途径都不能必然导致另一种角色生活质量的提高。因此，接下来我们考虑在特定环境下依据模型的工具性和情感途径可能产生的工作-家庭丰富、冲突或者其他情况。

一、沿工具性途径分析

如前文图 3-1 所示，如果通过工具性途径来实现工作-家庭丰富，角色 A 必须产生一定的资源并将其成功地应用于角色 B。依据这一途径，在下列三种情况下工作-家庭丰富可能不会产生。

第一，角色 A 可能不会产生相应的资源。例如，工作角色的体验可能不会带来对家庭角色有利的社会-资本资源（如一份工作合同可能影响一个孩子能否获得一次有价值的实习机会）。同样，家庭角色的体验也可能不会产生有利于工作角色的物质资源（如一份无息贷款可能带来一笔新的交易）。

第二，角色 A 可能产生了相应的资源但是并没有被应用于角色 B。这可能是因为资源被认为与角色 B 无关。例如，如果一位亲戚不是技术方面的专家，那么他所提出的关于如何最好地利用信息技术的意见就可能被忽略。同样，个体很少将他们认为处于中心位置的重要角色产生的资源应用于他们认为处于外围边缘的相对次要的角色。[1][2]

第三，角色 A 可能产生了相应的资源但是没有被成功地应用于角色 B。例如，组织成员可能将独裁的工作文化中形成的命令式的沟通方式应用于原本需要更多关怀的家庭中。同样，个体可能将家庭中以整体为基础解决问题的方式应用于更加强调个体责任和造诣的工作团队之中。在上述例子中，角色 A 的资源都没有与角色 B 的要求和标准一致。不恰当地将工作或者家庭角色体验所获得的技能、观点或者行为模式应用于另一种角色构成了行为基础的工作-家庭冲突[3]，因为一种角色的体验确实会影响另一种角色的绩效。

二、沿情感性途径分析

如图 3-1 所示，如果通过情感性途径来实现工作-家庭丰富，角色 A 产生的资源需要能提升角色 A 的积极情感（直接或间接通过提升角色 A 的绩

① Lobel S A. Allocation of investment in work and family roles: Alternative theories and implications for research.Academy of Management Review, 1991, 16(3): 507-521.

② Stryker S & Serpe R T. Identity salience and psychological centrality: Equivalent, overlapping, or complementary concepts? Social Psychology Quarterly, 1994, 57(1): 16-35.

③ Greenhaus J H & Beutell N J. Sources of conflict between work and family roles.Academy of Management Review, 1985, 10(1): 76-88.

效来完成），进而提升角色 B 的绩效。假设这一途径中已经产生了某一特定的资源，当下列三种情况之一发生时，依据情感途径可能不会产生工作-家庭丰富效应。

第一，资源对角色 A 的情感可能没有影响。例如，一种特定技术的应用可能不会推进角色的绩效，因此不会提升角色的积极情感。[①]

第二，资源可能直接或间接地对角色 A 产生消极的情感影响，从而降低角色 B 的绩效。例如，组织成员未能适当地获取资源（如接受不应得的奖金）则可能产生不满或内疚的消极情感。同样，角色 A 偏激的需求也可能降低其心理和生理资源，从而对角色产生消极的情感影响。如雇主为赶工而坚持要求雇员放弃一个已计划好的家庭聚会，可能会有损雇员的自尊和身体健康。产生消极情感的角色 A 的体验会损耗个体的能量并且使人疲乏，因而会降低角色 B 的绩效。[②]在这些例子中，由积极情感带来的工作-家庭丰富的反面就是由消极情感产生的工作-家庭冲突。在这种情况下，低水平的工作-家庭丰富就意味着高水平的工作-家庭冲突，即工作-家庭丰富和工作-家庭冲突负向相关。

第三，由角色 A 产生的积极情感可能不会影响角色 B 的绩效。尽管角色 A 产生的积极情感可能鼓舞个体，但是如果角色 B 在个体的自我认知中处于外围或者不显著的位置，这种增加的能量也可能不被应用于角色 B。[③]

由以上分析不难看出，尽管 Greenhaus 和 Powell 提出的工作-家庭丰富的模型对理论认识做出了巨大贡献，但该模型仍然需要进一步验证和界定。不仅需要信度和效度的检验，相关研究仍需要进一步理解工作和家庭相互依存的促进关系以及它们是如何具体应用的。

第三节　工作-家庭促进的开放式问卷调查

通过对 Greenhaus 和 Powell 工作-家庭丰富理论模型的介绍和评述，我

---

① Judge T A & Bono J E. Relationship of core self-evaluations traits—self-esteem, generalized self-efficacy, locus of control, and emotional stability—with job satisfaction and job performance: A meta-analysis.Journal of Applied Psychology, 2001, 86(1): 80-92.

② Rothbard N P. Enriching or depleting? The dynamics of engagement in work and family roles. Administrative Science Quarterly, 2001, 46(4): 655-684.

③ Thoits P A. On merging identity theory and stress research. Social Psychology Quarterly, 1991, 54(2): 101-112.

们更加深了对"工作-家庭促进"和"工作-家庭丰富"这两个工作-家庭积极关系研究中的重要概念的理解，也更加明确了"工作-家庭丰富"的缺陷。相比较而言，"工作-家庭丰富"更加关注于从一个领域获得的资源能够提升另外一个领域中角色绩效的作用。具体来讲，就是认为个人可以从工作和家庭角色的投入中收获有意义的资源，它们有助于个人在相对应的角色领域中表现更好。"工作-家庭丰富"关注的是个人从工作（或家庭）角色中收获的经验和资源为其提升家庭（或工作）角色表现的质量带来帮助的程度。也就是说，只要个人从 A 角色（工作或家庭）中收获的资源提升了其在 B 角色（家庭或工作）中的表现时，丰富就发生了。而"工作-家庭促进"强调个体在某一领域（工作/家庭）参与的程度将为其带来收益（如发展、情感、资本或效率），而这些收益又进一步改善其在另一领域（家庭/工作）的生活质量。换句话说，"工作-家庭促进"更加关注于系统机能的提升。事实上，丰富出现的时候有可能系统机能并不提高。例如，当个人来自家庭经验的正面影响能够提高其工作绩效，那么这种对个人工作效能的提升有可能影响也有可能不影响整个大的工作系统，例如工作团队绩效的提高或者与上级取得更好的关系；而"工作-家庭促进"则被明确定义为互动收益能够提升另一个生活领域的整体机能。由此看来，工作-家庭促进领域研究还要求使用一系列新的研究方法和测量工具，并进一步拓展理论框架，构建工作-家庭促进理论模型。为了深化研究，我们做了一个问卷调查，目的是想探讨被调查者感知的工作-家庭生活之间的相互促进关系。为了避免结构化问卷的局限性，我们采用开放式问卷的方式进行调查，以便揭示现象背后隐含的感知和归因，从多角度了解工作和家庭的相互促进关系，从而进一步调整和深化对工作-家庭相互促进关系的理解。

一、调查和样本描述

研究者设计了两个开放式问题：

（1）你的工作如何积极地影响你的家庭生活？

（2）你的家庭生活如何积极地影响你的工作？

数据收集采用方便抽样的方法，通过电子邮件、熟人介绍、某重点大学商学院的 MBA 班发放等方式，对北京、天津、上海、南京、珠海、郑州、济南、哈尔滨以及澳门特别行政区等地区的不同类型组织中的个体进行了调查，共发放 800 份只有两道题的开放式问卷，回收 310 份，回收率为 38.75%。

最后剔除无效问卷 22 份，得到有效问卷 288 份，问卷有效率为 93%。

样本中女性占 56.9%，男性占 43.1%。参与者年龄分布为 25 岁以下，25～46 岁以上三个年龄段。已婚者占样本的 85.4%，而且 78.5% 的受访者至少有一个孩子需要抚养，88.9% 的人至少有一个老人需要赡养。大部分受访者（68%）有全职工作的配偶。调查对象的分布特征如表 3-1 所示。

表 3-1　调查对象的分布特征汇总表

数据类别		员工 n=288		数据类别		员工 n=288	
		样本数	百分比			样本数	百分比
性别	男	124	43.1%	每周工作时间	10 小时以下	12	4.2%
	女	164	56.9%		11～40 小时	74	25.7%
婚姻状况	未婚	42	14.6		41～50 小时	108	37.5%
	已婚	246	85.4		51～60 小时	58	20.1%
年龄	25 岁以下	7	2.5		60 小时以上	36	12.5%
	26～35 岁	119	41.2	家庭责任	0%～20%	22	7.6%
	36～45 岁	131	45.5		21%～40%	51	17.7%
	46 岁以上	31	10.8		41%～60%	98	34%
教育背景	高中及以下	15	5.2		61%～80%	79	27.5%
	大专	94	32.6		81%～100%	38	13.2%
	本科	154	53.5	配偶工作	全职工作	196	68%
	硕士以上	25	8.7		兼职工作	75	26%
所在行业	制造业	136	47.2%		无工作	17	6%
	房地产业	8	2.8%	老人数量	无	32	11.1%
	建筑业及公共工程	11	3.8%		1 个	48	16.7%
	销售业餐厅及酒店业	69	24%		2 个	78	27%
	运输及仓储	5	1.7%		3 个	89	31%
	通信业	10	3.5%		4 个	41	14.2%
	金融保险、不动产、租赁及商业服务	30	10.4%	孩子数量	无	62	21.5%
	公共行政、社会服务及个人服务	19	6.6%		1 个	218	75.7%
所在企业规模（人数）	小（500 人以下）	81	28.1%		2 个	8	2.8%
	中（501～3000 人）	55	19.1%		3 个	0	0
	大（3001 人以上）	152	52.7%				

资料来源：作者整理。

二、数据分析

两道问题的答案首先被研究人员逐行进行编码，然后利用编码命名，归入指定族群。通过这种方法，会发现某些族群同其他族群相比更具优势，将这些族群答案汇总，应用比较的方法，各个族群相互比较有助于产生每种类别的理论参数和维度，并暗示了与其他类别的潜在关系。进一步的编码有助于将类别与其他子类别联系起来，让研究人员能够假设核心类别之间的关系。[1]为了保护被调查者的隐私，数据中使用的是代号。

三、调查结果

编码的过程中发现，被试者不仅认为工作的某些方面是家庭生活的促进力量，并且认为家庭生活的某些方面也受到工作的促进。为进一步证明结果，编码人员将数据分成两组，详见图 3-2 和图 3-3。

（1）你的工作如何积极地影响你的家庭生活？

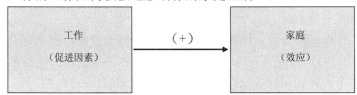

图 3-2 工作–家庭促进

资料来源：作者整理。

（2）你的家庭生活如何积极地影响你的工作？

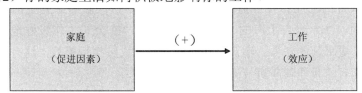

图 3-3 家庭–工作促进

资料来源：作者整理。

1. 工作促进家庭的因素

参与者认为工作中以下六个方面对家庭生活有积极影响：①灵活性；②员工福利；③心理利益；④技能与资源；⑤工作关系；⑥工作本身。

工作地点或时间的灵活性一致被认为是积极影响家庭生活的最重要的工作的方面。（A）来自珠海的一位中年母亲，对于在家里工作表示："必要

---

① Strauss A & Corbin J. Basics of qualitative research: Techniques and procedures for developing grounded theory. Thousand Oaks: CA, Sage Publications, 1998.

的时候能够在家工作和有灵活的时间，使我能够在孩子在学校生病时去接他，必要的时候接他放学，在工作日出席学校活动等。这是很有利的，而且减轻了家庭生活的压力。"

员工福利，比如工资、假期、请假，也常被参与者认为对家庭生活有积极影响。（B）中国澳门的一位中年母亲说："在公司工作让我能够供养我的家庭，因为有可观的工资和保证我的家人健康的各种福利。"

参与者的回答同时也表明来源于工作的心理上的益处，包括成就感、工作满意度、工作保障性、以公司和为其工作为荣，对家庭生活也有积极影响。（C）天津的一位年轻父亲说："我享受我的工作，我很开心，也就是说我在家也是积极和开心的。"

通过工作得到的资源，比如技术、旅游、学到的技能，也是有益于家庭生活的方面。（D）北京的一位中年父亲说："我在公司获得的技能帮助我处理或者管理个人计划和财务问题、工作外的项目和解决问题。"

与经理和同事的关系也是有利于家庭的一个重要的方面。（E）郑州的一位中年父亲说："我的经理看重而且尊重个人以及他对自己和家庭的责任。在过去的四五年，我能够照顾到家庭成员的私人问题，因为有公司的环境、经理们的理解和灵活性。"

拥有具有挑战性和有价值的工作也被认为是积极影响家庭生活的工作的一个方面。（F）来自上海的一位中年父亲说："在公司工作较好地平衡了家庭生活的更平凡的任务。解决工作问题让我的大脑接受挑战，这有利于我的健康，而且让我能够应对抚养孩子的挑战。"

2. 受工作积极影响的家庭效应

被试者认为受到工作积极影响后，家庭生活方面会产生七种效应：①家庭承诺；②个人健康；③生活水平；④家庭时间；⑤家庭关系；⑥家庭管理技能；⑦技术获取。

许多人认为灵活的工作选择不仅有助于他们履行对自己、孩子和家庭的责任，而且增强了他们参与家庭活动的能力。（G）珠海的一位中年母亲说："兼职安排使我能够花较多的时间照顾我三岁的女儿。现在我积极地融入她的生活，参加比如托儿所、游泳课程、野餐、海滩游玩等活动。太幸福了！"

许多人也认为工作有益于家庭生活的个人财富、个人时间以及心理与生理的健康等方面。(H)北京的一位中年母亲说:"能够在家工作使我每天省去了两个小时的交通时间。这让我早晨能睡得多一些,避免了乘拥挤的地铁去工作和回家的压力。我觉得压力减少了,没有那么累了,这对我的健康是好事。"

工作有利于家庭生活,使得家庭能够负担各种居家开支,并具有财务稳定性。(I)哈尔滨的一位中年母亲说:"通过一份有充分回报的满意工作,我的家庭和我能够有好的生活水平。"

被试者认为工作促进了家庭生活,有助于和家庭、配偶、孩子的关系。(J)济南的一位年轻母亲说:"工作让我对自己完成艰难任务的能力更有信心,使我和家庭感到更安全,运用学到的关于家庭协作的技能促进了沟通和家庭关系。"

在某些情况下,这种积极影响会循环到工作中。(K)天津的一位中年父亲说:"当我有机会在家工作时,我能够更好地平衡工作与家庭的时间。反过来,这使我以更积极的态度去激励自己在面对工作时更尽心。"

工作中学习到的技能有助于家庭生活是因为它们是可转移的,能够用来提高参与者的家庭管理技能。(L)上海的一位中年母亲说:"我在公司学到的技能积极地影响了我的家庭生活。时间管理、项目管理、协商、决策、状况分析和沟通只是少数被运用到我的家庭生活的公司日常技能,它们使我做事情更有效率。"

某些情况下,工作有助于家庭获取各种技术,比如软件、硬件、互联网,而不工作的话也许接触不到这些。(M)郑州一位中年男士说:"在家能够联网工作使我能够与我的家庭共度晚上的时光,而不是在办公室度过,这很好。"

表3-2 工作促进家庭的因素及受工作积极影响的家庭效应汇总表

工作促进家庭的因素		受工作积极影响的家庭效应	
主要类别	子类别	主要类别	子类别
灵活性	地点的灵活性	家庭承诺	对孩子和照顾孩子的责任
	在家工作		对家庭的责任
	通勤		参加家庭活动
	时间的灵活性		居家的灵活性
	兼职		房屋责任
	方便的工作时间		个人责任
	更长的工作时间	个人健康	平衡

工作促进家庭的因素		受工作积极影响的家庭效应	
	缩短的工作周		个人心理上的益处
	工作灵活性		身体健康
	自主性		个人时间
员工福利	薪水	生活水平	财务稳定性
	（收入的）免税部分		居家开支
	报酬	家庭时间	
	假期	家庭关系	与家庭、配偶、孩子的关系
	请假		角色榜样
心理利益	成就感	家庭管理技能	
	工作满意度	技术获取	
	工作自豪感		
	工作保障性		
	工作中的心理状态		
	在公司的荣誉感		
技能与资源	技术获取		
	旅行		
	工作中学到的技能		
工作关系	与经理们的关系		
	与同事的关系		
	工作上的关系		
	在公司工作的配偶的支持		
工作本身	工作生产率		
	挑战性工作		

资料来源：作者整理。

3. 家庭促进工作的因素

被试者认为家庭生活的八个方面对工作有积极影响：①生理和心理利益；②家庭关系；③灵活性；④家庭成员互动；⑤稳定性；⑥家庭技能；⑦家务开支；⑧独立时间和空间。

许多源于家庭生活的生理和心理利益被认为有益于工作。被试者谈论了他们的家庭生活如何帮助自己正确地面对工作中的压力。（N）北京的一位中年女士说："我的家庭帮助我正确地应对公司的工作问题，否则这些问题或许可以毁掉我的生活。"（O）珠海的一位年轻父亲说："家是生理恢复的地方，每周的锻炼和健康地吃饭减轻了我的工作压力"。（P）天津的一位中年女士说："家是心理恢复的地方，好的家庭生活为减轻和调节工作压力提供了情感支持。"（Q）济南的一位中年父亲说："我的家是一个恢复的极好地方。我也许在一天的艰辛工作后回家感到自己被吞噬。但是，当我在家门口像凯旋的英雄一样被儿子迎接，奇迹便发生了。我恢复了，我清醒了，我的能量回来了！第二天早上，我又充满激情地准备好迎接工作的挑战。"

支持性的家庭关系也被认为有利于工作。（R）上海的一位中年母亲，谈到她与丈夫的关系如何帮助她在工作上成功。她说："我的丈夫是我的知己。我的经理似乎离我很遥远，对我监管最多的人事实上对我工作的类型并不感兴趣，反而是我的丈夫帮助了我。"拥有一个支持自己的伙伴也有助于理想的工作状况。（S）北京的一位中年女士说："我的男朋友让我具有在家数小时工作的灵活性，他支持我的工作，因为他知道我喜欢我所做的。"

家庭生活的灵活性也因为对工作有积极影响常常被提到。有意思的是，灵活性通常被认为是工作有利于家庭的维度。但是，相反方向的灵活性也是可能的。（T）珠海的一位年轻母亲说："灵活性有两个起作用的方式。灵活的家庭生活使我能够满足工作期限的要求、安排额外的时间、必要的时候为工作出差。"

与家庭成员一起参加各种家庭活动、能够履行自己对他们的责任也是家庭生活中有利于工作的方面。（U）上海的一位中年女士说："当孩子需要我的时候，我的出现为家庭生活带来了巨大的和谐与和平，这使我成为更有效率的、更专注的员工。"

家庭的技能也被认为有助于工作。（V）天津的一位中年母亲说："我能够将管理家庭的相同技能用来管理工作中的项目。与孩子的沟通技能有助于我与团队成员沟通。"满足居家开支、供养一个家庭、保持财务稳定性的欲望也是家庭生活有助于工作的方面，它们提高了员工的工作热情。（W）郑州的一位年轻父亲进一步解释："家庭的和谐以及履行作为父亲对家庭的责任，不管从物质上还是情感上，都使我在工作时有更大的热诚和效率。"

家庭也通过提供远离工作的空间和时间而有利于工作。提到离开同事与家庭在一起的好处，（X）北京的一位中年母亲说："它帮助我忍受办公室政治和不公平。没有我的家庭，我不能忍受这些。"

被试者的回答也认为家庭、住宅和婚姻的稳定性也有助于理想的工作表现。（Y）天津的一位中年母亲说："我有稳定的家庭/婚姻关系。因此，没有把大的担心带到工作中。平衡家庭和工作增强了我的管理和关系技能。"

4. 受家庭积极影响的工作效应

被试者认为受到家庭积极影响后，工作方面会产生六种效应：①心理利益；②灵活性；③工作效率；④工作关系；⑤技能；⑥资源。

被试者认为他们的家庭生活通过很多种方式帮助他们感到自己是更好的员工。（Z）上海的一位中年母亲说："离开工作环境一段时间，我能够有清醒的头脑和成功的愿望去工作。"许多其他的被试者谈到他们在家的时间如何帮助自己"对工作有更热情的态度""工作时更积极和专注"或者"更愿意去完成和超出工作任务"。北京的一位中年父亲说："我相信一个'开心的员工'是一个'好员工'。虽然工作满意度对是否开心有很大影响，但是我的家庭生活是我开心的主要源泉。培养个人生活的能力对保持强的工作激励是很重要的。"

参与者也说明了他们的家庭生活如何使得他们工作的时间和地点有更多灵活性。郑州的一位年轻母亲，希望能够花更多的时间在家与孩子在一起。她说："我每天在家工作数小时，因此能够完成任何办公室没有做完的工作，为第二天的工作做好准备。"

支持性的家庭成员也使得员工拥有完成工作的灵活性。天津的一位年轻父亲说："家庭的支持允许我工作时间不规律。"

参与者也描述了他们的家庭生活如何使得自己的工作更有效。上海的一位年轻母亲说："我在工作中有很大的激励让我去成功和表现良好，因为我有一个家庭需要我为孩子做出榜样。"同样，北京的一位父亲说："灵活的家庭生活使人能在有紧急任务或者大工程时在正常时间外工作。"某些情况下，员工工作技能的提高是因为在家的个人兴趣或爱好。天津的一位年轻男士说："自己在家里对于计算机的爱好增长了对工作有利的知识。"

一些参与者的回答表明他们的家庭和个人生活有助于工作中的积极关系。哈尔滨的一位年轻父亲说："我自己的个人幸福感促进了工作中我与团队成员的关系。"

工作相关的旅行通常被认为是支持性的家庭成员有利于工作的一个方

面。济南的一位年轻母亲说："如果我的工作需要，我的家庭也愿意搬到不同的地方。"

表 3-3　家庭促进工作的因素及受家庭积极影响的工作效应汇总表

家庭促进工作的因素		受家庭积极影响的工作效应	
主要类别	子类别	主要类别	子类别
生理和心理利益	平衡	心理利益	成就感
	积极的态度		心理状态
	个人心理上的益处		激励
	精神上的事情		平衡
	情感的	灵活性	灵活的时间
	生理的		灵活的地点
家庭关系	家庭关系		工作的灵活性
	孩子关系		兼职
	配偶关系		通勤
	家庭和谐	工作效率	工作生产率
	孩子的支持		能够完成工作任务
	家庭的支持	工作关系	
	配偶的支持	技能	
灵活性	在家工作	资源	
	灵活的家庭时间		
家庭成员互动	家庭责任		
	照顾孩子		
	个人责任		
	缺乏家庭责任		
	娱乐活动		
	家庭时间		
稳定性	家庭稳定性		
	财务稳定性		
	总体稳定性		
家庭技能			
家务开支	居家开支		
	财务稳定性		
	财务激励		
独立时间和空间	工作外的时间		
	在家的时间		
	个人时间		

资料来源：作者整理。

四、总结和讨论

我们通过对调查问卷的分析了解了组织成员对于家庭生活如何提高工

作以及工作如何提高家庭生活的感知。研究结果揭示了工作中有益于以及受益于家庭生活某些方面的因素，家庭生活中有益于以及受益于工作某些方面的因素。灵活性是最常被提到的工作有益于家庭的因素，这一发现进一步证实了既往的关于工作地点和工作时间的灵活性是关键的工作-家庭促进因素的研究。这一发现也与 Grzywacz 和 Butler[1]关于工作工作-家庭促进的理论相符。他们的研究表明，时间和地点具有更多变化、需要更大的复杂性和社交技能的工作使得工作-家庭促进更明显。

在受工作积极影响的家庭效应的七个方面，影响个体承担家庭承诺的能力和来自个人心理和生理上的受益比起薪资上的受益更加明显。这表明工作中的非财务受益比财务受益对工作有更加积极的影响。

虽然在以往学者的研究中薪资是最重要的促进力[2]，但在八个对工作有积极影响的家庭因素中，心理因素、非财务因素和非技能主题是主要的促进因素。这表明家庭生活的关系和心理因素是个人以及职业领域最主要的资源。以往的研究也表明了人际的优势。例如，怜悯和帮助他人[3]以及通过家庭获取的情绪和实践支持对工作有较大促进[4][5]。本次调查的结论也支持 Greenhaus 和 Powell 的理论假设：从角色 A（家庭）获取的心理益处可以增强角色 B（工作）的感知职能、激励性、人际活动和承诺。

在受家庭积极影响的工作效应的六个方面，心理的、非财务和无形受益是最主要的。以往的研究也基本得出类似结论，家庭会积极影响工作满意度、

---

[1] Grzywacz J G & Butler A B. The impact of job characteristics on work-to-family facilitation: Testing a theory and distinguishing a construct. Journal of Occupational Health Psychology, 2005, 10(2): 97-109.

[2] Pittman J F & Orthner D K. Predictors of spousal support for the work commitments of husbands. Journal of Marriage and the Family, 1988, 50(2): 335-348.

[3] Ruderman M N, Ohlott P J, Panzer K & King S N. Benefits of multiple roles for managerial women. Academy of Management Journal, 2002, 45(2): 369-386.

[4] Frame M W & Shehan C L. Work and well-being in the two-person career:Relocation stress and coping among clergy husbands and wives. Family Relations:Interdisciplinary Journal of Applied Family Studies, 1994, 43(2): 196-205.

[5] Sincacore A L & Akcali F O. Men in families: Job satisfaction and self-esteem. Journal of Career Development, 2000, 27(1): 1-13.

生产率、工作承诺和社会联系。①②

通过"倾听"组织成员的声音，本研究在很多方面支持并延伸了现有的关于工作和家庭之间相互促进关系的理论。

其一，本次调查中发现的工作和家庭的促进因素同 Greenhaus 和 Powell 理论中角色产生的五组资源分类大部分是一致的（技能、心理生理受益、社会资本、灵活性、物质资本）。因此，本研究的结果可以应用于更广泛的理论探讨中。而 Greenhaus 和 Powell 描述的工作-家庭丰富关系和本研究也很类似。例如，两个研究都认为，某个角色（工作）的积极方面或资源，例如组织技能或获取技术都可以直接转化到其他角色（家庭生活）；另外，某个角色（工作）的积极方面或资源，例如成就感，对该角色有积极影响的同时也会对另一个角色的高绩效和其他积极方面产生影响（家庭生活）。

其二，我们的分析扩展了 Greenhaus 和 Powell 的理论框架，识别了工作和家庭生活相互促进的具体因素，为采取措施促进工作和家庭提供了途径。也对进一步探寻 Greenhaus 和 Powell 的理论框架中工作-家庭积极关系中的情感和工具性中介变量有所启示，还有助于了解工作-家庭促进关系是否存在其他作用机制，例如通过反馈延伸积极作用形成环状机制。

① Masuo D, Fong G, Yanagida J & Cabal C. Factors associated with business and family success: A comparison of single manager and dual manager family business households. Journal of Family and Economic Issues, 2001, 22(1): 55-73.

② Scott D B. The costs and benefits of women's family ties in occupational context: Women in corporate-government affairs management. Community, Work and Family, 2001, 4(1): 5-27.

第四章　工作-家庭促进理论模型的构建

　　虽然我们在第三章的问卷调查中已经确定了工作和家庭相互促进的因素，但是仍然缺乏对于是否能够通过从工作到家庭再从家庭到工作的运行机制延伸这种促进作用的证明，还需要进一步确定这种促进过程是通过什么样的路径发生作用的，促进因素和被促进因素之间的多样关系可能会有助于我们探讨工作-家庭促进的运行机制。[1][2][3]本章的主要目的是在借鉴现有工作-家庭联系机制和工作-家庭促进过程发生机制的基础上，利用前期问卷调查的结果，以资源获取发展观为理论基石，进一步分析中国情境下工作-家庭促进的前因、结果和调节因素，最终形成工作-家庭促进的理论模型。

第一节　工作-家庭的联系机制

一、工作-家庭联系机制的分类

　　在构建工作-家庭促进理论模型之前，弄清楚工作-家庭联系机制是至关重要的。所谓联系机制就是工作和家庭间的关系。Edwards 和 Rothbard [4]在

　　① Frone M R, Yardley J K & Markel K S. Developing and testing an integrative model of the work family interface. Journal of Vocational Behavior, 1997, 50(2): 145-167.

　　② Glass J L & Estes S B. The family responsive workplace. Annual Review of Sociology, 1997, 23(1): 289-313.

　　③ Singe R T, Yegidis B L, Robinson M M, Barbee A P & Funk J. Faculty in the middle: The effects of family caregiving on organizational effectiveness. Journal of Social Work Education, 2001, 37(2): 295-308.

　　④ Edwards J R & Rothbard N P. Mechanisims linking work and family:Clarifying the relationship between work and family consitructs. Academy of Management Review, 2000, 25(1): 178-199.

总结已有研究的基础上，通过合并本质上描述相同过程的术语将联系机制归纳为六类，即溢出、补偿、分隔、资源损耗、一致性和工作-家庭冲突。

1. 溢出

溢出是指工作和家庭中一个领域对另一个领域形成的相似性影响，这些相似性通常被称为工作-家庭效应（即情绪和满意度）、价值（即工作和家庭追求的重要性）、技能及其他行为。工作-家庭文献对溢出有两种描述：第一种描述是工作领域建构与家庭领域中一个相异但相关的建构间的相似性。[①] 这一描述的例子是工作与家庭满意度间的正向联系及工作和家庭价值观之间的关系；第二种描述是将溢出看作领域间的体验转移，如当工作疲倦显露在家庭中时。应该指出，这一描述并不是一个联系机制，因为其本身并不需要工作和家庭间的联系。比如，工作疲倦显露于家庭领域，但并不意味着家庭受到了影响。只有当在家庭中显露出来的工作疲倦影响到家庭角色需求的实现时[②]，联系才产生。

2. 补偿

补偿指在一个领域寻求满意用以补偿另一个领域的不满意的努力。[③④] 在工作-家庭文献中区分了两种形式的补偿。首先，个体可能减少在不满意领域的参与而增加在满意领域的参与。参与本身被定义为对一个领域感知到的重要性[⑤]，在一个领域花费的时间、注意力。因此，这一形式的补偿可能是感知到的对重要性、时间或注意力从不满意领域向满意领域的重新分配；其次，个体为回应一个领域的不满意，可能追求另一个领域的报酬[⑥⑦]。报酬是指实现个

---

① Judge T A & Watanabe S. Individual differences in the nature of the relationship between job and life satisfaction. Journal of Occupational and Organizational Psychology, 1994, 67(2): 101-107.

② Greenhaus J H & Beutell N J. Sources of conflict between work and family roles. Academy of Management Review, 1985, 10(1): 76-88.

③ Burke R J & Greenglass E. Work and family. In C L Cooper & I T Robertson (Eds.), International review of industrial and organizational psychology, New York: Wiley, 1987:273-320.

④ Champoux I E. Perceptions of work and nonwork: A reexamination of the compensatory and spillover models. Sociology of Work and Occupations, 1978, 5(4): 402-422.

⑤ Lobel S A. Allocation of investment in work and family roles: Alternative theories and implications for research.Academy of Management Review, 1991, 16(3): 507-521.

⑥ Kando T M & Summers W C. The impact of work on leisure: Toward a paradigm and research strategy. The Pacific Sociological Review, 1971, 14(3): 310-327.

⑦ Zedeck S (Ed.). Work, families, and organizations. San Francisco: Jossey-Bass, 1992.

体需求的体验，以及通过实现个体需求增强满意度。[1]这种形式的补偿已经被进一步区分为补充补偿和反应补偿。当一个领域的报酬不足而个体在另一个领域寻求报酬时，产生补充补偿。[2]在此，个体在后一个领域追求的报酬补充前一个领域，以使得累积的报酬让人满意。当个体在一个领域出现不希望的体验时，寻求另一个领域相反的体验时，产生反应性补偿，比如，工作劳累一天在家休息或努力投入工作以防止思考家庭问题。[3]

3. 分隔

分隔是指将工作和家庭分开以使得两个领域不会相互影响。[4]分割最初因为两个领域在时间、空间以及内在不同功能的区分，而被看作一个自然的划分。[5]然而，分隔的观点受到挑战，因此被看作是个体保持工作和家庭边界的主动过程。[6]这一个过程被皮奥特科斯基（Piotrkowski）[7]描述为人们在家庭领域可能积极压制工作相关的想法、感觉和行为，反之亦然。这种主动区分可以被看作解决各自领域压力的一种方法，或保持工作和家庭间期望程度的联系的方法。

4. 资源损耗

资源损耗指个体的有限资源如时间、注意力和能力从一个领域到另一个领域的转移[8][9]。资源损耗与需要时间或注意力转换的补偿

---

① Porter L W & Lawler E E. Managerial attitudes and performance. Homewood, IL: Dorsey Press, 1968.

② Evans P & Bartolome F. The dynamics of work-family relationships in managerial lives. Applied Psychology, 1986, 35(3): 371-395.

③ Evans P & Bartolome F. The dynamics of work‐family relationships in managerial lives. Applied Psychology, 1986, 35(3): 371-395.

④ Lambert S J. Processes linking work and family: A critical review and research agenda. Human Relations, 1990, 43(3): 239-257.

⑤ Dubin R. Work and non-work: Institutional perspectives. In M D Dunneite (Ed.), Work and non-work in the year 2001. Monterey, CA: Brooks-Cole, 1973: 53-68.

⑥ Eckenrode Gore S. Stress and coping at the boundary of work and family. In Eckenrode & S Gore(Eds.), Stress between work and family. New York:Plenum, 1990: 1-16.

⑦ Piotrkowski C S. Work and the family system. New York: Free Press, 1989.

⑧ Staines G L. Spillover versus compensation: A review of the literature on the relationship between work and nonwork. Human Relations, 1980, 33(2): 111-129.

⑨ Tenbrunsel A E, Brett J M, Maoz E, Stroh L K & Reilly A H. Dynamic and static work-family relationships. Organizational Behavior and Human Decision Processes, 1995, 63(3): 233-246.

相似。[①]然而，如前所述，补偿是不满意领域的主动反应过程[②③]，而资源损耗则简单地指资源在领域间的转移，而不考虑转移的刺激因素。此外，与资源损耗不同，补偿包括个体资源外的其他因素转化，如领域的重要性，并可能需要追求另一个领域的报酬。

5. 一致性

一致性是指由于共同原因的第三变量而形成的工作和家庭间的相似性。[④]这些原因包括个体特质、遗传因素、一般行为模式及社会和文化力量。[⑤]比如，情感气质[⑥]可能既影响工作又影响家庭满意度，因此产生两个变量间积极的联系。一致性与溢出相似，都是指工作和家庭间的相似性。然而，溢出来源于一个领域对另一个领域的影响，而一致性来源于第三变量对两个领域的影响。

6. 工作-家庭冲突

工作-家庭冲是一种形式的内角色冲突，在此内角色冲突中，工作和家庭角色需求不相容，从而造成满足一个领域的需求使得满足另一个领域的需求变得困难。角色需求可能来源于外界角色期待，也可能来自个体自身对家庭或工作角色行为价值的看法。Greenhaus 和比特尔（Beutell）[⑦]区分了三种形式的冲突：当用于一个领域的时间占据了满足另一个领域需求的时间时发生基于时间的冲突，基于时间的冲突与资源消耗相似，但基于时间的冲突增加了一个约束，即时间和注意力的转移让此领域的需求得不到满足；当一个领域产生的压力（如不满意、紧张、焦虑和疲倦）使得满足另一个领域的需

---

① Lobel S A. Allocation of investment in work and family roles: Alternative theories and implications for research.Academy of Management Review, 1991, 16(3): 507-521.

② Burke R J & Greenglass E. Work and family. In C L Cooper & I T Robertson (Eds.), International review of industrial and organizational psychology. NewYork: Wiley, 1987:273-320.

③ Evans P & Bartolome F. The dynamics of work‐family relationships in managerial lives. Applied Psychology, 1986, 35(3): 371-395.

④ Morf M. The work/life dichotomy. Westport, CT: Quorum, 1989.

⑤ Frone M R, Russell M & Cooper M L. Relationship between job and family satisfaction: Causal or non-causal covariation? Journal of Management, 1994, 20(3): 565-579.

⑥ Watson D & Clark L A. Negative affectivity: The disposition to experience aversive emotional states, 1984, 96(3): 465-490.

⑦ Greenhaus J H & Beutell N J. Sources of conflict between work and family roles. Academy of Management Review, 1985, 10(1): 76-88.

求变得困难时发生基于压力的冲突；当一个领域的行为与另一个领域的角色需求不相容时，或者说当个体在领域转化时不能调整行为时发生基于行为的冲突。比如，解决工作问题的方法可能不适用于解决家庭问题。[1][2]基于行为的冲突具有行为溢出的特征，但增加了转移的行为阻碍了后一个领域角色绩效的完成，一个领域要求的行为影响另一个领域角色行为绩效的实现。

二、对于现有工作-家庭联系机制的评述

尽管上述分类加深了我们对于工作-家庭联系机制的理解，然而，当我们试图将这些机制转换为工作-家庭关系时却发现了一些问题。

第一个也是最基本的问题是关系的方向以及一个领域意义的增加是否伴随着另一个领域意义的增加或减少？

尽管在一些研究中，工作-家庭关系的方向得到了详细阐述，比如，一些研究者认为溢出、补偿和分隔分别代表了正向的、负向的和不存在的联系。但是，在一些研究中，方向并没有得到阐述，或者与关系或好或坏的后果相混淆。比如，研究者经常将正向溢出表述为增强家庭功能的工作满意，将负向溢出表述为阻碍家庭功能的工作不满意。虽然正向能间接表示统计上的积极关系。[3]

第二个问题是有关关系的因果结构。除少数例外，工作-家庭联系都被具体化为简单的双变量联系，这忽视了大量可能产生工作-家庭联系的其他因果结构。比如，情感溢出经常被看作工作和家庭满意之间的正向关系，然而这一关系可能是虚拟的，也可能是出于其他如气质感情等的一般原因，而不是两个领域间感情的因果关系。[4]同样，工作和家庭参与间的负向关系被解释为补偿[5]，可能也只是由传统的要求男性更多地参与工作，女性更多地参与家庭的角色划分引起的。工作和家庭间没有联系往往被看作分隔，但也

---

① Eckenrode I Gore S. Stress and coping at the boundary of work and family. In Eckenrode & S Gore(Eds.), Stress between work and family. New York:Plenum, 1990: 1-16.

② Pecnrlin L I & Schooler C. The structure of coping.Journal of Health and Social Behavior, 1978, 19(1): 2-21.

③ Edwards J R & Rothbard N P. Mechanisms linking work and family: Clarifying the relationship between work and family constructs. Academy of Management Review, 2000, 25(1): 178-199.

④ Frone M R, Russell M & Cooper M L. Relationship between job and family satisfaction: Causal or non-causal covariation? Journal of Management, 1994, 20(3): 565-579.

⑤ Champoux I E. Perceptions of work and nonwork: A reexamination of the compensatory and spillover models. Sociology of Work and Occupations, 1978, 5(4): 402-422.

可能是由代表正向关系的溢出和代表负向关系的补偿间相互抵消而产生的，如工作不满意引起家庭不满意，但也促使个体寻求更多的家庭满意。[1]反之，即使分隔阻碍了因果关系，但工作和家庭仍可能存在关系，因为个体特质变量可能创造了联系。[2]这些例子说明工作和家庭间的联系只有当它们的因果结构清晰地具体化后才具有概念化或解释的意义。[3][4]

第三个问题是促进联系的刺激因素，这些因素包括个体意识、工作和家庭环境中其他人的行为，以及组织、政府和社会的政策和实践。通过强调工作-家庭联系的心理动态性，我们关注意识，以考察联系是否是个体有意创造、修改和消除的。迹象和因果结构描述了工作和家庭是相联系的，意识则解释了为什么它们是联系的。意识是补偿中讨论最多的，被描述为个体创造相反工作和家庭体验的努力[5]，然而，研究证据多将补偿联系看作负向的[6]。如同 Near 等[7]强调的，工作和家庭间的负向联系可能由多种原因造成，其中之一是个体意识。与补偿不同，溢出和分隔并没有做一致表述为有意的或无意的。工作-家庭冲突起源于个体和环境两个因素，虽然这些因素是否意味着一些个体意识仍不清楚。总之，意识问题是工作-家庭联系的起源、意义和应用的基础问题，但在工作-家庭文献中却被忽略了。

总之，目前联系机制的概念在方向、因果结构和关系意识上存在一些问

① Tenbrunsel A E, Brett J M, Maoz E, Stroh L K & Reilly A H. Dynamic and static work-family relationships. Organizational Behavior and Human Decision Processes, 1995, 63(3): 233-246.

② Frone M R, Russell M & Cooper M L. Relationship between job and family satisfaction: Causal or non-causal covariation? Journal of Management, 1994, 20(3): 565-579.

③ Near J P. Predictive and explanatory models of work and nonwork. In Lee M D & Kanungo R N (Eds.), Management of work and personal life: Problems and opportunities. New York: Praeger, 1984: 67-85.

④ Near J, Rice R & Hunt R. The relationship between work and nonwork domains: A review of empirical research. Academy of Management Review, 1980, 5(3): 415-429.

⑤ Lambert S J. Processes linking work and family: A critical review and research agenda. Human Fleiations, 1990, 43(3): 239-257.

⑥ Judge T A & Watanabe S. Individual differences in the nature of the relationship between job and life satisfaction. Journal of Occupational and Organizational Psychology, 1994, 67(2): 101-107.

⑦ Near J P, Rice R W & Hunt R G. Job satisfaction and life satisfaction: A profile analysis. Social Indicators Research, 1987, 19(4): 383-401.

题。Edwards 等[1]试图解决这些问题，他们将工作-家庭联系机制重塑为工作和家庭间的因果关系。对于每一个联系机制，他们都识别了相关的工作和家庭建构，解释了迹象和因果关系结构，并讨论了在哪些条件下这些关系是内在驱动的（表4-1）。

表4-1 总结了 Edwards 等对联系机制的方向、因果结构及意向的具体分析，弥补了已有研究对工作-家庭联系机制讨论的不足。他们的研究对工作-家庭研究有几个重要意义。第一，表4-1 中每个联系的位置组成了一系列能被实证研究证明的理论条件。比如，补偿被具体化为一个反向的直接的有意识的联系。在说明补偿发生前，应证明这三个条件都发生。相反，在以往研究中，学者们认为，补偿仅仅是工作和家庭间的反向联系，忽略了因果结构和意向的关键问题。第二，联系机制为观察到的工作-家庭建构提供了不同解释。比如，一个工作和家庭行为间正向的直接的无意识联系，既可以看作行为溢出，也可以看作基于行为的冲突。同样，工作和家庭时间之间负向的直接的有意识的联系，可看作资源消耗或基于时间的冲突。第三，联系机制可能被整合以得出更完整的工作-家庭干预。比如，溢出作为一个正向的直接的无意识的联系可以与补偿联合为一个负向的直接的有意识的影响，这种联合需要具体情形，即工作不满意同时引起家庭不满意和个体在家庭寻求满意。

表4-1 工作-家庭作用机制的符号、因果结构和目的汇总表

因果结构	符号		
	−	0	+
有目的的关系			
直接效应	补偿 资源流失 基于时间的冲突	分割	溢出
间接效应		分割	溢出
虚假关联			一致性
无目的关系			

---

① Edwards J R & Rothbard N P. Mechanisms linking work and family: Clarifying the relationship between work and family constructs. Academy of Management Review, 2000, 25(1): 178-199.

直接效应	资源流失 基于时间的冲突 基于压力的冲突		溢出 基于行为的冲突
间接效应			溢出 基于行为的冲突
虚假关联			一致性

资料来源：Edwards J R & Rothbard N P. Mechanisms linking work and family:Clarifying the relationship between work and family constructs. Academy of Management Review, 2000, 25: 178-199.

第二节 工作-家庭促进的发生机制

在本质上，工作-家庭促进指工作和家庭是相互依赖和相互补充的。换言之，一个领域内涵盖的活动能够积极地、有效地影响其对其他领域的作用。工作-家庭促进的一个显著特点就是引入了系统论的思想。每个社会系统都是由相互作用的要素和可区别的子系统构成的。家庭系统由多个子系统组成，例如，夫妻双方，或者父母-孩子双方。类似的，工作或家庭系统的各个组成部分之间相互依存；同时，系统中各成分个体的角色活动将给其所在的工作-家庭系统带来影响[①]。当个体在"发送"领域有所收获，随后传入并最终改变了"接收"领域时，不管是为对方、子群体还是整个系统，促进便发生了。[②]简言之，促进作为个体参与其他领域的结果，反映了对工作或家庭系统的改变。例如，个体在工作当中收获的某些经验可以帮助其在家庭生活中表现出一些积极行为，这些积极行为的不断积累将会提升个体在家庭生活中的适应力，促进其生活质量水平的提高。[③]类似的，个体从家庭生活中

---

① 唐汉瑛，马红宇，王斌. 工作-家庭界面研究的新视角：工作家庭促进研究. 心理科学进展，2007，15（5）：852-858.

② Aldwin C & Stokols D. The effects of environmental change on individuals and groups: some neglected issues in stress research. Journal of Environmental Psychology, 1988, 8(1): 57-75.

③ Grzywacz J G & Bass B L. Work, family, and mental health: Testing different models of work-family fit. Journal of Marriage & Family, 2003, 65(1): 248-261.

收获的积极情感有助于其在工作中表现更多的灵活、有效行为（如同事间的互动），这些积极行为的积累有助于个体更有效地完成任务，同时增进团队成员间的关系质量。①

工作-家庭促进是怎么发生的呢？基于上述系统论的思想，从时间顺序上来理解工作家庭促进的发生机制，可以包括以下三个主要的环节：角色投入（Engagement）、催化过程（Catalysts）和正性增长的生成（The Creation of Positive Growth）（图4-1）。

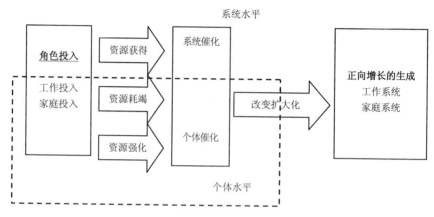

图 4.1　工作-家庭促进的发生机制模型

资料来源：Grzywacz J G, Carlson D S, Kacmar K M & Wayne J H. A multi-level perspective on the synergies between work and family. Journal of Occupational and Organizational Psychology, 2007,80(4): 559-574.

一、角色投入

角色投入是指当个体从事某一角色相关活动时涉及的个人付出。为了实现某一角色活动，个体不仅需要在心理能量和认知兴趣方面做出改变，同时还需要进行时间和物质等资源的投入。这种角色投入可以带来三个方面的直接后果：资源获得（Resource Acquisition）、资源耗竭（Resource Drain）和资源强化（Resource enhancement）。资源获得反映的是个体由于角色活动获得稳定的收益（如特权、补偿、地位保障等）。相对的，资源耗竭则反映个体由于角色投入而导致的时间、精力等资源的损耗。资源强化关注的是个体

---

① Fredrickson B L & Losada M F. Positive affect and the complex dynamics of human flourishing. American psychologist, 2005, 60(7): 678-686.

由于角色投入收获成就感、知识技能和社会支持等心理和社会性资源。可见，角色投入可以同时给个体带来负性（资源耗竭）和正性（资源获得和强化）的结果，这也是工作-家庭促进发生的重要前提。

二、催化过程

催化剂是指那些能够促进系统内部发生改变的事件或者条件。[①]工作-家庭促进中的催化过程关注的是，由于角色投入获得的收益如果能够在其他的角色活动中得到正向的迁移和应用，就可以变成促进接受系统发生正性改变的催化剂。也就是说，个体在初始系统（工作或家庭）投入获得的收益，将成为改变接受系统（家庭或工作）内部成分之间相互关系的基础，进而对整个接受系统产生积极的影响，即发挥催化作用。

这一催化过程的实现包括了两个不同水平的内容，即个体催化（Individual Catalysts）和系统催化（Systemic Catalysts）。个体催化关注的是作为系统（工作和家庭）成分的个体，角色投入阶段得到的资源强化是其最主要的来源。例如，在家照料小孩培养的耐心，可以帮助管理者在与下属交流沟通的时候也表现得细致、有耐心。[②]系统催化强调的是个体的角色投入为系统内其他成分（如配偶、小孩和同事等）或者系统的整体功能改善带来好处。一般来说，系统催化被应用在很多组织的福利计划当中（如健康保险、教育授权、托幼养老等），经由组织成员自身而直接促进整个家庭生活的改善。可见，相比个体催化以资源强化为主要来源，系统催化更多地依赖于角色投入阶段的资源获得。

三、增长的生成

正向增长的生成是工作-家庭促进发生机制的最后一个关键环节。增长特指那些对于系统正常运作特别重要的核心特征或者过程等方面的增强。[③]在工作中，正向增长可以表现为人际交往的改善、更有效的决策机制以及领导核心能力（包括知识和创新视角）的提升。在家庭中，正向增长则主要表

① Aldwin C, Stolols D. The effects of environmental change on individual and groups: some neglected issues in stress research. Journal of Environmental Psychology, 1988, 8(1): 57-75.

② Kirchmeyer C. Perceptions of nonwork-to-work spillover: Challenging the common view of conflict-ridden domain relationships. Basic and Applied Social Psychology, 1992, 13(2): 231-249.

③ Guzzo R A, Dickson M W. Teams in organizations: Recent research on performance and effectiveness. Annual Review of Psychology, 1996, 47(1): 307-338.

现为时间和精力等资源的合理分配、家庭成员之间互动交流、问题解决等的灵活性提高。

前一阶段的个体催化和系统催化通过改变扩大化（Deviation Amplification）的过程，促进正向增长的生成。改变扩大化是一种复杂系统进行自我管理和变革的机制，指的是由于外部系统的强化而使得某些初始改变在系统内部得以复制的过程。也就是说，由于角色投入导致的个体催化和系统催化，给接受系统带来某些初始的积极改变，这些初始改变进一步在系统内部复制和扩大生成新的正向增长。例如，个体在工作中收获的某些经验可以帮助其在家庭生活表现出一些积极关照行为，这些积极关照行为的不断累积将会提升个体在家庭生活当中的适应力，促进其生活质量水平的提高。[①]类似的，个体从家庭生活中收获的积极情感有助于其在工作中表现更多的灵活、有效行为（如同事间的互助），这些积极行为的积累有助于个体更有效地完成任务，同时增进团队成员间的关系质量。[②]

第三节　资源获取发展观理论框架的引入

一、工作-家庭的匹配与平衡

工作-家庭匹配和平衡（Fit and Balance）是对工作和家庭间一个领域对另外一个领域的影响的认知评估。[③]根据拉扎勒斯（Lazarus）和福克曼（Folkman）[④]的观点，认知过程是决定一种体验是积极的、有压力的，还是与幸福无关的。当个体感知到缓解的要求超出其资源，从而降低了其福利时，就会产生压力认知。由此，工作-家庭匹配和平衡知觉产生于对工作和家庭角色的需求和资源的相对评估。需求指与角色要求、期望和标准有关的结构上的或心理上的要求。资源指能够用于改进绩效、降低需求或产生额外资源的结构上的或心理上的资产。这些知觉反映了个体对环境中客观的需求和资

---

① Grzywacz J G, Bass B L. Work, family, and mental health: Testing different models of work-family fit. Journal of Marriage and Family, 2003, 65(1): 248-261.

② Fedrickson B L, Losada M F. Positive affect and the complex dynamics of human flourishing. American Psychologist, 2005, 60(7): 678-686.

③ Voydanoff P. Toward a conceptualization of perceived work-family fit and balance: a demands and resources approach. Journal of Marriage and Family, 2005, 67(4): 822-836.

④ Lazarus R S & Folkman S. Stress, appraisal, and coping, springer. New York, 1984.

源的评估。这种观点关注于知觉而非个体意识之外的客观特征，因为这种知觉通常反映了很多客观特征对结果的影响。

工作需求和家庭资源与工作需求-家庭资源匹配有关，而家庭需求和工作资源与家庭需求-工作资源匹配有关。匹配有两种，即要求-能力（Demands-Abilities）和需求-供应（Needs-Supplies）。要求包括定性的和定量的工作要求、角色期望以及群体和组织规范；而能力包括能够用于满足要求的态度、技能、培训、时间和能量。当个体有能力来达到环境要求时，就能实现匹配。若要求超出能力限制，就会产生压力。需求包括生物和心理上的要求/价值观和动机。供应包括能够实现个体需求的内在的和外在的资源和报酬，例如食物、金钱、社会环境和自我实现机会。当环境提供的资源能够满足个体需求时，就能实现匹配；而需求超出供应时，就会产生压力。

工作-家庭匹配指的是角色间的和谐，一种角色中的资源能够充分满足另外一个角色的需求，从而能更有效地履行第二个角色。内容包括两个维度，即工作需求-家庭资源匹配和家庭需求-工作资源匹配。前者指家庭资源足以满足工作需求，后者指工作资源足以满足家庭需求。两种维度的匹配能够直接影响工作-家庭平衡，也通过跨边界策略间接影响工作-家庭平衡。

工作-家庭平衡是对工作和家庭资源是否能够充分满足工作和家庭需求，从而使两个角色的履行都有效的整体评估。匹配和跨边界策略共同产生了对工作和家庭生活的和谐、均衡和整合的评估。

除了工作-家庭匹配和平衡，Voydanoff [①]还提出了工作-家庭冲突和工作-家庭促进作为工作和家庭需求和资源与角色绩效和质量间的连接机制。工作-家庭冲突指的是角色需求间的不可协调性。工作-家庭促进指的是角色间的协同效应，一个角色中的资源能够促进或履行另外一个角色更容易。工作和家庭需求分别与工作-家庭冲突和家庭-工作冲突相关，而工作和家庭资源则分别与工作-家庭促进和家庭-工作促进有关。工作-家庭匹配和平衡源自一种角色内的资源是否能够满足另外一种角色中的需求。因此，工作-家庭冲突、促进、匹配和平衡是从对工作和家庭需求和资源的不同方式的认知评估。冲突和促进有助于理解需求和资源的不同的或各自的作用，而匹配和平衡则强调需求和资源的交叉或共同作用。两种类别的机制有助于解决不同

---

① Voydanoff P. Toward a conceptualization of perceived work-family fit and balance: a demands and resources approach. Journal of Marriage and Family, 2005, 67(4): 822-836.

的问题。例如，如果关心的是照看孩子的时间对工作绩效的影响，就要分析家庭-工作冲突。如果关心的是工作自主性能否满足照看孩子的需求，就需要分析家庭需求-工作资源匹配。跨边界策略指的是个体及其家庭采取的降低或消除工作和家庭需求与资源间不匹配的行为。策略可以是降低需求，也可以是增加资源。工作和家庭角色绩效指的是在工作和家庭中所履行的行为（工作职责、家务责任等）。角色质量指的是产生于工作和家庭角色的积极情感，例如积极的心情和情感（工作满意度、婚姻幸福感等）。

匹配与平衡理论认为，工作、家庭和跨边界的需求和资源共同形成了两种维度的工作-家庭匹配。工作需求、家庭资源和跨边界的需求和资源影响着工作需求-家庭资源相匹配，家庭需求、工作资源和跨边界的需求和资源影响着家庭需求-工作资源相匹配。两种维度的匹配与跨边界策略共同影响着工作-家庭平衡。接着，工作-家庭平衡影响着工作和家庭角色绩效和质量。这个相对全面的框架反映了同时分析降低工作-家庭匹配及平衡的需求和提高工作-家庭匹配及平衡的资源的重要性。因此，工作-家庭政策和项目应该增加工作、家庭和跨边界资源，降低工作、家庭和跨边界需求。

二、资源获取发展观与工作-家庭促进

与工作-家庭促进研究的系统思想相契合，资源获取发展观突破了以往从单一理论角度研究工作-家庭促进的做法，在博采各家之长的基础上构建了工作-家庭促进的系统论思想，与工作-家庭丰富倾向于关注个体层面的角色表现或者生活质量的提升相比，资源获取发展观更强调系统整体技能水平的提升。

事实上，工作-家庭研究应该区分个体层面、二元层面、组织层面乃至社会层面的研究。目前大量的工作-家庭领域的研究多是基于个体层面进行的，而对于家庭、组织和社会层面的研究则开展较少。在少量涉及二元层面的研究中，也多是关注双职工夫妇层面的分析，目前尚缺乏同样不可忽视的是领导-成员的二元相互作用方面的研究。具体的，组织层面的研究需要回答个体或组织在什么时间、为什么以及如何制订人力资源战略、政策、实施计划、实践或是更具体的研究家庭支持政策和文化。组织层面的研究才刚刚起步，但显然其作用是巨大的，它能够让组织中的个体改变"公事"与"私事"的传统观念，不再把工作-家庭问题单纯托付给人力资源部门去处理，而是将家庭亲善项目渗透到组织的文化中去，根本改变组织成员的行为。对于组织来说，怀有工作-家庭和谐理念比工作-家庭平衡理念对设计开发活动更加有所帮助。

　　基于资源获取发展观研究工作-家庭促进，把研究视野从"需求"聚焦到"资源"。对于传统的工作-家庭关系研究是一个根本的转变。目前，关于工作-家庭关系的研究主要着眼于个体水平，而基于资源获取发展观的工作-家庭促进研究则同时关注个体水平与系统水平两个方面。国际上工作-家庭促进的实证研究才刚刚起步，国内的相关研究更是凤毛麟角，因此，前期的基础性研究将是今后一段时期内工作-家庭促进研究的主要内容。

第四节　工作-家庭促进理论模型构建

　　在文献研究的基础上，研究者对国内九个省市和特别行政区的288位各类组织成员发放了开放式问卷进行问卷调查，从而保证了变量选取更加适合中国情境。通过文献回顾我们知道，在目前较少的工作-家庭促进研究中，比较集中在对影响因素、结果变量等方面的探索性研究。结合理论分析和前期开放式问卷调查结果，本研究对工作-家庭促进和家庭-工作促进的影响因素和结果变量提出了一系列假设，此后还在性别、年龄和教育程度方面对差异性提出假设。

一、前因变量假设

　　不同的研究已发现，影响工作-家庭促进两个方向的多重变量可以分为人格特征、与家庭相关的因素、与工作相关的因素以及态度。本研究进一步将其归纳为个人因素和组织因素两个大类。个人因素选取外倾性、自我效能和与家人关系三个变量；组织因素选取发展机会、自主性、上司/同事支持和工作-家庭文化四个变量。

　　1. 个人因素

　　个人因素选取那些能够提升个体积极性以及帮助个体做好准备寻找积极的发展体验、获得某种地位或资产等因素，而这些收获将有助于个体在另一领域提升其生活质量。因此，我们提出：

　　假设1：个人因素与工作-家庭促进相关。

　　（1）外倾性

　　通常认为，积极情感较高的个体拥有积极的人生观并可以更加乐观地解释某些不确定的事件。①因此，他们更有可能在工作（家庭）中体验到积极的情感，从而转化为家庭（工作）的利益。外倾性的个性特征被定义为更高层次的积极情感，更多地与个人对工作有益于家庭和家庭有益于工作的评价有关。②具有外倾性的个体除了经历更大的工作和家庭相互影响之外，还更加容易受到激发，并且通过学习改善工作（家庭）。③因此，外倾性可能有助于积极的工作（家庭）经验，如创造新的技能、观念，以及其他可以从一个领域转化到另一个领域的发展收益。由于它与情感和发展收益的相关性，外倾性被认为是导致工作-家庭促进的前因。因此，我们提出：

假设 1a：外倾性与工作-家庭促进正相关。

（2）自我效能

自我效能是指个体对其能成功地完成一个给定任务执行能力的自信。④⑤并且这种自信很可能会导致一个领域的收益（如工作）有助于提高另一个领域（如家庭）功能的运作。自我效能高的个体会更加主动地尝试他们在工作中学到的新的东西并试图完成更加困难的在职任务。⑥自我效能也是一个学习表现的影响因素⑦，并有助于完成任务。⑧因为拥有更高自我效能的个体会寻求更多的机会并经历更多成功，他们很可能获得新的技能和观点、积极的情绪、信心，甚至家庭使用的经济资本。因此，我们提出：

---

① Williams S, Zainuba M & Jackson R. Affective influences on risk perceptions and risk intention. Journal of Managerial Psychology, 2003, 18(2): 126-137.

② Grzywacz J G & Marks N F. Reconceptualizing the work-family interface: An ecological perspective on the correlates of positive and negative spillover between work and family. Journal of Occupational Health Psychology, 2000, 5(1): 111-126.

③ Naquin S S & Holton E F. The effects of personality, affectivity, and work commitment on motivation to improve work through learning.Human Resource Development Quarterly , 2002, 13(4): 357-376.

④ Bandura A. Self-efficacy: Toward a unifying theory of behavioral change. Psychological Review, 1977, 84(2): 191-215.

⑤ Hackett G & Betz N E. A self-efficacy approach to the career development of women. Journal of Vocational Behavior, 1981, 18(3): 326-339.

⑥ Ford J K, Quinones M A, Sego D J & Sorra J S. Factors affecting the opportunity to perform trained tasks on the job. Personnel Psychology, 1992, 45(3): 511-527.

⑦ Goldstein I L & Ford J K. Training in organizations: Needs assessment, development, and evaluation (4th ed.). Belmont, CA:Wadsworth/Thomson, 2002.

⑧ Judge T A & Bono J E. Relationship of core self-evaluation traits-self-esteem, generalized self-efficacy, locus of control, and emotional stability-with job satisfaction and job performance: A meta-analysis. Journal of Applied Psychology, 2001, 86(1): 80-92.

假设 1b：自我效能与工作-家庭促进正相关。

（3）与家人关系

起初，我们拟从个人、家庭、组织三个层面分析工作-家庭促进的前因，为了简化，我们将家庭因素也纳入个人因素层面。从本研究前期开放式调查的结果发现，家庭成员从家庭获得的资源同样能够对工作-家庭促进起到至关重要的作用。在积极影响工作的家庭的八个方面中，非金钱的和非技能为基础的主题最占优势。这表明家庭生活中的关系在个人和职场都是重要的资源。于是，在家庭资源中我们选取调查中出现频率高的、被试者认为对工作产生积极影响较大的变量，即支持性的家庭关系。现有研究也表明了家庭特征通常关注给你配偶和孩子的关系。帕拉休拉曼（Parasuraman）等[1]通过对 11 名男性和女性企业家的研究表明，良好的家人关系对他们满足工作和家庭双重角色要求产生积极的影响。Carlson 和佩瑞乌（Perrewe）[2]的研究也强调了家人支持的重要性，认为家庭提供的支持能降低家庭角色模糊以及家庭角色冲突。如果配偶间关系质量差，则易产生这两个领域间的负面影响。比如，配偶间低水平的意见不一致与更少的消极溢出相联系[3]，研究认为作为父母的责任（与孩子关系等）与家庭-工作冲突正相关。因此，我们提出：

假设 1c：与家人关系与工作-家庭促进正相关。

2. 组织因素

前面已经提到，资源获取发展观的前提是个体有成长、发展和追求最高层次生活质量的自然倾向，当他们投入到一种角色时，会获取使他们成长和发展的资源。因此，在超越个体的层面，更加积极、生机勃勃而又丰富多彩的组织资源能够对工作-家庭促进发挥巨大作用。

以往的研究探讨了组织因素的影响。例如，在薪水高的职位工作并拥有一个支持性的工作环境可以促使个人的情感和智力发展，因而可以促进另一

---

① Parasuraman S, Purohit Y S, Godshalk V M & Beutell N J. Work and family variables, entrepreneurial career success, and psychological well-being. Journal of Vocational Behavior, 1996, 48(3): 275-300.

② Carlson D S & Perrew'e P L. The role of social support in the stressor-strain relationship:An examination of work-family conflict. Journal of Management, 1999, 25(4): 513-540.

③ Grzywacz J G & Marks N F. Reconceptualizing the work-family interface: An ecological perspective on the correlates of positive and negative spillover between work and family. Journal of Occupational Health Psychology, 2000, 5(1): 111-126.

领域的功能运作。一般来讲,当个体利用更多的能量资源、支持性资源来丰富环境时,个体更可能获得促进。[1]因此,我们提出:

假设2:组织因素与工作-家庭促进相关。

(1)自主性

自主性主要指个人在工作中获得自由的程度,研究普遍认同拥有自主性工作的人会得到更高的满意度。卡恩(Kahn)[2]发现,具有挑战性的、有一定自主性的工作会使人更加投入工作,自主性和反馈也能使促进发挥作用。高水平的决策自由度和工作控制将会产生高水平的工作与家庭双向积极影响。[3]例如,工作自主性与高质量婚姻[4]和更好的亲子互动[5]有关。因此,拥有自主性的工作增加了一个人在工作中提高工作技能并获得积极情感的可能性,从而使家庭获得收益。因此,我们提出:

假设2a:自主性与工作-家庭促进正相关。

(2)发展机会

发展机会,例如参加培训,可以提升工作领域的收益从而给家庭运转带来好处。学习和发展的经验是个体激励的强有力资源[6],它丰富了个体改善家庭功能运转的方式。在培训中获取新的技能、观念或态度与形成工作-家庭促进所必需的个体收益相一致,并有可能把这些工作成果用于造福家庭环境。例如,克劳特(Crouter)[7]发现,个体会把在工作中学到的管理技巧应

---

① Wayne J H, Grzywacz J G, Carlson D S & Kacmar K M. Work-family facilitation: A theoretical explanation and model of primary antecedents and consequences. Human resource management review, 2007, 17(1): 63-76.

② Kahn W A. Psychological conditions of personal engagement and disengagement at work. Academy of Management Journal, 1990, 33(4): 692-724.

③ Grzywacz J G & Marks N F. Reconceptualizing the work-family interface: An ecological perspective on the correlates of positive and negative spillover between work and family. Journal of Occupational Health Psychology, 2000, 5(1): 111-126.

④ Hughes D, Galinsky E & Morris A. The effects of job characteristics on marital quality: Specifying linking mechanisms. Journal of Marriage and the Family, 1992, 54(1): 31-42.

⑤ Stewart W & Barling J. Fathers' work experiences effect children's behaviors via job-related affect and parenting behaviors. Journal of Organizational Behavior, 1996, 17(3): 221-232.

⑥ Goldstein I L & Ford J K. Training in organizations: Needs assessment, development, and evaluation (4th ed.). Belmont, CA:Wadsworth/Thomson, 2002.

⑦ Crouter A. Spillover from family to work: The neglected side of the work-family interface. Human Relations, 1984, 37(6): 425-442.

用到他们的家庭之中。提高个人能力任务的同时也会增强自尊心。[1]参加培训可能会使个体形成更多的社会关系，从而获得升职，二者都可以通过增加经济和社会资本来造福家庭。虽然相关的实证研究非常稀少，但是最近的一项研究发现，工作中学习机会与工作-家庭促进相关。[2]发展机会可以提高技能发展、资本获取和情感收益，并最终促进家庭体系的运作。因此，我们提出：

假设 2b：发展机会与工作-家庭促进正相关。

（3）上司/同事支持

人类是天生倾向于与他人形成坚定而和谐的关系[3]，当工作任务包含有意义的人际交往时，人们更容易从事自己的工作。工作中来自同事和上司的社会支持是一种可以提高家庭表现和幸福指数的资源。[4]以往研究一致指出了社会支持的积极结果，例如，降低角色压力的感知，降低工作时间的需求，提高满意度和幸福度。[5][6]此外，源于上司和同事的社会支持与两个领域的积极互动影响正相关。[7][8]因此，我们提出：

假设 2c：上司/同事支持与工作-家庭促进正相关。

（4）支持性的工作-家庭文化

支持性的工作-家庭文化可能会影响工作-家庭促进。一个支持性和灵活

---

① Friedman S D & Greenhaus J H. Work and family - Allies or enemies? What happens when business professionals confront life choices. New York: Oxford University Press, 2000.

② Voydanoff P. The effects of work demands and resources on work-to-family conflict and facilitation. Journal of Marriage & Family, 2004, 66(2): 398-412.

③ Berscheid E. The human's greatest strength: Other humans. In L G Aspinwall & U M Staudinger (Eds.), A psychology of human strengths:Fundamental questions and future directions for a positive psychology. Washington, DC: American Psychological Association, 2003: 37-47.

④ Frone M R, Yardley J K & Markel K S. Developing and testing an integrative model of the work-family interface. Journal of Vocational Behavior, 1997, 50(2): 145-167.

⑤ Carlson D S & Perrewé P L. The role of social support in the stressor-strain relationship: An examination of work-family conflict.Journal of Management, 1999, 25(4): 513-540.

⑥ Parasuraman S, Greenhaus J H & Granrose C S. Role stressors, social support and well-being among two-career couples. Journal of Organizational Behavior, 1992, 13(4): 339-356.

⑦ Demerouti E, Geurts S A & Kompier M. Positive and negative work-home interaction: Prevalence and correlates. Equal Opportunities International, 2004，23(1/2): 6-35.

⑧ Grzywacz J G & Marks N F. Reconceptualizing the work-family interface: An ecological perspective on the correlates of positive and negative spillover between work and family. Journal of Occupational Health Psychology, 2000, 5(1): 111-126.

的工作环境与家庭功能（如家庭内表现、满意度和幸福度）相关，对于男性，则与与婴儿互动的质量有关。[1][2]拥有一个对家庭友好的工作环境可能导致更多的积极影响，如精力充沛的感觉。[3]因此，我们提出：

假设 2d：支持性的工作-家庭文化与工作-家庭促进正相关。

二、结果变量假设

资源获取发展观认为，工作-家庭促进的结果变量主要是个体对于系统机能运作（System Functioning）的评价，分别包括工作和家庭两个方面。[4]应该指出，这种对于结果变量的分析只考虑其系统水平（整个工作、家庭机能）而不考虑个体水平影响的方式显然是不全面的。因此，本研究的结果变量包括个体对自身能力的评价、个体对组织技能的评价和个体对家庭技能的评价。为了与影响因素假设对应，我们将个体对于自身、家庭以及组织的身体结果、心理结果、行为结果和态度结果全部并入个体水平，称为个人层次；组织结果称为组织层次。

1. 个人层次

个人层次的结果变量包括心理健康、满意度和绩效。之所以选择这些变量是因为根据早期的研究发现，这些变量能够广泛代表潜在的结果，并且均与两个方向的工作-家庭促进密切相关。[5][6]例如，我们纳入工作、家庭满意度的测量，是因为满意度是工作-家庭促进文献中最频繁使用的测量结

---

① Friedman S D & Greenhaus J H. Work and family - allies or enemies? What happens when business professionals confront life choices. New York: Oxford University Press, 2000.

② Voydanoff P. Conceptualizing community in the context of work and family. Community, Work, and Family, 2001, 4(2): 133-156.

③ Marks S R. Multiple roles and role strain: Some notes on human energy, time and commitment. American Sociological Review, 1977, 42(6): 921-936.

④ Wayne J H, Grzywacz J G, Carlson D S & Kacmar K M. Work-family facilitation: a theoretical explanation and model of primary antecedents and consequences. Human Resource Management Review, 2007, 17(1): 63-76.

⑤ McNall L A, Nicklin J M & Masuda A D. A meta-analytic review of the consequences associated with work-family enrichment. Journal of Business and Psychology, 2010, 25(3): 381-396.

⑥ Zimmerman K L & Hammer L B. Work-family positive spillover: Where have we been and what lies ahead? In J Houdmont& S Leka (Eds.), Contemporary occupational health psychology:Global perspectives on research and practice.Chichester, England: Wiley-Blackwell, 2010(1): 272-297.

果。[1][2][3]又因为工作-家庭促进的重要结果之一就是两个领域中的绩效提升[4]，所以测量了工作和家庭绩效[5][6][7]，即组织成员对于自己满足角色期望和责任程度的感知。

与之类似，在我们的定性调查数据中也显示了工作胜任力和家庭胜任力的相互转移，即在工作中学习到的技能有助于家庭生活，能够用来提高家庭管理技能；而在某些情况下，家庭中获取的各种技术也可以提高工作技能。因此，我们提出：

假设 3：工作-家庭促进与个人层次的结果相关。

Grzywacz[8]的研究表明，工作-家庭促进的结果包括提高个人水平的成果，如心理健康和幸福[9][10]、更好的婚姻和亲子关系以及与他人的互动。Kirchmeyer 获得的数据专门讨论了职外作用，如养育子女实际上可以增加，而不是减损工作满意度和组织承诺。与促进假设相一致，参与子女抚育可以

① Hecht T D & McCarthy J M. Coping with employee, family and student roles: Evidence of dispositional conflict and facilitation tendencies. Journal of Applied Psychology, 2010, 95(4): 631-647.

② Masuda A D, McNall L A, Allen T D & Nicklin J M. Examining the constructs of work-to-family enrichment and positive spillover. Journal of Vocational Behavior, 2012, 80(1): 197-210.

③ Shockley K M & Singla N. Reconsidering work-family interactions and satisfaction: A meta-analysis. Journal of Management, 2011, 37(3): 861-886.

④ Greenhaus J H & Powell G N. When work and family are allies: A theory of work-family enrichment. Academy of Management Review, 2006, 31(1): 72-92.

⑤ Carlson D S, Grzywacz J G, Ferguson M, Hunter E M, Clinch C & Arcury T A. Health and turnover of working mothers after child birth via the work-family interface: An analysis across time. Journal of Applied Psychology, 2011, 96(5): 1045-1054.

⑥ Lim D H, Song J H & Choi M. Work-family interface: Effect of enrichment and conflict on job performance of Korean workers. Journal of Management & Organization, 2012, 18(3): 383-397.

⑦ Odle-Dusseau H N, Britt T W & Greene-Shortridge T M. Organizational work-family resources as predictors of job performance and attitudes: the process of work-family conflict and enrichment. Journal of Occupational Health Psychology, 2012, 17(1): 28-40.

⑧ Grzywacz J G. Toward a theory of work-family facilitation. Paper presentation, 34th Annual Theory Construction and Research Methodology Workshop (November), 2002.

⑨ Frone M R. Work-family balance. In J C Quick & L E Tetrick (Eds.), Handbook of Occupational Health Psychology. Washington, DC: American Psychological Association, 2003:143-162.

⑩ Grzywacz J G. Work-family spillover and health during midlife: Is managing conflict everything? American Journal of Health Promotion, 2000, 14(4): 236-243.

丰富个人的资源（如社交能力、自尊心），它还会延续到工作角色，"提高人的能力以满足工作要求及其对组织的承诺"[①]。Barnett 和海德（Hyde）[②]的研究表明，工作-家庭促进可以保证婚姻质量的稳定和照顾孩子的满意度；Friedman 和 Greenhaus[③]的研究证明了与工作相关的因素（工作范围/自主性/复杂性）能够提高家庭承诺和家庭满意度；Greenhaus 和 Parasuraman[④]指出，工作满意度可以提升家庭关系质量，让父母和孩子拥有良好的关系；Wyane[⑤]也指出，当工作收益造福家庭时，系统成员应觉察出双重水平的或系统水平的提高，如婚姻质量、亲子互动以及家庭整体幸福度。因此，我们提出：

假设 3a：工作-家庭促进与个体心理健康正相关。

假设 3b：工作-家庭促进与工作绩效正相关。

假设 3c：工作-家庭促进与工作满意度正相关。

假设 3d：工作-家庭促进与组织承诺正相关。

假设 3e：工作-家庭促进与家庭绩效正相关。

假设 3f：工作-家庭促进与家庭满意度正相关。

假设 3g：工作-家庭促进与积极行为正相关。

假设 3h：工作-家庭促进与退缩行为负相关

2. 组织层次

Wyane[⑥]认为，当个体认识到其工作可以使家庭获益时，他们就可能根据促进的来源做出认知上的归因。例如，在已知的工作促进家庭案例中，人们

---

① Kirchmeyer C. Perceptions of nonwork-to-work spillover: Challenging the common view of conflict-ridden domain relationships. Journal of Basic and Applied Psychology, 1992, 13(2): 231-249.

② Barnett R C & Hyde J S. Women, men, work, and family. American Psychologist, 2001, 56(10): 781-796.

③ Friedman S D & Greenhaus J H. Work and family-allies or enemies? What happens when business professionals confront life choices.New York: Oxford University Press, 2000.

④ Greenhaus J H & Parasuraman S. Research on work,family, and gender: Current status and future directions. In G N Powell (Ed.), Handbook of gender and work. Newbury Park, CA: Sage, 1999:391-412.

⑤ Wayne J H, Grzywacz J G, Carlson D S & Kacmar K M. Work-family facilitation: a theoretical explanation and model of primary antecedents and consequences. Human Resource Management Review, 2007, 17(1): 63-76.

⑥ Wayne J H, Grzywacz J G, Carlson D S & Kacmar K M. Work-family facilitation: a theoretical explanation and model of primary antecedents and consequences. Human Resource Management Review, 2007, 17(1): 63-76.

意识到，家庭功能的提升要归因于心理、智力、情感或其他源于工作上的收益。基于社会交换理论[①]和互惠规则[②]，经历了工作促进家庭的个人应该对工作具有积极的情感和行为方面的反应，因为他们试图对工作中得到的收益加以回报。实际上，有限的实证研究表明，当人们体验了工作丰富化时，他们会对工作有更高的满意度、更多的组织承诺和工作投入。[③]因此，可以预期，工作促进家庭将会对工作者的态度和行为产生积极的影响，进而有助于工作系统整体功能的提升。例如，对于已知的更高程度工作促进家庭的组织成员中，他们的上司可能非常重视与下属的关系质量。同理，他们的同事也会感受到更大的团队凝聚力和集体效能。因此，我们提出：

假设 4：工作-家庭促进与组织层次的结果相关。

假设 4a：工作-家庭促进与团队凝聚力正相关。

假设 4b：工作-家庭促进与领导-成员交换关系正相关。

三、方差分析

性别在工作-家庭促进前因和结果变量中作为人口统计学变量被频繁地应用。原因是在性别角色期望上，通常认为工作对男性来说更重要，家庭生活对女性来说更重要。[④]男性和女性可能会寻求、创造不同的工作环境或被不同的工作环境影响，进而拥有不同层次的工作资源。男性将工作视为取得成功的手段，往往强调金钱、地位和权力；相比之下，女性在工作中更看重成长、挑战和关心他人的机会。男性和女性对于同样的工作环境会有不同的经验或解释，或者在同样的背景下会做出不同的反应。此外，男性和女性使用工作资源的方式不同。[⑤]女性看重工作中的社会关系，与男性相比，更能利用这些关系改善家庭生活。例如，工作中有关社会关系的环境资源，如社会支持，对于女性而言会更容易形成较强的工作-家庭促进。同理，其他环境资源，如那些强调收入或工作地位的资源，对于男性而言会更容易形成较强的

① Blau P M. Exchange and power in social life. New York: Wiley, 1964.

② Gouldner A W. The norm of reciprocity: A preliminary statement. American Sociological Review, 1960, 25(2): 161-178.

③ Wayne J H, Musisca N & FleesonW. Considering the role of personality in the work-family experience: Relationships of the Big Five to work-family conflict and facilitation. Journal of Vocational Behavior, 2004, 64(1): 108-130.

④ Pleck J H. The work-family role system. Social Problems, 1977, 24(4): 417-420.

⑤ Friedman S D & Greenhaus J H. Work and family - Allies or enemies? What happens when business professionals confront life choices. New York: Oxford University Press, 2000.

工作-家庭促进。最后，旨在帮助组织成员家庭生活的工作资源，如家庭休假政策，可能由于文化意识形态的差别，女性比男性更容易获得。[1]因此，当资源相同时，男性和女性有可能在工作中得到不同种类的资源，他们得到不同的经验或以不同的方式使用。总之，相关证据表明，对于男性和女性而言，某些环境资源并不是以同样的方式形成工作-家庭促进。

尽管关于还没有年龄差异的系统的研究，但在假定了工作与家庭特征的情况下，Grzywacz 和 Marks 发现[2]，年轻男性比年老男性经历更多的两个领域中的负面影响，并经历更少的家庭对工作的积极影响，而对女性来说，越年轻越容易感受工作对家庭的积极影响和家庭对工作的消极影响。

Grzywacz 和 Marks 的研究还证明[3]，低教育水平与工作对家庭低水平的积极影响有较强的关系，这种结果仅出现在女性中，男性中没有。然而，Frone 等[4]的长期研究表明，教育水平在工作-家庭两个方向的消极影响没有差异。

基于以上论述，本研究从性别、年龄和教育水平三个方面对影响因素和后果变量做了方差分析。

四、工作-家庭促进理论模型

在广泛的国内外文献回顾和前期开放性问卷调查的基础上，本研究对组织成员工作-家庭促进的前因变量、结果变量等问题进行总结，形成初步的分析框架。前因变量从个人因素和组织因素两方面入手。个人因素的分析框架包括自我效能、外倾性、与家人关系；组织因素包括发展机会、自主性、上司/同事支持、工作-家庭文化。结果变量从个人层次和组织层次两方面入手。个人层次包括心理健康、工作绩效、工作满意度、组织承诺、家庭绩效、家庭满意度、积极行为、退缩行为；组织层次包括团队凝聚力和领导-成员

① Wayne J H & Cordeiro B. Who is a good organizational citizen? Perceptions of male and female employees using family leave. Sex Roles, 2003, 49(5-6): 233-246.

② Grzywacz J G. Work-family spillover and health during midlife: Is managing conflict everything? American Journal of Health Promotion, 2000, 14: 236-243.

③ Grzywacz J G & Marks N F. Reconceptualizing the work-family interface: An ecological perspective on the correlates of positive and negative spillover between work and family. Journal of Occupational Health Psychology, 2000, 5(1): 111-126.

④ Frone M R, Russell M & Cooper M L. Relation of work-family conflict to health outcomes:A four-year longitudinal study of employed parents. Journal of Occupational and Organizational Psychology, 1997, 70(4): 325-335.

交换关系。本研究的理论模型如图 4-2。

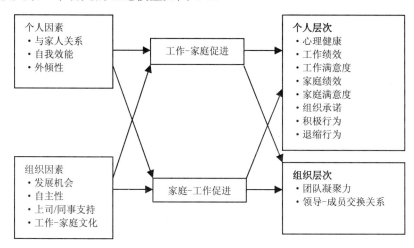

图 4-2 工作-家庭促进理论模型

资料来源：作者整理。

在前文分析的基础上，我们将各项假设汇总如表 4-2 所示。

表 4-2 研究假设汇总

假设分类	假设编号	假设内容
前因变量假设	假设 1	个人因素与工作-家庭促进相关
	假设 1a	外倾性与工作-家庭促进正相关
	假设 1b	自我效能与工作-家庭促进正相关
	假设 1c	家人关系与工作-家庭促进正相关
	假设 2	组织因素与工作-家庭促进相关
	假设 2a	自主性与工作-家庭促进正相关
	假设 2b	发展机会与工作-家庭促进正相关
	假设 2c	上司/同事支持与工作-家庭促进正相关
	假设 2d	支持性的工作-家庭文化与工作-家庭促进正相关
结果变量假设	假设 3	工作-家庭促进与个人层次的结果相关
	假设 3a	工作-家庭促进与个体心理健康正相关
	假设 3b	工作-家庭促进与工作绩效正相关
	假设 3c	工作-家庭促进与工作满意度正相关
	假设 3d	工作-家庭促进与组织承诺正相关
	假设 3e	工作-家庭促进与家庭绩效正相关

续表

假设分类	假设编号	假设内容
	假设 3f	工作-家庭促进与家庭满意度正相关
	假设 3g	工作-家庭促进与积极行为正相关
	假设 3h	工作-家庭促进与退缩行为负相关
	假设 4:	工作-家庭促进与组织层次的结果相关
	假设 4a	工作-家庭促进与团队凝聚力正相关
	假设 4b	工作-家庭促进与领导-成员交换关系正相关

资料来源：作者整理。

第五章 工作-家庭促进理论模型的实证检验

本章是本研究的核心部分,其主要目的是在前期创建的适用于中国情境的工作-家庭促进理论模型和检验指标基础上,展开对较大样本不同行业组织成员的调查,对整体研究数据进行了深入的分析,实证检验了本研究提出的理论模型。

第一节 数据分析方法说明

本研究采用的统计分析软件主要有 SPSS 15.0 和 Lisrel 8.70,依据要解决的主要问题,采用的数据分析方法及流程如表 5-1 所示。

表 5-1 本研究采用的数据分析方法

解决问题	数据分析方法	使用软件
调研样本的基本分布特征	频数、百分比等描述性统计分析	SPSS 15.0
各变量数值统计与正态分布检验	平均值、标准差、峰度、偏度值计算	SPSS 15.0
测量模型检验	信度检验:Cronbach α 系数; 复相关平方;综合信度(Composite Eliability);平均方差抽取量(Average Variance Extracted)	SPSS 15.0
	效度检验:整体建构效度;收敛效度(标准化因子载荷、AVE 值);区别效度(AVE 平方根与潜变量相关系数的比较)	SPSS 15.0 和 Lisrel 8.70
结构模型检验	结构方程模型(SEM)	Lisrel 8.70

一、描述性统计分析

本研究主要采用频数、平均值、百分比、峰度、偏度等描述性统计分析方法,分析和解决如下两个问题:①调研样本的基本分布特征。借助 SPSS 15.0 统计软件提供的频数和百分比分析,得出调研样本的年龄、性别等人口统计特征,从中就调研样本的分布合理性、代表性以及应用于数据分析的可行性等方面做出客观的评判。②各变量数值统计与正态分布检验。借助 SPSS 15.0 统计软件计算出各变量的平均值、标准差、峰度和偏度等基本统计值,从而得到一些最基本的认识和判断。

二、信度检验

信度是指测量的可靠性,体现测量工具的一致性或稳定性。本研究根据巴戈齐(Bagozzi)和伊(Yi)[1]的建议,挑选以下四项常用的指标来评价测量模型的信度。

内部一致性信度系数 Cronbach α 是使用最广泛的信度系数,用于估计每个因子所包含的观察变量的系统变异,计算如公式 1 所示。Cronbach α 值越高,表明该组观察变量之间越有系统性,根据农纳利(Nunnally)(1978)[2]所建议的信度标准,Cronbach α 值至少要大于 0.5,且最好能大于 0.7 的信度标准;中国台湾学者吴统雄(1984)[3]根据相关系数及变异数分析并参考 200 篇关于信度的研究报告证明了,当需要对信度是否足够做出判断时,建议以下列范围作为斟酌可信度高低的参考标准:α<0.3 不可信;0.3≤α<0.4 勉强可信;0.4≤α<0.5 可信;0.5≤α<0.7 很可信(最常见);0.7≤α<0.9 很可信(次常见);0.9>α 十分可信。

$$\alpha = \left(\frac{k}{k-1} \right) \left(1 - \frac{\sum_{i=1}^{k} \sigma_{i^2}}{\sigma_{t^2}} \right) \tag{1}$$

k:观测变量数。

σ_{i^2}:每个观测变量被试观测分数的方差之和。

① Bagozzi R P & Yi Y. On the evaluation of structural equation models. Journal of the Academy of Marketing Science, 1988, 16(1): 74-94.

② Nunnally J. Psychometric theory, New York:McGraw-Hill, 1978.

③ 吴统雄. 电话调查:理论与方法. 台北:台湾联经出版事业公司,1984.

$\sigma_{\scriptscriptstyle T}^2$：所有被试观测总分的方差。

复相关平方（Squared Multiple Correlation，SMC）常常用来估计单个观察变量的信度，这是 Cronbach α 所无法解决的。一般来讲，只要 SMC 的 t 检验值高于 1.96 即具有统计显著性，就可以接受[①]，Bagozzi 和 Yi[②]认为 SMC 应该大于 0.5 才可以接受。

潜在变量的综合信度（Composite Reliability，CR）用于评价一组潜在建构指标之间（Latent Construct Indicators）一致性的程度，即该组指标分享该潜在变量的程度，其计算如公式 2 所示。综合信度同样属于内部一致性指标，CR 值越高，表示指标之间高度关联，则研究者有相当的信心认为在此测量中单个指标之间更具有一致性，一些学者建议 CR 值应大于 0.6[③]。

$$CR = \frac{(\sum \lambda)^2}{(\sum \lambda)^2 + \sum (\theta)} \tag{2}$$

λ：观测变量在潜变量上的标准化载荷。

θ：观测变量的测量误差。

潜在变量的平均方差抽取量（Average Variance Extracted，AVE），用于计算潜在变量的各观察变量对该潜在变量的方差解释力，计算如公式 3 所示。AVE 值越高，表示潜在变量有越高的信度与收敛效度，AVE 值应大于 0.5。[④]

$$AVE = \frac{\sum \lambda^2}{\sum \lambda^2 + \sum (\theta)} \tag{3}$$

λ：观测变量在潜变量上的标准化载荷。

θ：观测变量的测量误差。

① Bollen K A. A new incremental fit index for general structural equation models. Sociological Methods & Research, 1989, 17(3): 303-316.

② Bagozzi R P & Yi Y. On the evaluation of structural equation models. Journal of the Academy of Marketing Science, 1988, 16(1): 74-94.

③ Bagozzi R P & Yi Y. On the evaluation of structural equation models. Journal of the Academy of Marketing Science, 1988, 16(1): 74-94.

④ Bagozzi R P & Yi Y. On the evaluation of structural equation models. Journal of the Academy of Marketing Science, 1988, 16(1): 74-94.

三、效度检验

测量模型的效度分析包括对整体测量模型的效度检验、对潜在变量的区别效度检验和收敛效度检验。[①②]

测量模型的整体效度检验指测量模型与现实数据的整体拟合优度，可以借助 CFA 分析得出的 RMSEA、卡方/自由度、CFI、NNFI 等主要绝对和相对拟合指数验证和评价测量模型的整体建构效度。

区别效度的判定标准是每一个潜在变量的 AVE 值应大于该变量与其他各变量间相关系数的平方[③]，一旦某对变量之间的相关系数值大于这两个变量中任一变量 AVE 的平方根，就表示在该对变量中，某一变量的度量题项可能也是另一个变量的度量题项[④]。

收敛效度的检验可以通过计算 AVE 值和单个题项的因子载荷进行判定。AVE 高于 0.5，表示该变量具有可以接受的收敛效度。最后检验单个题项的效度，也就是观察变量所反映的因子，即潜在变量上的标准化负荷量，Hair 等[⑤]认为因子负荷量应大于 0.5 并且每个负荷量应具有统计显著性。

四、结构方程模型

本书采用结构方程模型（Structural Equation Model，SEM）作为主要研究方法。结构方程模型是一种基于统计分析技术的研究方法，用以处理复杂的多变量数据分析。结构方程模型有效整合了统计学中"因子分析"和"路径分析"这两大主流技术，在众多研究领域得到广泛应用。

相比一般的回归分析、路径分析等变量关系的传统统计分析方法，运用 SEM 分析方法，具有以下优点。

（1）能够同时处理多项因变量。

---

① Hair J, Anderson R, Tatham R, et al. Multivariate Data Analysis. 5th ed.Upper Saddle River, NJ: Prentice-Hall, 1998.

② 黄芳铭. 结构方程模式：理论与应用. 北京：中国税务出版社，2005.

③ Fornell C & Larcker D F. Evaluating structural equation models with unobservable variables and measurement error. Journal of Marketing Research, 1981, 18(1): 39-50.

④ Anderson J C & Gerbing D W. Structural equation modeling in practice : a review and recommended two-step approach. Psychological Bulletin, 1988, 103(3): 411-423.

⑤ Hair J, Anderson R, Tatham R, et al. Multivariate Data Analysis. 5th ed.Upper Saddle River, NJ: Prentice-Hall, 1998.

（2）允许各项自变量和因变量存在测量误差并且能够将这种误差考虑在内。

（3）同时计算测量模型和结构模型，因此，使用 SEM 分析方法能够得出更准确的与现实拟合更优的实证模型，而这是回归分析等传统分析方法所无法实现的。

结构方程模型是由潜变量和观测变量构成的因果关系模型，可以分为结构模型（Structure Model）和测量模型（Measurement Model）两个部分。结构模型用于描述潜变量之间的关系，测量模型用于描述观测变量与潜变量之间的关系。结构方程模型的测量模型和结构模型都可以用线性方程组的形式（公式 4 至公式 6）来表达，如下所示。

$$测量模型：x = \Lambda_x \xi + \delta \tag{4}$$

$$测量模型：y = \Lambda_y \eta + \varepsilon \tag{5}$$

$$结构模型：\eta = B \eta + \Gamma \xi + \zeta \tag{6}$$

结构方程模型的基本假设为：

（4）测量误差 ε、δ 的均值为零。

（5）解释残差 ζ 的均值为零。

（6）测量误差 ε、δ 与潜变量 η、ξ 之间不相关，ε 与 δ 之间不相关。

（7）解释残差 ζ 与外生潜变量 ξ 以及测量误差 ε、δ 之间不相关。

结构方程模型的检验主要分为整体模型、测量模型和结构模型的检验三个步骤。对于整体模型的检验，可以将拟合指标作为评价依据，如表 5-2 所示，拟合优度指标用于判断假设模型与实际度量数据的拟合情况，按照功能，海尔（Hair）等[1]将拟合优度指标分为三类：绝对拟合指标、相对拟合指标、简约拟合指标。本研究参照侯杰泰等[2]的建议，筛选了 7 项具体的指标作为模型整体拟合评价的标准。对于测量模型的检验，一是要分析各观测变量对相应潜变量载荷的显著性，二是要分析各潜变量的综合信度和平均方差抽取量。对于结构模型的检验，主要是考察潜变量之间路径系数的显著性。

---

① Hair J, Anderson R, Tatham R, et al. Multivariate Data Analysis. 5th ed. Upper Saddle River, NJ: Prentice-Hall, 1998.

② 侯杰泰，温忠麟，成子娟. 结构方程模型及其应用. 北京：教育科学出版社，2004.

表 5-2　结构方程模型主要拟合指标及其判断标准

指标类型	指标名称	符号	判断标准
绝对拟合指标	卡方值	x^2	越小越好
	近似均方根残差	RMSEA	0.01～0.1 是可以接受的区间范围[①]：低于 0.1 表示好的拟合；低于 0.05 表示非常好的拟合；低于 0.01 表示非常出色的拟合
相对指标	规范拟合指数	NFI	>0.9[②]
	非规范拟合指数	NNFI	>0.9[③]
	比较拟合指数	CFI	>0.9[④]
简约指标	简约拟合优度指数	PGFI	>0.5[⑤]
	卡方/自由度	x^2/df	2～5 是可以接受的区间范围[⑥]

第二节　变量定义与测量

一、变量定义

1. 前因变量

（1）外倾性。个体对关系的舒适感程度，倾向于群居、善于社交和自我决断。

（2）自我效能。人们对自身能否利用所拥有的技能去完成某项工作行为的自信程度以及人们关于自己是否有能力控制影响其生活的环境事件的信念。

---

① Steiger James H. Structural model evaluation and modification: an interval estimation approach. Multivariate Behavioral Research, 1990, 25(2): 173-180.

② Bentler P M & Bonett D G. Significance tests and goodness of fit in the analysis of covariance structure. Psychological Bulletin, 1980, 88(3): 588-606.

③ Bentler P M & Bonett D G. Significance tests and goodness of fit in the analysis of covariance structure. Psychological Bulletin, 1980, 88(3): 588-606.

④ Bentler P M. Comparative fit indexes in structural models. Psychological Bulletin, 1990, 107(2): 238-246.

⑤ Mulaik S A, James L R, Van Alstine J, Bennett N, Lind S & Stilwell C D. Evaluation of goodness-of-fit indices for structural equation models. Psychological Bulletin, 1989, 105(3): 430-445.

⑥ 侯杰泰，温忠麟，成子娟. 结构方程模型及其应用. 北京：教育科学出版社，2004.

（3）与家人关系。个体与其他家庭成员之间的关系。

（4）自主性。组织成员自我感觉能够独立地控制自己的工作，包括决定工作方法、工作程序、工作时间和地点以及付出多少努力等，反映了工作组织与个体之间的信任关系，可以影响工作满意度。

（5）发展机会。由组织所提供给个体的发展机会的程度。

（6）上司支持。上司提供支持性和灵活性的工作环境能够使组织成员在家庭和孩子方面花更多的时间，有更高的家庭绩效。

（7）同事支持。从同事那里得到的帮助可以提高家庭成员的孩子看护满意度、孩子身体健康和学校成绩。

（8）工作-家庭文化。组织对组织成员的家庭和家庭生活整体的支持和重视程度，包含三方面的内容，即管理支持、对职业发展的影响以及工作的时间要求。

2. 工作-家庭促进

个体在某一领域（工作/家庭）参与的程度将为其带来收益（如发展、情感、资本或效率），而这些收益又进一步改善其在另一领域（家庭/工作）的生活（工作）质量。

3. 后果变量

（1）心理健康。个体对自己心理状况的自我感觉。

（2）工作绩效。组织成员履行工作职责的行为和完成工作的表现及其结果。

（3）工作满意度。个体有关工作的积极或消极情感的程度。

（4）组织承诺。个体与组织之间的心理契约。

（5）家庭绩效。家庭成员履行家庭职责的行为和完成家庭工作的表现及其结果。

（6）家庭满意度。个体有关家庭的积极或消极情感的程度。

（7）积极行为。可以促进组织功能正常发挥，并能导致个体和组织效能提高的组织成员的组织行为。

（8）退缩行为。组织成员在组织中的一种消极表现，如缺席、聊天、白日梦、过于关注个人事务、迟到早退等。

（9）团队凝聚力。组织内成员为了追求共同的组织目标与任务达成的紧密结合在一起的动态过程。

（10）领导-成员交换关系。领导由于资源和精力有限，会对下属区别对待，从而就有"圈内人"和"圈外人"之分，"圈内"组织成员往往能够得到领导更多的信任、帮助以及获得更多的组织资源。同时，正是因为领导会以不同的方式对待下属，下属也会因此做出不同的回馈，于是领导和下属之间会发展出不同类型的关系。

二、变量测量

本研究中使用的量表均来自以往经典研究文献。为了保证一些西方量表在中国背景下的测量有效性，有多位管理学专业博士对量表并行地进行了互译[①]，对某些条目进行了一定的删减、修订。整份问卷均采用利克特五点量表法。1 表示极不符合，2 表示不符合，3 表示中立，4 表示符合，5 表示非常符合。具体如下。

1. 前因变量的测量

（1）外倾性

外倾性测量参考科斯塔（Costa）等[②]开发的量表，包含五个题项，具体题项如"我喜欢我遇见过的大多数人""我很喜欢与别人交流"，该量表的 Cronbach α 为 0.793。量表项目及其来源见表 5-3。

表 5-3 外倾性（EXT）的测量量表

编号	项目内容	来源
EXT1	我喜欢我遇见过的大多数人	
EXT2	我常常感到精力旺盛	
EXT3	我是一个快乐的人	Costa 等，1991
EXT4	我很喜欢与别人交流	
EXT5	我是一个十分活跃的人	
该量表的 Cronbach α 为 0.793		

---

① Brislin R W. The wording and translation of research instruments. in Lonner W J & Berry J W（eds.），Field Methods in Cross-cultural Research. Thousand Oaks,CA US: Sage Publications, Inc., 1986: 137-164.

② Costa P T, Mccrae R R & Dye D A. Facet scales for agreeableness and conscientiousness: A revision of the NEO personality inventory. Personality & Individual Differences, 1991, 12(9): 887-898.

（2）自我效能

自我效能测量参考陈（Chen）等[1]开发的量表，量表包含三个题项，具体题目包括："我相信自己有能力创造性地解决问题""我有进一步开发别人观点的天分"等，该量表的 Cronbach α 为 0.770。量表项目及其来源见表 5-4。

表 5-4 自我效能（SE）的测量量表

编号	项目内容	来源
SE1	我相信自己有能力创造性地解决问题	
SE2	我觉得自己擅长提出新颖的点子	Chen 等，2001
SE3	我有进一步开发别人新鲜观点的天分	
该量表的 Cronbach α 为 0.770		

（3）与家人关系

与家人的关系的量表参考 Carlson 等[2]的研究成果，包含三个题项，具体题目如："我非常重视我与家人之间的关系""我知道当我需要帮助的时候我能依靠我的家人"等，该量表测得的 Cronbach α 值为 0.760。量表项目及其来源见表 5-5。

表 5-5 与家人关系（FR）的测量量表

编号	项目内容	来源
FR1	我非常重视我与家人之间的关系	
FR2	我知道当我需要帮助的时候我能依靠我的家人	Carlson 等，2006
FR3	我和我的家人相处得很好	
该量表的 Cronbach α 为 0.760		

（4）自主性

自主性的量表由斯普雷策（Spreitzer）[3]发展而成，包含三个题项，具体题目如："在工作中我有很大的自主权来决定怎么来完成工作"等，该量表测得的 Cronbach α 值为 0.820。量表项目及其来源见表 5-6。

---

[1] Chen G, Gully S M & Eden D. Self-efficacy and general self-efficacy scale.Organizational Research Method, 2001, 4(1): 62-83.

[2] Carlson D S, Kacmar K M, Wayne J H & Grzywacz J G. Measuring the positive side of the work-family interface: development and validation of a work-family enrichment scale. Journal of Vocational Behavior, 2006, 68(1): 131-164.

[3] Spreitzer G M. Psychological, empowerment in the workplace: dimensions, measurement and validation. Academy of Management Journal, 1995, 38(5): 1442-1465.

表 5-6 自主性（AUT）的测量量表

编号	项目内容	来源
AUT1 AUT2 AUT3	在工作中我有很大的自主权来决定怎样完成工作 我可以自己决定如何完成我的工作 在如何处理我的工作上，我有相当大的独立性和自由度	Spreitzer，1995
该量表的 Cronbach α 为 0.820		

（5）发展机会

发展机会量表由 Wayne、肖尔（Shore）和利登（Liden）[1]提出，包含四个题项，具体题目如："在当前岗位上，我经常会获得一些有助于个人发展和提高新技能的工作""除正式的培训机会外，上司会通过提供具有挑战性的工作来帮助我培养能力"等，该量表测得的 Cronbach α 值为 0.730。量表项目及其来源见表 5-7。

表 5-7 发展机会（DE）的测量量表

编号	项目内容	来源
DE1	在当前岗位上，我经常会被分配额外的、具有挑战性的工作	Wayne 等，1997
DE2	在当前岗位上，我经常会获得一些有助于个人发展和提高新技能的工作	
DE3	除正式的培训机会外，上司会通过提供具有挑战性的工作来帮助我培养能力	
DE4	不管组织的培训和发展政策如何，我的上司都会通过提供正式的培训和发展机会来对我进行人力资本投资	
该量表的 Cronbach α 为 0.730		

（6）上司支持

上司支持维度的量表来源于 Greenhaus 等[2]的研究成果，该量表原来包含

---

① Wayne S J & Liden R C. Perceived organizational support and leader-member exchange: a social exchange perspective. Academy of Management Journal, 1997, 40(1): 82-111.

② Greenhaus J H & Wormley W M. Effects of race on organizational experience, job performance evaluations, and career outcomes. Academy of Management Journal, 1990, 33(33): 64-86.

九个题项，我们选择其中四个题项，具体题目如："我的上司会对我如何完成工作提供意见与建议""我的上司花费时间来了解我的职业目标和期望"，该量表测得的 Cronbach α 值为 0.801。量表项目及其来源见表 5-8。

表 5-8 上司支持（SS）的测量量表

编号	项目内容	来源
SS1	我的上司会对我如何完成工作提供意见与建议	Greenhaus 等 （1990），笔者改编
SS2	我的上司能够对我的工作绩效提供有效的反馈	
SS3	我的上司给我提供能够发展我新技能的工作任务	
SS4	我的上司能够花费时间来了解我的职业目标和期望	
该量表的 Cronbach α 为 0.801		

（7）同事支持

同事支持的量表参考 Carlson 等[1]的研究成果，包含三个题项，具体题目如："我的同事为我提供他们的专业意见和建议""我的同事与我分享他们的工作经验"等，该量表测得的 Cronbach α 值为 0.735。量表项目及其来源见表 5-9。

表 5-9 同事支持（MS）的测量量表

编号	项目内容	来源
MS1	我的同事为我提供他们在专业方面的意见和建议	Carlson 等，2006
MS2	我的同事与我分享他们的工作经验	
MS3	我的同事帮助我了解企业的文化和潜规则	
该量表的 Cronbach α 为 0.735		

（8）工作-家庭文化

测量工作-家庭文化所使用的量表来源于 Thompson 等[2]的工作-家庭

① Carlson D S, Kacmar K M, Wayne J H & Grzywacz J G. Measuring the positive side of the work-family interface: development and validation of a work-family enrichment scale. Journal of Vocational Behavior, 2006, 68(1)：131-164.

② Thompson C A, Beauvais L L & Lyness K S. When work-family benefits are not enough: the influence of work-family culture on benefit utilization, organizational attachment, and work-family conflict . Journal of Vocational Behavior, 1999, 54(3)：392-415.

文化量表。该量表原来包含 20 个题项，我们剔除了全部反向问题，最终选择其中的九个题项，具体题目如："在组织中组织成员可以很容易地平衡工作和家庭生活""发生冲突时，即使组织成员把家庭放在首位，管理者也很理解"，该量表测得的 Cronbach α 值为 0.850。量表项目及其来源见表 5-10。

表 5-10　工作-家庭文化（CUL）的测量量表

编号	项目内容	来源
CUL1	在组织中成员可以很容易地平衡工作和家庭生活	
CUL2	发生冲突时，即使组织成员把家庭放在首位，管理者也很理解	
CUL3	在这个组织中大家经常讨论家庭问题	
CUL4	高层管理者会鼓励基层管理人员关心组织成员的家庭和私人问题	
CUL5	总体而言，管理者会尽量考虑到家庭相关的需要	Thompson 等，1999
CUL6	中层管理者和高层管理者均支持组织成员负担起照顾孩子的责任	
CUL7	组织支持成员由于家庭原因而愿意换到岗位要求较低的工作岗位上	
CUL8	中层管理者和高层管理者均支持组织成员负担起照顾老人的责任	
CUL9	组织鼓励成员保持工作和家庭平衡	
该量表的 Cronbach α 为 0.850		

2. 工作-家庭促进的测量

本研究借鉴 Voydanoff[1]以及 Carlson 等[2]的研究成果，工作-家庭促进量表包含十个题项。其中 WF 的具体题目如"在工作中所做的事帮助我处理了在家的个人和实际问题""工作中获得的知识技巧使我在家里做事时也很有效"，此维度测得的 Cronbach α 值为 0.818；FW 的具体题目如："我在家交谈可以帮助我处理工作上的问题""我在家得到的爱和尊重让我在工作中更自信"，此维度测得的 Cronbach α 值为 0.838。工作-家庭促进量表整体 Cronbach α 值为 0.887。量表项目及其来源见表 5-11。

---

[1] Voydanoff P. Social integration, work-family conflict and facilitation, and job and marital quality. Journal of Marriage and Family, 2005, 67(3): 666-679.

[2] Carlson D S, Kacmar K M, Wayne J H & Grzywacz J G. Measuring the positive side of the work-family interface: development and validation of a work-family enrichment scale. Journal of Vocational Behavior, 2006, 68(1): 131-164.

表 5-11　工作-家庭促进（WF／FW）的测量量表

编号	项目内容	来源
WF1	工作中培养的善解人意的作风帮助我处理了在家庭中的个人和实际问题	Raymond 等，2005；Carlson 等，2006
WF2	在工作中获得的知识和技巧使我在家里做事时也很有效	
WF3	在工作中所做的事使我在家成为一个受欢迎的人	
WF4	我的工作让我感到幸福并使我成为更好的家庭成员	
WF5	我的工作给我带来成就感并使我成为更好的家庭成员	
FW1	我的家庭帮助我获得更多的知识和技能并使我成为更好的组织成员	
FW2	我在家交谈可以帮助我处理工作上的问题	
FW3	我在家得到的爱和尊重让我在工作中更自信	
FW4	我的家庭生活可以帮助我放松心情为第二天的工作做好准备	
FW5	我的家庭保证我更加专注工作并使我成为更好的组织成员	
该量表的 Cronbach α 为 0.887		

3. 后果变量的测量

（1）心理健康

心理健康采用《生活质量综合评定问卷-74》[①]中测量心理功能中正性情感和负性情感的题目。《生活质量综合评定问卷-74》由李凌江、郝伟和杨德森等[②]开发，负性情感测量的题目如"近一周来，您经常觉得忧郁吗"；正性情感测量的题目如"最近一周，您觉得生活轻松愉快吗"。该量表测得的 Cronbach α 值为 0.770。量表项目及其来源见表 5-12。

表 5-12　心理健康（HLT）的测量量表

编号	项目内容	来源
HLT1	近一周来，您经常觉得忧郁吗	汪向东等，1999；李凌江等，1995
HLT2	近一周来，您经常觉得焦虑吗	
HLT3	近一周来，您是否觉得情绪易波动	
HLT4	近一周来，您是否心情平淡，对喜怒哀乐没有什么情绪反应，觉得无所谓	
HLT5	最近一周，您对生活是否充满希望与信心，觉得很有意义、有价值	
HLT6	最近一周，您觉得生活轻松愉快吗	
该量表的 Cronbach α 为 0.770		

---

① 汪向东，王希林，马弘. 心理卫生评定量表手册. 中国心理卫生杂志（增刊），1999：88-100.

② 李凌江，郝伟，杨德森，等. 社区人群生活质量研究——Ⅲ生活质量问卷(QOLI)的编制. 中国心理卫生杂志，1995，9(5)：227-231.

（2）工作绩效

本研究参考威廉姆斯（Williams）等[1]的工作绩效量表，量表包含五个题项，具体题目如："我充分履行了我的职责""我完成了组织期望我做的工作"，此维度测得的 Cronbach α 值为 0.834。量表项目及其来源见表 5-13。

表 5-13　工作绩效（WP）的测量量表

编号	项目内容	来源
WP1	我充分履行了我的职责	
WP2	我完成了组织对我工作职责的明文规定	
WP3	我完成了组织期望我做的工作	Williams 等，1991
WP4	我达到了工作规定的要求	
WP5	我积极参与直接影响组织绩效评价的活动	
该量表的 Cronbach α 为 0.834		

（3）工作满意度

本研究参考布雷菲尔德（Brayfield）等[2]的工作满意度量表，量表包含五个题项，具体题目如："我对我目前的工作非常满意""我发现自己真的很享受工作"，该量表的 Cronbach α 值为 0.767。量表项目及其来源见表 5-14。

表 5-14　工作满意度（JS）的测量量表

编号	项目内容	来源
JS1	我对我目前的工作非常满意	
JS2	大多时候我对工作充满热情	
JS3	每天的工作总是做也做不完	Brayfield 等，1951
JS4	我发现自己真的很享受工作	
JS5	我的工作并不是那么有趣	
该量表的 Cronbach α 为 0.767		

（4）组织承诺

组织承诺的量表参考马斯登（Marsden）、克拉伯格（Kalleberg）和库克

① Williams L J & Anderson S E. Job satisfaction and organizational commitment as predictors of organizational citizenship and in-role behaviors. Journal of Management, 1991, 17(3): 601-617.

② Brayfield A H & Rothe H F. An index of job satisfaction. Journal of Applied Psychology, 1951, 35(5): 307-311.

（Cook）[①]的研究成果，该量表描述了所有的组织承诺类型，原始量表有六道题目，我们选择其中五个题项，具体题目如："我愿意为了组织获得成功而努力工作""我发现我的价值观同组织的价值观非常相似"等，该量表测得的 Cronbach α 值为 0.822。量表项目及其来源见表 5-15。

表 5-15　组织承诺（OC）的测量量表

编号	项目内容	来源
OC1	我愿意为了组织获得成功而努力工作	Marsden 等，1993
OC2	为了组织我可以持续不断地干各种工作	
OC3	我发现我的价值观同组织的价值观非常相似	
OC4	我为能在这个组织工作而感到自豪	
OC5	为了继续留在这个组织，我可以放弃其他高薪工作	
该量表的 Cronbach α 为 0.822		

（5）家庭绩效

对于家庭绩效的衡量我们参照 Frone 等[②]的做法，根据 Williams 等[③]对角色内行为绩效的测量改编，量表包含五个题项，具体题目如"我充分承担了我的家庭责任""我完成了家庭成员期望我做的事情"等，家庭绩效量表测得的 Cronbach α 值为 0.815。量表项目及其来源见表 5-16。

表 5-16　家庭绩效（FP）的测量量表

编号	项目内容	来源
FP1	我充分承担了我的家庭责任	Williams 等，1991
FP2	我完成了家庭成员约定的我应该承担的那部分家庭职责	
FP3	我完成了家庭成员期望我做的事情	
FP4	我对家庭所做的贡献得到了家庭成员的认可	
FP5	我会想办法让家庭成员认可我对家庭所做的贡献	
该量表的 Cronbach α 为 0.815		

① Marsden P V, Kalleberg A L & Cook C R. Gender differences in organizational commitment influences of work positions and family roles. Work and Occupations, 1993, 20(3): 368-390.

② Frone M R, Yardley J K & Markel K S. Developing and testing an integrative model of the work-family interface. Journal of Vocational Behavior, 1997, 50(2): 145-167.

③ Williams L J & Anderson S E. Job satisfaction and organizational commitment as predictors of organizational citizenship and in-role behaviors. Journal of Management, 1991, 17(3): 601-617.

（6）家庭满意度

对家庭满意度测量使用扎布里奇（Zabriskie）和麦考密克（McCormick）[1]根据迪纳（Diener）、埃蒙斯（Emmons）、拉森（Larsen）和格里芬（Griffin）[2]的生活满意度量表（SWLS）改编而成的家庭满意度量表（SWFL），共包含五个题项，具体题目如："我的家庭状态非常好""即使重新选择家庭，我也不会改变任何事情"，该量表的信度为 0.839。量表项目及其来源见表 5-17。

表 5-17 家庭满意度（FS）的测量量表

编号	项目内容	来源
FS1	我的家庭与我的理想在很多方面都很接近	
FS2	我的家庭状态非常好	Zabriskie 等，
FS3	我对我的家庭很满意	2003；Diener
FS4	到目前为止我已经拥有了想要从家庭中得到的	等，1985
FS5	即使重新选择家庭，我也不会改变任何事情	
该量表的 Cronbach α 为 0.839		

（7）积极行为

对积极行为的测量，本研究借鉴雷曼（Lehman）和辛普森（Simpson）[3]开发的研究量表，共包含五个题项，具体题目如："我会尽力思考能将工作干得更好的方法""我会同上司磋商如何改进工作状况"，组织成员积极行为的信度为 0.730。量表项目及其来源见表 5-18。

表 5-18 积极行为（PB）的测量量表

编号	项目内容	来源
PB1	我实际做的事比要求的多	
PB2	我会自觉主动地超时工作	
PB3	我会尝试着改变工作环境	Lehman 等，1992
PB4	我会同上司磋商如何改进工作状况	
PB5	我会尽力思考能将工作干得更好的方法	
该量表的 Cronbach α 为 0.730		

[1] Zabriskie R B & Mccormick B P. Parent and child perspectives of family leisure involvement and satisfaction with family life. Journal of Leisure Research, 2003, 35(2): 163-189.

[2] Diener E D, Emmons R A, Larsen R J & Griffin S. The satisfaction with life scale. Journal of Personality Assessment, 1985, 49(1): 71-75.

[3] Lehman W E & Simpson D D. Employee substance use and on-the-job behaviors. Journal of Applied Psychology, 1992, 77(3): 309-321.

（8）退缩行为

对于退缩行为的测量，本研究同样借鉴 Lehman 和 Simpson[①]的研究量表，共包含五个题项，具体题目如："我会因为某些原因脱离工作状态""我有缺席的想法"，组织成员退缩行为的信度为 0.815。量表项目及其来源见表 5-19。

表 5-19　退缩行为（NB）的测量量表

编号	项目内容	来源
NB1	我有缺席的想法	
NB2	我会在工作时间与同事就跟工作无关的话题闲聊	
NB3	我会因为某些原因脱离工作状态	Lehman 等，1992
NB4	我会在工作时间思考与工作无关的事情	
NB5	我投入工作的精力比应有的少	
该量表的 Cronbach α 为 0.815		

（9）团队凝聚力

对于团队凝聚力的测量，本研究借鉴亨利（Henry）等[②]开发的研究量表，共包含八个题项，具体题目如："我所在的组织气氛和谐、成员之间彼此信赖""我所在的团队成员需齐心协力才能完成团队目标"，团队凝聚力量表的信度为 0.807。量表项目及其来源见表 5-20。

表 5-20　团队凝聚力（TC）的测量量表

编号	项目内容	来源
TC1	我所在的组织气氛和谐、成员之间彼此信赖	
TC2	沟通与交流是为了更好地工作	
TC3	组织内部组织成员的竞争关系高于合作关系	
TC4	我所在的部门成员需齐心协力才能完成团队目标	
TC5	当我对别人提起自己是这个组织的一员时我会觉得很骄傲	Henry 等，1999
TC6	我所在的组织成员都热爱集体并且敬业	
TC7	我将组织的目标作为自己的工作目标	
TC8	组织成员都在为实现目标而努力	
该量表的 Cronbach α 为 0.807		

① Lehman W E & Simpson D D. Employee substance use and on-the-job behaviors. Journal of Applied Psychology, 1992, 77(3): 309-321.

② Henry K B, Arrow H & Carini B. A tripartite model of group identification: Theory and measurement. Small Group Research, 1999, 30(5): 558-581.

（10）领导-成员交换关系

对于领导成员交换关系的测量，本研究借鉴乌尔宾（Uhl-Bien）和格雷恩（Graen）[1]的研究量表，共包含七个题项，具体题目如："我的直接主管了解我的问题和需求""我的直接主管会运用他/她的权利帮助我解决工作中的难题"，该量表的信度为 0.823。量表项目及其来源见表 5-21。

表 5-21　领导-成员交换关系（LR）的测量量表

编号	项目内容	来源
LR1	我的直接主管了解我的问题和需求	
LR2	我的直接主管知道我的潜力	
LR3	我与直接主管的工作关系是实实在在的	
LR4	我通常知道在什么情况下可以赢得主管的好感	
LR5	我的直接主管对我有足够的信心，他/她在我不在场的情况下会维护我的决定	Graen 等，1992
LR6	我可以依靠我的直接主管帮助我脱离困境、走出麻烦，在我需要的时候他/她会不遗余力	
LR7	我的直接主管会运用他/她的权力帮助我解决工作中的难题	
该量表的 Cronbach α 为 0.823		

第三节　预测试

为了检验被试着能否准确理解量表题项以及问卷的用词是否适应中国国情，在正式调查之前对量表进行预测试。预测试量表见附录一。在预测试过程中请被试着标出所有不认识、不理解、表达含糊的字、词或句，把反映加以累计后，将难以理解的字、词和句替换成简易的能够理解的。

预测试样本选择的是天津地区各类组织成员。测试是由研究者本人及其团队成员现场发放问卷，并就相关疑问做出现场解释。最后，一共获得有效问卷 388 份。

一、样本描述性统计

预测试回收的样本分布如表 5-22 所示，基本特征描述如下。

（1）男性样本有 211 份，占 54.4%；女性样本有 177 份，占 45.6%，分

---

① Uhl-Bien M & Graen G B. Self-management and team-making in cross-functional work teams: discovering the keys to becoming an integrated team. Journal of High Technology Management Research, 1992, 3(2): 225-241.

布基本均衡。

（2）在年龄分布方面，30 岁以下以及 31～40 岁的受访者占总样本的 66.8%，超过一半的比例，这也基本反映了当前组织的成员年龄结构。

（3）教育背景方面，本科以及研究生学历的受访者占总样本的 63.4%，基本反映了当前组织的人才结构，同时比较高学历的受访者也能够准确地理解和回答本问卷的问题，从而确保问卷数据的质量。

（4）受访者的职位分布为：一般成员和基层管理人员为主，占总样本的 91.8%。

（5）在受访者的工作年龄方面，接近 80% 的受访者的工作年龄在 4 年以上，能够比较好地反映和了解工作与家庭之间的关系。

（6）57% 的受访者来自 500 人以下的中小型组织，另有 24.4% 以及 18.6% 的受访者来自 500～3000 人以及 3000 人以上的较大型组织，这基本与当前的中国组织规模分布相吻合。

（7）在每周工作时间、月收入以及配偶工作状态方面，受访者的分布情况基本与当前的中国组织成员工作现状相吻合，比如基本都是每天 8 小时工作、每周 5 天工作日，收入为 2000～6000 元为主，基本都是双职工家庭。

（8）在婚姻状态方面，因为本研究主要探讨工作-家庭间的前因以及结果，因此样本也主要以已经独立成家的已婚人群为主，这一比例占 82.5%。

总体来讲，预测试的 388 份样本分布基本合理，能够比较准确地回答并据此反映出组织成员的普遍工作-家庭促进状态。

表 5-22　预测试样本描述性统计

项目	子科目	频数	百分比	有效百分比	累计百分比
性别	男	211	54.4	54.4	54.4
	女	177	45.6	45.6	100.0
	小计	388	100.0	100.0	－
年龄	30 岁以下	115	29.6	29.6	29.6
	31～40	144	37.1	37.1	66.8
	41～50	88	22.7	22.7	89.4
	51～60	36	9.3	9.3	98.7
	60 岁以上	5	1.3	1.3	100.0
	小计	388	100.0	100.0	－
教育背景	高中及以下	74	19.1	19.1	19.1
	本科	179	46.1	46.1	65.2
	专科	68	17.5	17.5	82.7
	研究生	67	17.3	17.3	100.0
	小计	388	100.0	100.0	－

项目	子科目	频数	百分比	有效百分比	累计百分比
职位	一般人员	212	54.6	54.6	54.6
	基层管理人员	144	37.1	37.1	91.8
	中层管理人员	29	7.5	7.5	99.2
	高层管理人员	3	0.8	0.8	100.0
	小计	388	100.0	100.0	—
工作年限	1 年以下	14	3.6	3.6	3.6
	1~3 年	69	17.8	17.8	21.4
	4~6 年	90	23.2	23.2	44.6
	7~10 年	69	17.8	17.8	62.4
	10 年以上	146	37.6	37.6	100.0
	小计	388	100.0	100.0	—
企业规模	500 人以下	221	57.0	57.0	57.0
	501~3000 人	95	24.4	24.4	81.4
	3001 人以上	72	18.6	18.6	100
	小计	388	100.0	100.0	—
工作时间	10 小时以下	28	7.2	7.2	7.2
	11~40 小时	86	22.2	22.2	29.4
	41~50 小时	175	45.1	45.1	74.5
	51~60 小时	79	20.4	20.4	94.8
	60 小时以上	20	5.2	5.2	100.0
	小计	388	100.0	100.0	—
月收入	少于 2000	56	14.4	14.5	14.5
	2001~4000	146	37.6	37.7	52.2
	4001~6000	103	26.5	26.6	78.8
	6001~8000	58	14.9	15.0	93.8
	8000 以上	24	6.2	6.2	100.0
	小计	387	99.7	100.0	—
家庭责任	0~20%	46	11.9	11.9	11.9
	21%~40%	103	26.5	26.5	38.4
	41%~60%	159	41.0	41.0	79.4
	61%~80%	57	14.7	14.7	94.1
	81%~100%	23	5.9	5.9	100.0
	小计	388	100.0	100.0	—
婚姻	已婚	320	82.5	82.5	82.5
	单身	68	17.5	17.5	100.0
	小计	388	100.0	100.0	—
配偶工作状态	不参加工作	20	5.2	6.3	6.3
	兼职工作	26	6.7	8.1	14.4
	全职工作	274	70.6	85.6	100.0

二、内在一致性信度（Cronbach α）

利用 SPSS 15.0 软件运行了 Cronbach α 系数检验，同时根据以下两项原则删除了不合理的问项：①复相关平方系数（SMC）小于 0.5[1]；②删除该问项后，Cronbach α 显著增加[2]。共计删除以下两项问项（表 5-26、表 5-40 中阴影部分所示）。

（1）心理健康中的第 4 题（HLT4）："近一周来，您是否心情平淡，对喜怒哀乐没有什么情绪反应，觉得无所谓"。

（2）家庭满意度的第 5 题（FS5）："即使重新选择家庭，我也不会改变任何事情"。

分析其原因，我们认为这可能是该问题表达的意思有些不清晰，使得不同受访者对该问题的理解不同所导致，为了保证模型分析的质量，我们将这两项问题剔除。

为了更直接地显示各变量的 Cronbach α 系数，我们将各变量的系数值汇总在表 5-23 中。

各变量的 Cronbach α 系数检验如下述各表（表 5-23 至表 5-43）所示，可以看出各变量的 Cronbach α 一般都在 0.7 以上。根据 Nunnally[3]、吴统雄[4]等学者建议的信度标准，Cronbach α 值至少要大于 0.5，且最好能大于 0.7，可以看出，经过上述删减步骤之后的各变量的 Cronbach α 均高于建议的一般标准，显示了本研究开发的测量量表具有很高的内在一致性信度。经过上述修正的测量量表也是我们在正式调研中所采用的测量量表。

表 5-23 各变量的 Cronbach α 系数（修正后）

变量	Cronbach α
自我效能	0.770
外倾性	0.793
心理健康	0.687
发展机会	0.819
自主性	0.817

---

[1] Bagozzi R P & Yi Y. On the evaluation of structural equation models. Journal of the Academy of Marketing Science, 1988, 16(1): 74-94.

[2] Yoo B & Donthu N. Developing and validating a multidimensional consumer-based brand equity scale. Journal of Business Research, 2001, 52(1): 1-14.

[3] Nunnally J. Psychometric Theory, New York: McGraw-Hill, 1978.

[4] 吴统雄. 电话调查：理论与方法. 台北：台湾联经出版事业公司，1984.

续表

变量	Cronbach α
上司支持	0.801
同事支持	0.735
工作-家庭文化	0.824
工作满意度	0.720
工作绩效	0.834
组织承诺	0.749
积极行为	0.753
退缩行为	0.826
团队凝聚力	0.800
领导-成员交换关系	0.738
与家人关系	0.733
家庭满意度	0.848
家庭绩效	0.815
工作促进家庭	0.818
家庭促进工作	0.818

表 5-24　自我效能的 Cronbach α 检验

	Scale Mean if Item Deleted	Scale Variance if Item Deleted	Corrected Item-Total Correlation	Squared Multiple Correlation	Cronbach's Alpha if Item Deleted
SE1	7.0825	2.763	0.645	0.448	0.645
SE2	7.1881	2.675	0.655	0.458	0.631
SE3	7.1985	3.012	0.516	0.267	0.785
Cronbach：0.770					

表 5-25　外倾性的 Cronbach α 检验

	Scale Mean if Item Deleted	Scale Variance if Item Deleted	Corrected Item-Total Correlation	Squared Multiple Correlation	Cronbach's Alpha if Item Deleted
EXT1	14.5670	8.747	0.382	0.185	0.810
EXT2	14.6392	7.270	0.668	0.450	0.721
EXT3	14.4639	7.629	0.623	0.459	0.737
EXT4	14.4639	7.262	0.706	0.537	0.709
EXT5	14.6495	8.135	0.496	0.288	0.777
Cronbach：0.793					

表 5-26　心理健康的 Cronbach α 检验

	Scale Mean if Item Deleted	Scale Variance if Item Deleted	Corrected Item-Total Correlation	Squared Multiple Correlation	Cronbach's Alpha if Item Deleted
HLT1	16.5361	0.509	0.443	0.413	0.509
HLT2	16.4536	0.354	0.513	0.484	0.354
HLT3	16.4407	0.345	0.483	0.490	0.345
HLT4	16.5335	-0.114	0.250	0.687	-0.114
HLT5	16.0412	0.446	0.467	0.449	0.446
HLT6	16.0232	0.367	0.415	0.483	0.367
删除 HLT4 前的 Cronbach：0.557；删除后的 Cronbach：0.687					

注：题项 1～3 做了反向处理。

表 5-27　发展机会的 Cronbach α 检验

	Scale Mean if Item Deleted	Scale Variance if Item Deleted	Corrected Item-Total Correlation	Squared Multiple Correlation	Cronbach's Alpha if Item Deleted
DE1	10.3428	6.086	0.476	0.301	0.844
DE2	10.3273	5.135	0.756	0.575	0.717
DE3	10.4046	5.270	0.705	0.552	0.741
DE4	10.5851	5.267	0.640	0.492	0.772
Cronbach α: 0.819					

表 5-28　自主性的 Cronbach α 检验

	Scale Mean if Item Deleted	Scale Variance if Item Deleted	Corrected Item-Total Correlation	Squared Multiple Correlation	Cronbach's Alpha if Item Deleted
AUT1	7.1005	2.680	0.701	0.524	0.717
AUT2	7.0541	2.687	0.717	0.538	0.701
AUT3	7.1134	2.845	0.596	0.356	0.825
Cronbach α: 0.817					

表 5-29　上司支持的 Cronbach α 检验

	Scale Mean if Item Deleted	Scale Variance if Item Deleted	Corrected Item-Total Correlation	Squared Multiple Correlation	Cronbach's Alpha if Item Deleted
SS1	10.4536	5.148	0.568	0.362	0.772
SS2	10.4897	4.679	0.677	0.463	0.720
SS3	10.5309	4.766	0.657	0.432	0.730
SS4	10.6649	4.807	0.561	0.344	0.779
Cronbach：0.801					

表 5-30　同事支持的 Cronbach α 检验

	Scale Mean if Item Deleted	Scale Variance if Item Deleted	Corrected Item-Total Correlation	Squared Multiple Correlation	Cronbach's Alpha if Item Deleted
MS1	7.1856	2.265	0.569	0.338	0.637
MS2	7.1804	2.174	0.608	0.374	0.589
MS3	7.1959	2.515	0.503	0.256	0.712
Cronbach：0.735					

表 5-31　工作-家庭文化的 Cronbach α 检验

	Scale Mean if Item Deleted	Scale Variance if Item Deleted	Corrected Item-Total Correlation	Squared Multiple Correlation	Cronbach's Alpha if Item Deleted
CUL1	28.2552	21.312	0.533	0.349	0.805
CUL2	28.3582	21.445	0.482	0.316	0.811
CUL3	28.3943	21.175	0.522	0.390	0.806
CUL4	28.3144	20.919	0.578	0.446	0.800
CUL5	28.3041	20.905	0.575	0.392	0.800
CUL6	28.2990	20.670	0.624	0.439	0.794
CUL7	28.4948	21.780	0.457	0.262	0.814
CUL8	28.2526	21.548	0.536	0.405	0.805
CUL9	28.1521	22.078	0.425	0.306	0.817
Cronbach：0.824					

表 5-32 工作满意度的 Cronbach α 检验

	Scale Mean if Item Deleted	Scale Variance if Item Deleted	Corrected Item-Total Correlation	Squared Multiple Correlation	Cronbach's Alpha if Item Deleted
JS1	7.1933	2.575	0.530	0.330	0.644
JS2	7.2216	2.447	0.632	0.407	0.523
JS3	7.3326	2.473	0.502	0.369	0.675
JS4	7.4356	2.577	0.469	0.238	0.723
Cronbach：0.720					

表 5-33 工作绩效的 Cronbach α 检验

	Scale Mean if Item Deleted	Scale Variance if Item Deleted	Corrected Item-Total Correlation	Squared Multiple Correlation	Cronbach's Alpha if Item Deleted
WP1	15.3119	6.934	0.648	0.476	0.797
WP2	15.3119	6.629	0.655	0.468	0.795
WP3	15.3067	6.503	0.750	0.578	0.767
WP4	15.2964	7.026	0.661	0.467	0.794
WP5	15.4330	7.595	0.468	0.242	0.845
Cronbach's alpha：0.834					

表 5-34 组织承诺的 Cronbach α 检验

	Scale Mean if Item Deleted	Scale Variance if Item Deleted	Corrected Item-Total Correlation	Squared Multiple Correlation	Cronbach's Alpha if Item Deleted
OC1	13.3892	9.194	0.454	0.272	0.726
OC2	13.6443	7.992	0.591	0.396	0.676
OC3	13.7268	8.426	0.594	0.373	0.679
OC4	13.6134	7.752	0.579	0.359	0.680
OC5	14.0593	8.702	0.382	0.208	0.758
Cronbach：0.749					

表 5-35　积极行为的 Cronbach α 检验

	Scale Mean if Item Deleted	Scale Variance if Item Deleted	Corrected Item-Total Correlation	Squared Multiple Correlation	Cronbach's Alpha if Item Deleted
PB1	14.6469	6.844	0.433	0.227	0.740
PB2	14.7758	6.071	0.580	0.372	0.685
PB3	14.8325	6.832	0.485	0.268	0.720
PB4	14.7758	6.531	0.568	0.355	0.691
PB5	14.6804	6.709	0.533	0.304	0.704
Cronbach：0.753					

表 5-36　退缩行为的 Cronbach α 检验

	Scale Mean if Item Deleted	Scale Variance if Item Deleted	Corrected Item-Total Correlation	Squared Multiple Correlation	Cronbach's Alpha if Item Deleted
NB1	12.7912	9.881	0.583	0.354	0.803
NB2	12.6443	10.524	0.578	0.406	0.804
NB3	12.7088	9.179	0.754	0.569	0.752
NB4	12.6572	10.097	0.660	0.470	0.782
NB5	12.9407	9.978	0.550	0.349	0.814
Cronbach：0.826					

表 5-37　团队凝聚力的 Cronbach α 检验

	Scale Mean if Item Deleted	Scale Variance if Item Deleted	Corrected Item-Total Correlation	Squared Multiple Correlation	Cronbach's Alpha if Item Deleted
TC1	22.0515	12.240	0.508	0.276	0.780
TC2	21.7784	13.511	0.324	0.160	0.812
TC4	21.9588	12.469	0.536	0.300	0.774
TC5	21.9510	12.403	0.576	0.348	0.767
TC6	22.1753	11.819	0.662	0.527	0.751
TC7	22.1392	11.975	0.605	0.479	0.761
TC8	22.1675	12.347	0.533	0.395	0.774
Cronbach：0.800					

表 5-38　领导-成员交换关系的 Cronbach α 检验

	Scale Mean if Item Deleted	Scale Variance if Item Deleted	Corrected Item-Total Correlation	Squared Multiple Correlation	Cronbach's Alpha if Item Deleted
LR1	20.8454	11.366	0.549	0.391	0.685
LR2	20.8582	11.254	0.531	0.390	0.688
LR3	20.7500	11.707	0.490	0.285	0.699
LR4	20.9923	12.230	0.294	0.203	0.744
LR5	20.9253	11.491	0.459	0.274	0.704
LR6	20.9691	11.348	0.474	0.452	0.701
LR7	20.9639	11.632	0.390	0.427	0.722
Cronbach：0.738					

表 5-39　与家人关系的 Cronbach α 检验

	Scale Mean if Item Deleted	Scale Variance if Item Deleted	Corrected Item-Total Correlation	Squared Multiple Correlation	Cronbach's Alpha if Item Deleted
FR1	7.9510	2.248	0.523	0.299	0.698
FR2	7.8660	2.478	0.641	0.412	0.560
FR3	7.8479	2.522	0.522	0.305	0.686
Cronbach：0.733					

表 5-40　家庭满意度的 Cronbach α 检验

	Scale Mean if Item Deleted	Scale Variance if Item Deleted	Corrected Item-Total Correlation	Squared Multiple Correlation	Cronbach's Alpha if Item Deleted
FS1	15.3995	7.651	0.652	0.570	0.775
FS2	15.3222	7.382	0.725	0.658	0.753
FS3	15.3015	7.467	0.708	0.545	0.758
FS4	15.3608	7.849	0.614	0.400	0.786
FS5	15.5026	8.773	0.392	0.214	0.848
删除 FS5 前的 **Cronbach：0.821**；删除后的 **Cronbach：0.848**					

表 5-41 家庭绩效的 Cronbach α 检验

	Scale Mean if Item Deleted	Scale Variance if Item Deleted	Corrected Item-Total Correlation	Squared Multiple Correlation	Cronbach's Alpha if Item Deleted
FP1	14.8531	7.785	0.512	0.313	0.807
FP2	14.8918	7.229	0.665	0.524	0.761
FP3	14.8454	7.051	0.739	0.570	0.739
FP4	14.7938	7.342	0.669	0.486	0.760
FP5	14.7088	7.990	0.459	0.293	0.822
Cronbach：0.815					

表 5-42 工作促进家庭的 Cronbach α 检验

	Scale Mean if Item Deleted	Scale Variance if Item Deleted	Corrected Item-Total Correlation	Squared Multiple Correlation	Cronbach's Alpha if Item Deleted
WF1	14.4820	7.920	0.543	0.373	0.802
WF2	14.5000	7.429	0.672	0.494	0.764
WF3	14.5232	7.418	0.661	0.463	0.767
WF4	14.5387	7.422	0.630	0.475	0.777
WF5	14.5335	7.862	0.546	0.403	0.801
Cronbach：0.818					

表 5-43 家庭促进工作的 Cronbach α 检验

	Scale Mean if Item Deleted	Scale Variance if Item Deleted	Corrected Item-Total Correlation	Squared Multiple Correlation	Cronbach's Alpha if Item Deleted
FW1	14.7371	8.174	0.506	0.317	0.813
FW2	14.7552	7.756	0.617	0.412	0.780
FW3	14.6572	7.719	0.650	0.532	0.770
FW4	14.6985	7.643	0.671	0.519	0.764
FW5	14.6985	7.989	0.609	0.381	0.783
Cronbach：0.818					

第四节　正式测试与分析

正式调查的数据来自北京、上海、天津、河北、黑龙江、吉林、辽宁、内蒙古、山东、广东、广西、海南、福建、江苏、浙江、湖南、河南、贵州、山西、陕西、宁夏等 19 个省市自治区和直辖市，样本涉及的行业包括制造业、建筑业及公共工程、运输及仓储、通信业、金融保险及服务业等多种行业。共发放问卷 2000 份，收回 1838 份，回收率为 91.9%，经过调查团队核查和项目组成员抽样检查，确定有效问卷 1795 份，有效率为 89.75%。正式测试量表见附录二。

一、样本描述性统计

正式调研的样本描述性统计，如表 5-44 所示。

（1）男性样本有 882 份，有效百分比占 49.2%；女性样本有 912 份，有效百分比占 50.8%，分布基本均衡。

（2）在年龄分布方面，30 岁以下以及 31～40 岁之间的受访者占总样本的 70.4%，超过一半的比例，这也基本反映了当前组织成员的年龄结构。

（3）教育背景方面，本科以及研究生学历的受访者占总样本的 62.5%，一方面基本反映了当前组织的人才结构，同时比较高学历的受访者也能够准确地理解和回答本问卷的问题，从而确保问卷数据的质量。

（4）受访者的职位分布为：一般成员和基层管理人员为主，占总样本的 87.7%。

（5）在受访者的工作年限方面，接近 70% 的受访者的工作年限在 4 年以上，能够比较好地反映和了解工作与家庭之间的关系。

（6）46.0% 的受访者来自 500 人以下的中小型组织，另有 33.1% 以及 20.9% 的受访者来自 500～3000 人以及 3000 人以上的较大型组织，这基本与当前的中国组织规模分布相吻合。

（7）在每周工作时间、月收入以及配偶工作状态方面，受访者的分布情况基本与当前的中国组织成员工作现状相吻合，比如基本都是每天 8 小时工作、每周 5 天工作日，收入为 2000～6000 元为主，基本都是双职工家庭。

（8）在婚姻状态方面，因为本研究主要探讨工作-家庭间的前因以及结果，因此样本也主要以已经独立成家的已婚人群为主，这一比例占 78.6%。

总体来讲，正式调研的 1795 份样本分布基本合理，能够比较准确的回答并据此反映出组织成员的普遍工作-家庭状态。

表 5-44　正式调研的样本描述性统计

项目	子科目	频数	百分比	有效百分比	累计百分比
性别	男	882	49.1	49.2	49.2
	女	912	50.8	50.8	100
	小计	1794	99.9	100.0	－
年龄	30 岁以下	635	35.4	35.4	35.4
	31～40 岁	627	34.9	35.0	70.4
	41～50 岁	377	21.0	21.0	91.4
	51～60 岁	131	7.3	7.3	98.7
	60 岁以上	23	1.3	1.3	100.0
	小计	1793	99.9	100.0	－
教育背景	高中及以下	234	13.0	13.1	13.1
	本科	886	49.4	49.5	62.5
	专科	438	24.4	24.5	87.0
	研究生	233	13.0	13.0	100.0
	小计	1791	99.8	100.0	－
职位	一般人员	1048	58.4	58.4	58.4
	基层管理人员	524	29.2	29.2	87.7
	中层管理人员	190	10.6	10.6	98.3
	高层管理人员	31	1.7	1.7	100.0
	小计	1793	99.9	100.0	－
工作年限	1 年以下	105	5.8	5.9	5.9
	1～3 年	390	21.7	21.8	27.7
	4～6 年	398	22.2	22.2	49.9
	7～10 年	229	12.8	12.8	62.7
	10 年以上	667	37.2	37.3	100.0
	小计	1789	99.7	100.0	－

项目	子科目	频数	百分比	有效百分比	累计百分比
企业规模	500 人以下	822	45.8	46.0	46.0
	501～3000 人	590	32.9	33.1	79.1
	3001 人以上	374	20.8	20.9	100.0
	小计	1786	99.5	100.0	–
工作时间	10 小时以下	145	8.1	8.1	8.1
	11～40 小时	350	19.5	19.5	27.6
	41～50 小时	722	40.2	40.3	67.9
	51～60 小时	375	20.9	20.9	88.8
	60 小时以上	200	11.1	11.2	100.0
	小计	1792	99.8	100.0	–
月收入	少于 2000	219	12.2	12.2	12.2
	2001～4000	718	40.0	40.0	52.3
	4001～6000	436	24.3	24.3	76.6
	6001～8000	214	11.9	11.9	88.5
	8000 以上	206	11.5	11.5	100.0
	小计	1793	99.9	100.0	–
家庭责任	0～20%	307	17.1	17.2	17.2
	21%～40%	434	24.2	24.2	41.4
	41%～60%	605	33.7	33.8	75.2
	61%～80%	299	16.7	16.7	91.9
	81%～100%	144	8.0	8.1	100.0
	小计	1789	99.7	100.0	–
婚姻	已婚	1408	78.4	78.6	78.6
	单身	383	21.3	21.4	100.0
	小计	1791	99.7	100.0	–
配偶工作状态	不参加工作	84	4.7	6.0	6.0
	兼职工作	108	6.0	7.7	13.7
	全职工作	1214	67.7	86.3	100.0
	小计	1406	78.3	100.0	–

二、变量描述性统计分析

我们使用 SPSS 软件提供的正态分布检验工具，计算出了所有观测变量的偏度和峰度系数，如附录三所示。当峰度和偏度的绝对值越接近于 0，表示该变量的分布越接近正态分布，学者克莱恩（Kline）[①]认为，当偏度绝对值小于 3，峰度绝对值小于 10 时，即可视为正态分布。此外，侯杰泰等[②]在总结多位学者的研究后指出，在多数情况下，就算变量不是正态分布，ML 估计仍然是合适的，即 ML 估计是稳健的。从附录三中可以看出，本研究各观测变量的偏度和峰度系数均在 0 附近，并未表现出过高的统计值，可以认为各观测变量是呈现近似正态分布的，不会影响 ML 估计的稳健性。

三、模型检验

1. 模型 1：工作-家庭促进和家庭-工作促进的个人影响因素

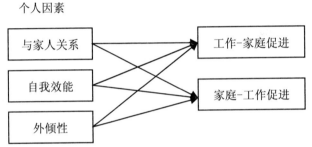

图 5-1　工作-家庭促进和家庭-工作促进的个人影响因素（模型 1）

（1）信度、效度检验

检验步骤：①通过计算出每个变量的 Cronbach 系数，评估其内在一致性信度；②利用 CFA 分析，借助拟合优度、标准化因子载荷和 AVE 等指标检验各变量的收敛效度；③通过 AVE 平方根与变量间相关系数的比较，评估各变量的判别效度。

进行既定测量模型的初始 CFA 分析，剔除了 SMC 过小的 $EXT1$ "我喜欢我遇见过的大多数人"（0.23）和 $EXT2$ "我常常感到精力旺盛"（0.35）。剔除后的检验结果如图 5-2 和表 5-45 所示。

① Kline R B. Principles and practice of structural equation modeling. New York: Guilford Press, 1998

② 侯杰泰，温忠麟，成子娟. 结构方程模型及其应用. 北京：教育科学出版社，2004.

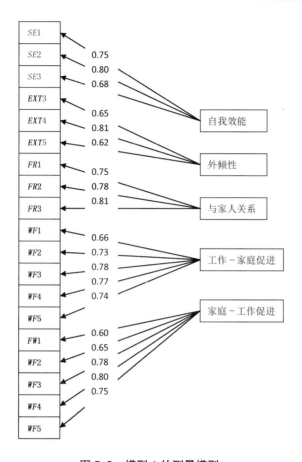

图 5-2 模型 1 的测量模型

1）测量模型整体拟合良好：*RMSEA*：0.064；*NFI*：0.96；*NNFI*：0.96；*CFI*：0.96；*IFI*：0.96；*RFI*：0.95；*SRMR*：0.048；*GFI*：0.92；*AGFI*：0.90，均高于建议的标准。

2）在信度检验方面。

a. 各变量的内部一致性信度指数 α 介于 0.73 与 0.86 之间，远高于Nunnally[1]所建议的 α 大于 0.5 的信度标准，表明测量模型的内部一致性良好。

b. 各变量的 *CR* 值介于 0.74 与 0.86 之间，高于 Bagozzi and Yi[2]建议的高

① Nunnally J. Psychometric theory. New York:McGraw-Hill, 1978.

② Bagozzi R P & Yi Y. On the evaluation of structural equation models. Journal of the Academy of Marketing Science, 1988, 16(1): 74-94.

于 0.6 的标准，显示了该测量模型具有良好的综合信度。

c. 除外倾性之外（0.49，接近于 0.5 的标准），各变量的 *AVE* 值高于 0.50[①]，表明各观测变量对潜变量具有较高的方差解释力，由此显示测量模型具有良好的信度和收敛效度。

表 5-45　测量模型的 CFA 分析结果

因子名称	标准化载荷	*t* 值	测量误差	*SMC*	*CR*	*AVE*	*α*
自我效能	–	–	–	–	0.78	0.54	0.78
*SE*1	0.75	33.42	0.43	0.57	–	–	–
*SE*2	0.80	35.58	0.37	0.63	–	–	–
*SE*3	0.65	28.10	0.57	0.43	–	–	–
外倾性	–	–	–	–	0.74	0.49	0.73
*EXT*3	0.65	26.64	0.58	0.42	–	–	–
*EXT*4	0.81	33.55	0.34	0.66	–	–	–
*EXT*5	0.62	25.34	0.62	0.38	–	–	–
与家人关系	–	–	–	–	0.83	0.61	0.82
*FR*1	0.75	34.38	0.43	0.57	–	–	–
*FR*2	0.78	36.01	0.39	0.61	–	–	–
*FR*3	0.81	37.76	0.34	0.66	–	–	–
工作-家庭促进	–	–	–	–	0.86	0.55	0.86
*WF*1	0.66	29.99	0.56	0.44	–	–	–
*WF*2	0.73	33.87	0.47	0.53	–	–	–
*WF*3	0.78	37.40	0.39	0.61	–	–	–
*WF*4	0.77	36.97	0.40	0.6	–	–	–
*WF*5	0.74	34.72	0.45	0.55	–	–	–
家庭-工作促进	–	–	–	–	0.84	0.52	0.84
*FW*1	0.60	26.45	0.64	0.36	–	–	–
*FW*2	0.65	29.22	0.58	0.42	–	–	–
*FW*3	0.78	37.38	0.39	0.61	–	–	–
*FW*4	0.80	38.87	0.35	0.65	–	–	–
*FW*5	0.75	35.06	0.44	0.56	–	–	–

Chi-Square/*D.F.*：1636.18/194；*RMSEA*：0.064；*NFI*：0.96；*NNFI*：0.96；*CFI*：0.96；*IFI*：0.96；*RFI*：0.95；*SRMR*：0.048；*GFI*：0.92；*AGFI*：0.90

① Bagozzi R P & Yi Y. On the evaluation of structural equation models. Journal of the Academy of Marketing Science, 1988, 16(1): 74-94.

3）在效度检验方面。

a. 对于收敛效度的检验，主要依据 *AVE* 值和观测变量的标准化因子载荷进行判定，从上表的数据中可以看出，各变量 *AVE* 值一般高于 0.5；同时，各观测变量的标准化载荷均具有统计显著性，由此显示了本研究的测量模型具有良好的收敛效度。

b. 对于判别效度的检验，本研究主要采纳"每一个潜在变量的 *AVE* 值平方根应大于该变量与其他各变量间相关系数"这一判定标准。[①]各潜在变量之间的相关系数以及 *AVE* 值的平方根值如下表 5-46 所示，可以看出，所有潜变量的 *AVE* 平方根均大于潜变量之间的相关系数，由此显示测量模型具有足够的区别效度。

表 5-46　测量模型的判别效度检验

	SE	*EXT*	*FR*	*WF*	*FW*
SE	**0.73**		–	–	
EXT	0.49	**0.70**	–	–	–
FR	0.27	0.34	**0.78**	–	–
WF	0.33	0.34	0.39	**0.74**	–
FW	0.29	0.29	0.52	0.65	**0.72**

注：表格对角线为 *AVE* 平方根，对角线左下方为各变量间相关系数。

（2）结构模型检验

路径分析结果如图 5-3 和表 5-47 所示。

1）既定的路径模型拟合良好：*RMSEA*：0.070；*NFI*：0.95；*NNFI*：0.95；*CFI*：0.95；*IFI*：0.95；*RFI*：0.95；*SRMR*：0.08；*GFI*：0.91；*AGFI*：0.89。

2）各项因素均与工作-家庭促进和家庭-工作促进两项变量存在显著的正相关关系。原因可能是：

a. 自我效能对工作-家庭促进以及家庭-工作促进均产生了显著影响。自我效能感体现了组织成员对自我能力的一种良性认知，体现的是一种自信，当组织成员对自己具有较高自信的时候，在处理工作-家庭关系上往往也会更加游刃有余，本研究正是印证了这种显著影响关系的存在。

b. 外倾性对工作-家庭促进以及家庭-工作促进均产生了显著影响。外倾性是组织成员的个体心理活动的一种倾向。这类人的性格特点开朗活泼、兴

---

① Fornell C & Larcker D F. Evaluating structural equation models with unobservable variables and measurement error. Journal of Marketing Research, 1981, 18(1): 39-50.

趣广泛、感情易露、决策果断、独立性强、喜欢交际，他们往往会以更为乐观的态度来处理工作-家庭的关系，而且由于善于交际，在遇到问题的时候也更善于寻求相应的帮助，因此对于具有外倾性人格特质的组织成员，无论工作对于家庭的促进感知还是家庭对于工作的促进感知都更为强烈。

c. 与家人关系对工作-家庭促进以及家庭-工作促进均产生了显著影响。本研究中与家人关系主要是指组织成员与家人的亲密程度，是否可以获得家人的理解与支持。当组织成员与家人的关系更为密切的时候，家人给予他们的支持会帮助他们处理工作-家庭关系中的困难，从而体现工作与家庭的相互促进。

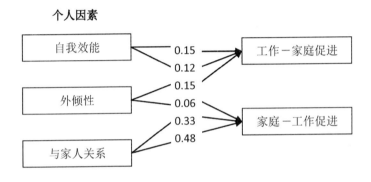

图 5-3　模型 1 的路径分析

表 5-47　模型 1 的路径分析

路径	路径系数	t 值	检验结果
SE->WF	0.15	3.84	支持
SE->FW	0.12	3.02	支持
EXT->WF	0.15	4.38	支持
EXT->FW	0.06	2.00	支持
FR->WF	0.33	10.21	支持
FR->FW	0.48	13.67	支持
Chi-Square/D.F.: 1892.90/195；*RMSEA*：0.070；*NFI*：0.95；*NNFI*：0.95；*CFI*：0.95；*IFI*：0.95；*RFI*：0.95；*SRMR*：0.08；*GFI*：0.91；*AGFI*：0.89			

2. 模型 2：工作-家庭促进和家庭-工作促进的组织影响因素

组织因素

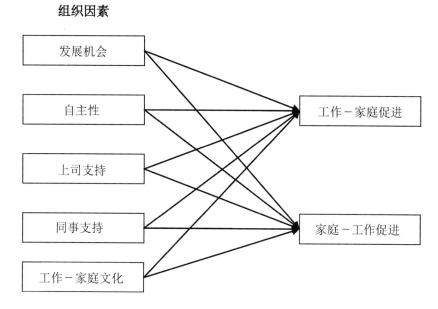

图 5-4　工作-家庭促进和家庭-工作促进的的组织影响因素（模型 2）

（1）信度、效度检验

检验步骤：①通过计算出每个变量的 Cronbach 系数，评估其内在一致性信度；②利用 CFA 分析，借助拟合优度、标准化因子载荷和 AVE 等指标检验各变量的收敛效度；③通过 AVE 平方根与变量间相关系数的比较，评估各变量的判别效度。

进行既定测量模型的初始 CFA 分析，剔除了 SMC 过小的 DE1 "在当前岗位上，我经常会被分配额外的、具有挑战性的工作"（0.30）、CUL1 "在组织中组织成员可以很容易平衡工作和家庭生活"（0.33）、CUL2 "发生冲突时，即使组织成员把家庭放在首位，管理者也很理解"（0.31）、CUL3 "在这个组织中大家经常讨论家庭问题"（0.31）。继续运行 CFA 程序，结果如图 5-5 和表 5-48 所示。

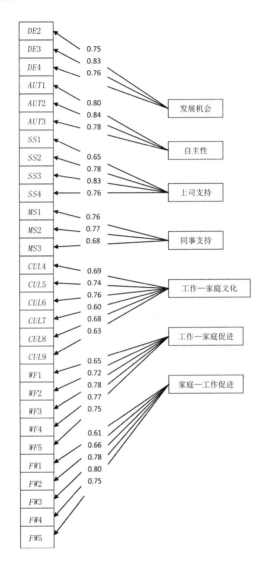

图 5-5　模型 2 的测量模型

1）测量模型整体拟合良好：*RMSEA*：0.056；*NFI*：0.96；*NNFI*：0.96；*CFI*：0.97；*IFI*：0.97；*RFI*：0.96；*SRMR*：0.042；*GFI*：0.92；*AGFI*：0.90，均高于建议的标准。

2）在信度检验方面

a. 各变量的内部一致性信度指数 α 介于 0.78 与 0.86 之间，远高于

Nunnally[1]所建议的 α 大于 0.5 的信度标准，表明测量模型的内部一致性良好。

b. 各变量的 CR 值介于 0.78 与 0.86 之间，高于 Bagozzi and Yi[2]建议的高于 0.6 的标准，显示了该测量模型具有良好的综合信度。

c. 除工作-家庭文化之外（0.47，接近于 0.5 的标准），各变量的 AVE 值高于 0.50[3]，表明各观测变量对潜变量具有较高的方差解释力，由此显示测量模型具有良好的信度和收敛效度。

表 5-48 测量模型的 CFA 分析结果

因子名称	标准化载荷	t 值	测量误差	SMC	CR	AVE	α
发展机会	–	–	–	–	0.82	0.61	0.82
$DE2$	0.75	34.78	0.44	0.56	–	–	–
$DE3$	0.83	39.83	0.31	0.69	–	–	–
$DE4$	0.76	35.06	0.43	0.57	–	–	–
自主性	–	–	–	–	0.85	0.65	0.85
$AUT1$	0.80	38.17	0.35	0.65	–	–	–
$AUT2$	0.84	40.17	0.30	0.7	–	–	–
$AUT3$	0.78	36.40	0.40	0.6	–	–	–
上司支持	–	–	–	–	0.84	0.57	0.84
$SS1$	0.65	29.34	0.57	0.43	–	–	–
$SS2$	0.78	37.38	0.39	0.61	–	–	–
$SS3$	0.83	40.63	0.32	0.68	–	–	–
$SS4$	0.76	35.87	0.43	0.57	–	–	–
同事支持	–	–	–	–	0.78	0.54	0.78
$MS1$	0.76	33.95	0.42	0.58	–	–	–
$MS2$	0.77	34.37	0.41	0.59	–	–	–
$MS3$	0.68	29.46	0.54	0.46	–	–	–
工作-家庭文化	–	–	–	–	0.84	0.47	0.84
$CUL4$	0.69	31.45	0.52	0.48	–	–	–
$CUL5$	0.74	34.02	0.46	0.54	–	–	–
$CUL6$	0.76	35.76	0.42	0.58	–	–	–

---

[1] Nunnally J. Psychometric Theory. New York:McGraw-Hill, 1978.

[2] Bagozzi R P & Yi Y. On the evaluation of structural equation models. Journal of the Academy of Marketing Science, 1988, 16(1): 74-94.

[3] Bagozzi R P & Yi Y. On the evaluation of structural equation models. Journal of the Academy of Marketing Science, 1988, 16(1): 74-94.

续表

因子名称	标准化载荷	t 值	测量误差	SMC	CR	AVE	α
CUL7	0.60	26.34	0.64	0.36	–	–	–
CUL8	0.68	30.69	0.54	0.46	–	–	–
CUL9	0.63	27.65	0.61	0.39	–	–	–
工作-家庭促进	–	–	–	–	0.86	0.54	0.86
WF1	0.65	29.34	0.57	0.43	–	–	–
WF2	0.72	33.54	0.48	0.52	–	–	–
WF3	0.78	37.10	0.40	0.6	–	–	–
WF4	0.77	37.64	0.39	0.61	–	–	–
WF5	0.75	35.45	0.44	0.56	–	–	–
家庭-工作促进	–	–	–	–	0.84	0.52	0.84
FW1	0.61	26.92	0.63	0.37	–	–	–
FW2	0.66	29.69	0.56	0.44	–	–	–
FW3	0.78	36.88	0.40	0.6	–	–	–
FW4	0.80	38.18	0.37	0.63	–	–	–
FW5	0.75	34.84	0.44	0.56	–	–	–
Chi-Square/D.F.: 2339.33/356; RMSEA: 0.056; NFI: 0.96; NNFI: 0.96; CFI: 0.97; IFI: 0.97; RFI: 0.96; SRMR: 0.042; GFI: 0.92; AGFI: 0.90							

3）在效度检验方面

a. 对于收敛效度的检验，主要依据 AVE 值和观测变量的标准化因子载荷进行判定，从上表的数据中可以看出，各变量 AVE 值一般高于 0.5；同时，各观测变量的标准化载荷均具有统计显著性，由此显示了本研究的测量模型具有良好的收敛效度。

b. 对于判别效度的检验，本研究主要采纳"每一个潜在变量的 AVE 值平方根应大于该变量与其他各变量间相关系数"这一判定标准。[①]各潜在变量之间的相关系数以及 AVE 值的平方根值如表 5-49 所示，可以看出，所有潜变量的 AVE 平方根均大于潜变量之间的相关系数，由此显示测量模型具有足够的区别效度。

---

① Fornell C & Larcker D F. Evaluating structural equation models with unobservable variables and measurement error. Journal of Marketing Research, 1981, 18(1): 39-50.

表 5-49　测量模型的判别效度检验

	DE	AUT	SS	MS	CUL	WF	FW
DE	0.78	–	–	–	–	–	–
AUT	0.50	0.81	–	–	–	–	–
SS	0.68	0.39	0.75	–	–	–	–
MS	0.49	0.35	0.69	0.73	–	–	–
CUL	0.44	0.31	0.46	0.43	0.69	–	–
WF	0.31	0.30	0.33	0.34	0.39	0.73	–
FW	0.17	0.19	0.22	0.29	0.29	0.65	0.72

注：表格对角线为 AVE 平方根，对角线左下方为各变量间相关系数。

（2）路径分析

路径分析结果如图 5-6 和表 5-50 所示。

1）既定的路径模型拟合良好：RMSEA：0.070；NFI：0.95；NNFI：0.95；CFI：0.95；IFI：0.95；RFI：0.95；SRMR：0.08；GFI：0.91；AGFI：0.89。

2）除发展机会、上司支持对工作-家庭促进和家庭-工作促进的影响效应不显著之外，其余各项因素均与工作-家庭促进和家庭-工作促进两项变量存在显著的正相关关系。原因可能是：

a. 发展机会对工作-家庭促进以及家庭-工作促进均未产生显著影响。本研究中的发展机会主要指组织成员感知的组织提供的培训以及其他职业发展机会，体现了组织对于组织成员个人职业发展的支持，是一种组织职业开发措施。该变量侧重于组织成员在职场中的职业发展动力和对组织的积极感知，与组织成员的家庭感知关系不大，因此对于工作-家庭关系的影响并没有达到显著程度。

b. 自主性与工作-家庭促进以及家庭-工作促进均产生了显著影响。自主性是指组织成员自我感觉能够独立地控制自己的工作，包括决定工作方法、工作程序、工作时间和地点以及付出多少努力等。当组织成员在工作中具有足够的自主性，其可以通过适当地调节与变更工作时间与方式来更好地处理家庭事务，因此对于工作-家庭的关系具有良性影响。

c. 上司支持对工作-家庭促进和家庭-工作促进的影响效应不显著，本研究的结论与以往研究有显著不同，这可能与本研究样本主要是来自生产性企业的一线工人有关，他们的直线管理者往往并没有足够的权利更改组织成员的工作时间与方式，因此当组织成员遇到家庭困难时，可以给予的支持往往较少，因此本研究中的受访者认为上司的支持对于工作-家庭关系的处理并没有显著帮助。

d. 同事支持对工作-家庭促进以及家庭-工作促进均产生了显著影响。相比上司支持，本研究发现同事支持往往能更有效地促进组织成员的工作-家庭关系，同事在工作时间上的顶替以及精神上的安慰可以有效帮助组织成员解决一些暂时的困难，因此同事支持对工作-家庭促进以及家庭-工作促进均具有较为显著的影响。

e. 工作-家庭文化对工作-家庭促进以及家庭-工作促进均产生了显著影响。本研究中的工作-家庭文化特指工作-家庭亲善文化，是指从组织上层营造一种创立和谐工作-家庭亲善关系的组织氛围。这种文化氛围会进一步影响到组织政策的制定，以及管理者处理组织成员家庭冲突时的态度与措施，因此工作-家庭文化可以显著地影响组织成员的工作-家庭促进感知。

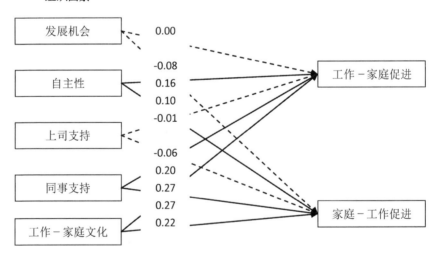

图 5-6　模型 2 的路径分析

注：虚线表示该路径系数不显著。

表 5-50 模型 2 的路径分析

路径	路径系数	t 值	检验结果
DE->WF	0.00	0.10	不支持
DE->FW	-0.08	-1.77	不支持
AUT->WF	0.16	5.00	支持
AUT->FW	0.10	3.15	支持
SS->WF	-0.01	-0.15	不支持
SS->FW	-0.06	-1.18	不支持
MS->WF	0.20	4.71	支持
MS->FW	0.27	5.93	支持
CUL->WF	0.27	8.53	支持
CUL->FW	0.22	6.66	支持
Chi-Square/D.F.: 2659.82/357; RMSEA: 0.060; NFI: 0.96; NNFI: 0.96; CFI: 0.96; IFI: 0.96; RFI: 0.95; SRMR: 0.077; GFI: 0.91; AGFI: 0.89			

3. 模型 3：工作-家庭促进和家庭-工作促进对个人的影响

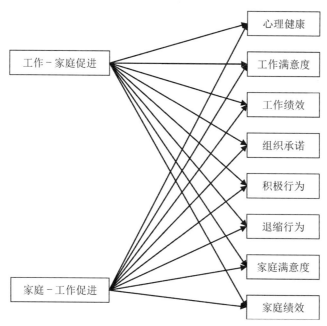

图 5-7 工作-家庭促进和家庭-工作促进的个人绩效（模型 3）

（1）信度、效度检验

检验步骤：①通过计算出每个变量的 Cronbach 系数，评估其内在一致性信度；②利用 *CFA* 分析，借助拟合优度、标准化因子载荷和 *AVE* 等指标检验各变量的收敛效度；③通过 *AVE* 平方根与变量间相关系数的比较，评估各变量的判别效度。

进行既定测量模型的初始 *CFA* 分析，剔除了 *SMC* 过小的 *HLT*5 "最近一周，您对生活是否充满希望与信心，觉得或者很有意义、有价值吗？"（0.03）、*HLT*6 "最近一周，您觉得生活轻松愉快吗？"（0.08）、*JS*4 "我发现自己真的很享受工作"（0.32）、"我会尝试着改变工作环境"（0.25）、*PB*4 "我会同上司磋商如何改进工作状况"（0.25）、*PB*5 "我会尽力思考能将工作干得更好的方法"（0.33）、*OC*5 "为了继续留在这个组织，我可以放弃其他高薪工作"（0.29）、*WP*5 "我积极参与直接影响组织绩效评价的活动"（0.27）。继续运行 *CFA* 程序，结果如表 5-51 和图 5-8 所示。

1）测量模型整体拟合良好：*RMSEA*：0.048；*NFI*：0.97；*NNFI*：0.97；*CFI*：0.97；*IFI*：0.97；*RFI*：0.96；*SRMR*：0.042；*GFI*：0.91；*AGFI*：0.89，均高于建议的标准。

2）在信度检验方面

a. 各变量的内部一致性信度指数 α 介于 0.65 与 0.86 之间，远高于 Nunnally[1] 所建议的 α 大于 0.5 的信度标准，表明测量模型的内部一致性良好。

b. 各变量的 *CR* 值介于 0.65 与 0.86 之间，高于 Bagozzi and Yi[2] 建议的高于 0.6 的标准，显示了该测量模型具有良好的综合信度。

c. 除积极行为之外（0.48，接近于 0.5 的标准），各变量的 *AVE* 值高于 0.50[3]，表明各观测变量对潜变量具有较高的方差解释力，由此显示测量模型具有良好的信度和收敛效度。

---

① Nunnally J. Psychometric Theory. New York:McGraw-Hill, 1978.

② Bagozzi R P & Yi Y. On the evaluation of structural equation models. Journal of the Academy of Marketing Science, 1988, 16(1): 74-94.

③ Bagozzi R P & Yi Y. On the evaluation of structural equation models. Journal of the Academy of Marketing Science, 1988, 16(1): 74-94.

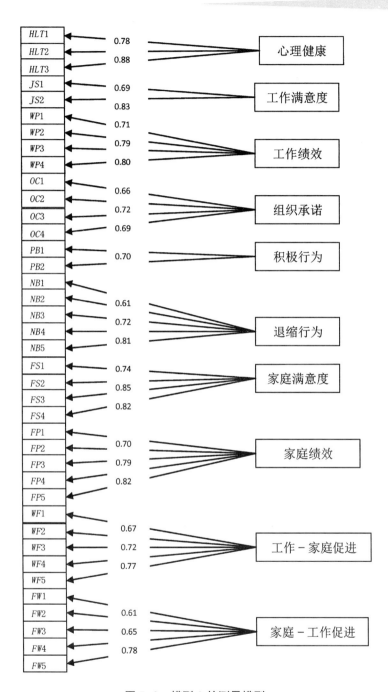

图 5-8　模型 3 的测量模型

表 5-51　测量模型的信度、效度检验表

因子名称	标准化载荷	t 值	测量误差	SMC	CR	AVE	α
心理健康	–	–	–	–	0.85	0.65	0.85
HLT1	0.78	36.53	0.39	0.61	–	–	–
HLT2	0.88	42.65	0.23	0.77	–	–	–
HLT3	0.76	35.69	0.42	0.58	–	–	–
工作满意度	–	–	–	–	0.74	0.59	0.73
JS1	0.69	28.12	0.52	0.48	–	–	–
JS2	0.83	33.32	0.30	0.7	–	–	–
工作绩效	–	–	–	–	0.85	0.58	0.85
WP1	0.71	32.50	0.50	0.5	–	–	–
WP2	0.79	38.06	0.37	0.63	–	–	–
WP3	0.80	38.38	0.36	0.64	–	–	–
WP4	0.74	34.75	0.45	0.55	–	–	–
组织承诺	–	–	–	–	0.79	0.48	0.79
OC1	0.66	28.71	0.57	0.43	–	–	–
OC2	0.72	32.16	0.49	0.51	–	–	–
OC3	0.69	30.38	0.53	0.47	–	–	–
OC4	0.72	32.50	0.48	0.52	–	–	–
积极行为	–	–	–	–	0.65	0.48	0.65
PB1	0.70	26.45	0.51	0.49	–	–	–
PB2	0.69	26.17	0.53	0.47	–	–	–
退缩行为	–	–	–	–	0.85	0.53	0.84
NB1	0.61	26.54	0.63	0.37	–	–	–
NB2	0.72	32.96	0.49	0.51	–	–	–
NB3	0.81	38.74	0.35	0.65	–	–	–
NB4	0.82	39.63	0.33	0.67	–	–	–
NB5	0.65	29.21	0.57	0.43	–	–	–
家庭满意度	–	–	–	–	0.86	0.60	0.85
FS1	0.74	34.57	0.46	0.54	–	–	–
FS2	0.85	42.03	0.29	0.71	–	–	–
FS3	0.82	40.15	0.33	0.67	–	–	–
FS4	0.69	31.40	0.53	0.47	–	–	–

续表

因子名称	标准化载荷	t 值	测量误差	SMC	CR	AVE	α
家庭绩效	–	–	–	–	0.86	0.56	0.86
FP1	0.70	32.51	0.51	0.49	–	–	–
FP2	0.79	38.32	0.38	0.62	–	–	–
FP3	0.82	40.86	0.32	0.68	–	–	–
FP4	0.79	38.49	0.37	0.63	–	–	–
FP5	0.63	28.28	0.60	0.4	–	–	–
工作-家庭促进	–	–	–	–	0.86	0.55	0.86
WF1	0.67	30.51	0.55	0.45	–	–	–
WF2	0.72	33.60	0.48	0.52	–	–	–
WF3	0.77	36.92	0.40	0.6	–	–	–
WF4	0.78	37.48	0.39	0.61	–	–	–
WF5	0.75	35.20	0.44	0.56	–	–	–
家庭-工作促进	–	–	–	–	0.84	0.52	0.84
FW1	0.61	26.91	0.63	0.37	–	–	–
FW2	0.65	29.26	0.58	0.42	–	–	–
FW3	0.78	36.99	0.40	0.6	–	–	–
FW4	0.80	38.66	0.36	0.64	–	–	–
FW5	0.75	35.26	0.44	0.56	–	–	–
Chi-Square/D.F.: 3427.92/657; RMSEA: 0.048; NFI: 0.97; NNFI: 0.97; CFI: 0.97; IFI: 0.97; RFI: 0.96; SRMR: 0.042; GFI: 0.91; AGFI: 0.89							

3）在效度检验方面

a. 对于收敛效度的检验，主要依据 AVE 值和观测变量的标准化因子载荷进行判定，从上表的数据中可以看出，各变量 AVE 值一般高于 0.5；同时，各观测变量的标准化载荷均具有统计显著性，由此显示了本研究的测量模型具有良好的收敛效度。

b. 对于判别效度的检验，本研究主要采纳"每一个潜在变量的 AVE 值平方根应大于该变量与其他各变量间相关系数"这一判定标准。[1]各潜在变量之间的相关系数以及 AVE 值的平方根值如下表 5-52 所示，可以看出，所有潜变量的 AVE 平方根均大于潜变量之间的相关系数，由此显示测量模型具

---

① Fornell C & Larcker D F. Evaluating structural equation models with unobservable variables and measurement error. Journal of Marketing Research, 1981, 18(1): 39-50.

有足够的区别效度。

表 5-52 测量模型的判别效度检验表

	HLT	JS	WP	OC	PB	NB	FS	FP	WF	FW
HLT	0.81	–	–	–	–	–	–	–	–	–
JS	0.29	0.77	–	–	–	–	–	–	–	–
WP	0.31	0.49	0.76	–	–	–	–	–	–	–
OC	0.25	0.61	0.54	0.69	–	–	–	–	–	–
PB	0.08	0.41	0.59	0.62	0.69	–	–	–	–	–
NB	-0.34	-0.16	-0.28	-0.26	-0.21	0.73	–	–	–	–
FS	0.29	0.33	0.42	0.43	0.31	-0.22	0.77	–	–	–
FP	0.24	0.30	0.40	0.34	0.31	-0.15	0.55	0.75	–	–
WF	0.22	0.47	0.38	0.50	0.32	-0.16	0.52	0.58	0.74	–
FW	0.32	0.37	0.39	0.45	0.28	-0.19	0.53	0.49	0.65	0.72

注：表格对角线为 AVE 平方根，对角线左下方为各变量间相关系数。

（2）路径分析

路径分析结果如下表 5-53 和图 5-9 所示。

1）既定的路径模型拟合良好：$RMSEA$：0.061；NFI：0.95；$NNFI$：0.96；CFI：0.96；IFI：0.96；RFI：0.95；$SRMR$：0.074；GFI：0.87；$AGFI$：0.85。

2）除工作-家庭促进对心理健康的影响效应不显著之外，工作-家庭促进和家庭-工作促进两项变量均与其余各项因素存在显著的相关关系。原因可能如下。

a. 工作-家庭促进以及家庭-工作促进对心理健康的影响效应不显著。当组织成员存在工作-家庭冲突的时候，会产生较高的心理压力，从长远的角度看可能会影响到组织成员的心理健康，但是这需要一个过程，本研究中受访者的年龄相对较轻，他们可能感知到精神上的不适，但是身体上的不良反应可能并不是很明显，而且心理健康本身也是一个较为复杂的现象，个人很难将工作-家庭关系产生的效应与其他效应分离开，因此研究并没有验证工作-家庭促进以及家庭-工作促进对心理健康的影响。

　　b. 工作-家庭促进以及家庭-工作促进对工作满意度的影响效应显著。当组织成员感知到工作和家庭是一种促进关系时，往往从家庭上会得到更大支持，投入到工作中没有后顾之忧，也更容易从工作中获得满足，因此工作-家庭促进以及家庭-工作促进可以提高组织成员的工作满意度。

　　c. 工作-家庭促进以及家庭-工作促进对工作绩效的影响效应显著。当组织成员感知到工作和家庭是一种促进关系时，家人的支持会让他们有更大的动力与干劲投入到工作中，因此在工作中往往展现出更高的绩效水平。

　　d. 工作-家庭促进以及家庭-工作促进对组织承诺的影响效应显著。当组织成员感知到工作和家庭是一种促进关系时，组织成员的工作满意度提高，在工作中会体会到更大的乐趣与成就感。因此会对组织有更为强烈的归属感，进而提高其对组织的忠诚度，减少离职的可能，组织承诺有显著提高。

　　e. 工作-家庭促进以及家庭-工作促进对积极行为的影响效应显著。积极行为主要是指组织成员超出其工作本职要求展现出的角色外行为，当组织成员感知到工作和家庭是一种促进关系时，他们对组织会更为信任，有更强的工作动机与长期服务的工作意愿，往往会展现出更多的积极行为。

　　f. 工作-家庭促进以及家庭-工作促进对退缩行为的抑制影响效应显著。工作退缩行为是指组织成员在工作场所中实施的意在远离组织的态度或行为，当组织成员感知到工作和家庭是一种促进关系的时候，对组织的信任度在加强，其工作的退缩行为也会随之减弱。

　　g. 工作-家庭促进以及家庭-工作促进对家庭满意度的影响效应显著。当组织成员感知到工作和家庭是一种促进关系的时候，他们会更相信工作中的成就与所得会给其家庭带来更为积极的影响。因此工作中的满足会进一步传递到其家庭生活中，使得其家庭关系更为和谐，满意度更高。

　　h. 工作-家庭促进以及家庭-工作促进对家庭绩效的影响效应显著。当组织成员感知到工作和家庭是一种促进关系的时候，意味着组织成员可以通过工作给予其家庭更好的物质保障和精神激励，因此也更能有效地完成家庭角色，工作-家庭促进以及家庭-工作促进会积极影响家庭绩效。

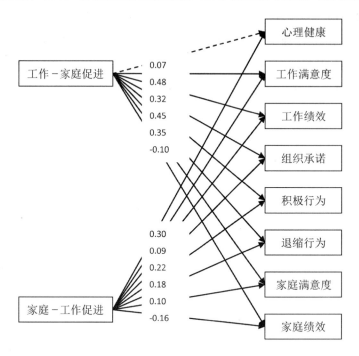

图 5-9　模型 3 的路径分析

注：虚线表示该路径系数不显著。

表 5-53　模型 3 的路径分析

路径	路径系数	t 值	检验结果
$WF\text{-}\!>\!HLT$	0.07	1.85	不支持
$WF\text{-}\!>\!JS$	0.48	11.29	支持
$WF\text{-}\!>\!WP$	0.32	8.69	支持
$WF\text{-}\!>\!OC$	0.45	11.52	支持
$WF\text{-}\!>\!PB$	0.35	7.59	支持
$WF\text{-}\!>\!NB$	-0.10	-2.44	支持
$WF\text{-}\!>\!FS$	0.35	10.17	支持
$WF\text{-}\!>\!FP$	0.47	13.26	支持
$FW\text{-}\!>\!HLT$	0.30	7.79	支持
$FW\text{-}\!>\!JS$	0.09	2.31	支持

续表

路径	路径系数	t 值	检验结果
FW->WP	0.22	6.07	支持
FW->OC	0.18	4.96	支持
FW->PB	0.10	2.17	支持
FW->NB	−0.16	−4.10	支持
FW->FS	0.33	9.51	支持
FW->FP	0.21	6.12	支持

Chi-Square/*D.F.*：5222.37/685；*RMSEA*：0.061；*NFI*：0.95；*NNFI*：0.96；*CFI*：0.96；*IFI*：0.96；*RFI*：0.95；*SRMR*：0.074；*GFI*：0.87；*AGFI*：0.85

4. 模型 4：工作-家庭促进和家庭-工作促进对组织的影响

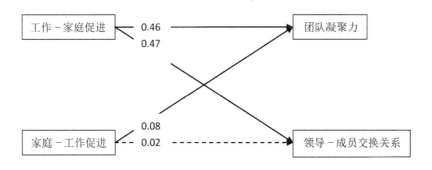

图 5-10 工作-家庭促进和家庭-工作促进的组织绩效（模型 4）

（1）信度、效度检验

检验步骤：①通过计算出每个变量的 Cronbach 系数，评估其内在一致性信度；②利用 *CFA* 分析，借助拟合优度、标准化因子载荷和 *AVE* 等指标检验各变量的收敛效度；③通过 *AVE* 平方根与变量间相关系数的比较，评估各变量的判别效度。

进行既定测量模型的初始 *CFA* 分析，剔除了 *SMC* 过小的 *TC1*"我所在的组织气氛和谐、成员之间彼此信赖"、*TC2*（0.17）"沟通与交流是为了更好地工作"（0.27）、*TC4*"我所在的部门成员需齐心协力才能完成组织或班子目标"（0.30）、*LR4*"我通常知道在什么情况下可以赢得主管的好感"（0.31）、*LR7*"我的直接主管会运用他/她的权力帮助我解决工作中的难题"（0.37）。

继续运行 *CFA* 程序，结果如表 5-54 和图 5-11 所示。

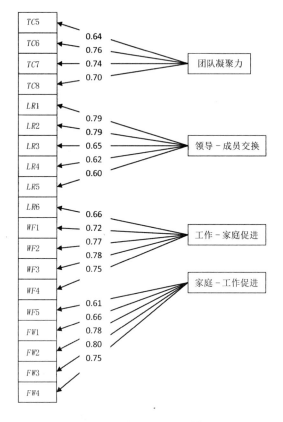

图 5-11　模型 4 的测量模型

1）测量模型整体拟合良好：*RMSEA*：0.074；*NFI*：0.96；*NNFI*：0.95；*CFI*：0.96；*IFI*：0.96；*RFI*：0.95；*SRMR*：0.050；*GFI*：0.91；*AGFI*：0.89，均高于建议的标准。

2）在信度检验方面

a. 各变量的内部一致性信度指数 α 介于 0.80 与 0.86 之间，远高于 Nunnally[①]所建议的 α 大于 0.5 的信度标准，表明测量模型的内部一致性良好。

b. 各变量的 CR 值介于 0.80 与 0.86 之间，高于 Bagozzi 和 Yi[②]建议的高

---

① Nunnally J. Psychometric Theory. New York:McGraw-Hill, 1978.

② Bagozzi R P & Yi Y. On the evaluation of structural equation models. Journal of the Academy of Marketing Science, 1988, 16(1): 74-94.

于 0.6 的标准，显示了该测量模型具有良好的综合信度。

c. 除领导-成员交换关系之外（0.49，接近于 0.5 的标准），各变量的 *AVE* 值高于 0.50[①]，表明各观测变量对潜变量具有较高的方差解释力，由此显示测量模型具有良好的信度和收敛效度。

表 5-54 测量模型的信度、效度检验

因子名称	标准化载荷	t 值	测量误差	SMC	CR	AVE	α
团队凝聚力	–	–	–	–	0.80	0.51	0.80
TC5	0.64	27.88	0.59	0.41	–	–	–
TC6	0.76	34.67	0.42	0.58	–	–	–
TC7	0.74	33.62	0.45	0.55	–	–	–
TC8	0.70	31.21	0.51	0.49	–	–	–
领导-成员交换关系	–	–	–	–	0.82	0.49	0.82
LR1	0.79	37.78	0.37	0.63	–	–	–
LR2	0.79	37.65	0.37	0.63	–	–	–
LR3	0.65	29.02	0.57	0.43	–	–	–
LR5	0.62	27.41	0.61	0.39	–	–	–
LR6	0.60	25.93	0.64	0.36	–	–	–
工作-家庭促进	–	–	–	–	0.86	0.55	0.86
WF1	0.65	29.46	0.57	0.43	–	–	–
WF2	0.72	33.48	0.48	0.52	–	–	–
WF3	0.77	37.05	0.40	0.6	–	–	–
WF4	0.78	37.60	0.39	0.61	–	–	–
WF5	0.75	35.53	0.43	0.57	–	–	–
家庭-工作促进	–	–	–	–	0.84	0.52	0.84
FW1	0.61	26.88	0.63	0.37	–	–	–
FW2	0.66	29.64	0.56	0.44	–	–	–
FW3	0.78	36.86	0.40	0.6	–	–	–
FW4	0.80	38.28	0.36	0.64	–	–	–
FW5	0.75	34.84	0.44	0.56	–	–	–
Chi-Square/*D.F.*: 1593.79/146; *RMSEA*: 0.074; *NFI*: 0.96; *NNFI*: 0.95; *CFI*: 0.96; *IFI*: 0.96; *RFI*: 0.95; *SRMR*: 0.050; *GFI*: 0.91; *AGFI*: 0.89							

---

① Bagozzi R P & Yi Y. On the evaluation of structural equation models. Journal of the Academy of Marketing Science, 1988, 16(1): 74-94.

3）在效度检验方面

a. 对于收敛效度的检验，主要依据 *AVE* 值和观测变量的标准化因子载荷进行判定，从上表的数据中可以看出，各变量 *AVE* 值一般高于 0.5；同时，各观测变量的标准化载荷均具有统计显著性，由此显示了本研究的测量模型具有良好的收敛效度。

b. 对于判别效度的检验，本研究主要采纳"每一个潜在变量的 *AVE* 值平方根应大于该变量与其他各变量间相关系数"这一判定标准[①]。各潜在变量之间的相关系数以及 *AVE* 值的平方根值如表 5-55 所示，可以看出，所有潜变量的 *AVE* 平方根均大于潜变量之间的相关系数，由此显示测量模型具有足够的区别效度。

表 5-55　测量模型的判别效度检验

	TC	*LR*	*WF*	*FW*
TC	0.71	–	–	–
LR	0.68	0.70	–	–
WF	0.47	0.45	0.74	–
FW	0.38	0.33	0.65	0.72

注：表格对角线为 *AVE* 平方根，对角线左下方为各变量间相关系数。

（2）路径分析

路径分析结果如表 5-56 所示。

1）既定的路径模型拟合良好：*RMSEA*：0.08；*NFI*：0.95；*NNFI*：0.94；CFI：0.95；IFI：0.95；RFI：0.94；SRMR：0.08；GFI：0.90；AGFI：0.87。

2）除家庭-工作促进对领导—成员交换关系的影响效应不显著之外，工作-家庭促进和家庭-工作促进两项变量均与其余各项因素存在显著的相关关系。原因可能如下。

a. 工作-家庭促进以及家庭-工作促进对团队凝聚力的影响效应显著，当工作家庭的关系展现出良性循环的时候，在组织内就会逐渐形成一种积极氛围，注重组织成员个人的家庭生活，而当每个人都积极地为建立家庭亲善文化氛围努力的时候，组织成员之间会更为理解与提供支持，团队内部建立起一种家庭式的和谐关系，其凝聚力也会随之加强。

---

① Fornell C & Larcker D F. Evaluating structural equation models with unobservable variables and measurement error. Journal of Marketing Research, 1981, 18(1): 39-50.

b. 工作-家庭促进显著影响领导-成员交换关系，而家庭-工作促进对领导-成员交换关系的影响效应不显著。当组织成员感知到工作可以促进家庭的满意度与绩效的时候，往往会将之归结为组织政策或者上司的支持，因此会有效地促进领导与成员之间的交换关系；但是反过来，组织成员感知到的家庭对于工作的促进，往往会归因于家庭成员的奉献与支持，与领导的关系不大，因此并不一定会增进领导与成员之间的交换关系。

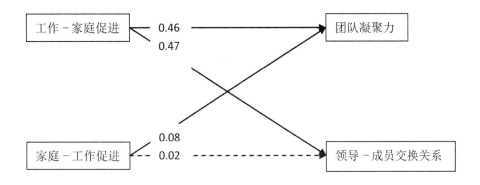

图 5-12　模型 4 的路径分析

注：虚线表示该路径系数不显著。

表 5-56　模型 4 的路径分析

路径	路径系数	t 值	检验结果
$WF\text{-}>TC$	0.46	11.49	支持
$WF\text{-}>LR$	0.47	12.35	支持
$FW\text{-}>TC$	0.08	2.01	支持
$FW\text{-}>LR$	0.02	0.62	不支持
Chi-Square/$D.F.$：1942.21/147；$RMSEA$：0.08；NFI：0.95；$NNFI$：0.94；CFI：0.95；IFI：0.95；RFI：0.94；$SRMR$：0.08；GFI：0.90；$AGFI$：0.87			

四、方差分析

1. 性别

如表 5-57 和表 5-58 所示，本书使用方差分析检验不同性别在各变量得分的差异，即将分类变量"性别"作为自变量，各变量分别作因变量。检验结果表明，不同性别样本在以下变量存在显著差异（表 5-58 阴影部分所示）。

（1）不同性别的样本在自我效能方面存在显著差异，进一步来讲，男性样本的自我效能显著高于女性样本。可能的原因是男性对于个人的能力更为自信。

（2）不同性别的样本在发展机会方面存在显著差异，进一步来讲，男性样本的发展机会显著高于女性样本，但差异并不是十分明显。可能的原因是男性组织成员在工作中获得的机会更多。

（3）不同性别的样本在同事支持方面存在显著差异，进一步来讲，男性样本的同事支持显著低于女性样本。可能的原因是女性更为看重关系，努力维持良好的人际关系，因此可能获得支持也更多。

（4）不同性别的样本在工作-家庭文化感知方面存在显著差异，进一步来讲，男性样本的工作-家庭文化感知显著低于女性样本。可能的原因是女性样本更为敏感，特别是当女性被赋予更多的家庭责任时，当组织有相关政策，女性组织成员更为关注。

（5）不同性别的样本在工作满意度方面存在显著差异，进一步来讲，男性样本的工作满意度显著高于女性样本。可能的原因是男性组织成员更看重工作获得的满足。

（6）不同性别的样本在团队凝聚力方面存在显著差异，进一步来讲，男性样本的团队凝聚力显著低于女性样本。可能的原因是女性组织成员更善于维系团队内的良好关系。

（7）不同性别的样本在与家人关系方面存在显著差异，进一步来讲，男性样本的与家人关系显著低于女性样本。可能的原因是男性组织成员花费更多的时间在工作上，女性则在家庭生活中投入更多。

（8）不同性别的样本在家庭满意度方面存在显著差异，进一步来讲，男性样本的家庭满意度显著低于女性样本。可能的原因是男性把更多的关注与经历投入到工作中。

（9）不同性别的样本在家庭绩效方面存在显著差异，进一步来讲，男性样本的家庭绩效显著低于女性样本。可能的原因是女性在家庭中承担更多的责任。

（10）不同性别的样本在家庭-工作促进关系方面存在显著差异，进一步来讲，男性样本显著低于女性样本。可能的原因是女性更为关注工作与家庭的关系，也更为看重工作与家庭之间的积极效应。

表 5-57　基于性别的各变量描述性统计值比较

项目名称	子科目	样本	均值	均方差	标准差	最小值	最大值
自我效能	男	882	3.5926	0.69831	0.02351	1.00	5.00
	女	912	3.4861	0.78017	0.02583	1.00	5.00
	小计	1794	3.5385	0.74276	0.01754	1.00	5.00
外倾性	男	882	3.5791	0.61411	0.02068	1.00	5.00
	女	912	3.5985	0.63932	0.02117	1.00	5.00
	小计	1794	3.5890	0.62696	0.01480	1.00	5.00
心理健康	男	882	3.3964	0.66839	0.02251	1.00	5.00
	女	912	3.3901	0.65847	0.02180	1.00	5.00
	小计	1794	3.3932	0.66319	0.01566	1.00	5.00
发展机会	男	882	3.2781	0.78208	0.02633	1.00	5.00
	女	912	3.2119	0.78821	0.02610	1.00	5.00
	小计	1794	3.2444	0.78568	0.01855	1.00	5.00
自主性	男	882	3.4603	0.85128	0.02866	1.00	5.00
	女	912	3.4280	0.81675	0.02705	1.00	5.00
	小计	1794	3.4439	0.83383	0.01969	1.00	5.00
上司支持	男	882	3.4348	0.77104	0.02596	1.00	5.00
	女	912	3.4041	0.76237	0.02524	1.00	5.00
	小计	1794	3.4192	0.76658	0.01810	1.00	5.00
同事支持	男	882	3.4773	0.73026	0.02459	1.00	5.00
	女	912	3.5442	0.70611	0.02338	1.00	5.00
	小计	1794	3.5113	0.71866	0.01697	1.00	5.00
工作-家庭文化	男	882	3.3209	0.63227	0.02129	1.11	5.00
	女	912	3.3773	0.59114	0.01957	1.33	5.00
	小计	1794	3.3496	0.61219	0.01445	1.11	5.00
工作满意度	男	882	3.5476	0.72350	0.02436	1.00	5.00
	女	912	3.4850	0.69744	0.02309	1.00	5.00
	小计	1794	3.5158	0.71086	0.01678	1.00	5.00
工作绩效	男	882	3.8050	0.60604	0.02041	1.00	5.00
	女	912	3.8272	0.62263	0.02062	1.60	5.00
	小计	1794	3.8163	0.61446	0.01451	1.00	5.00
组织承诺	男	882	3.5231	0.67019	0.02257	1.40	5.00
	女	912	3.5336	0.65799	0.02179	1.40	5.00
	小计	1794	3.5284	0.66385	0.01567	1.40	5.00

项目名称	子科目	样本	均值	均方差	标准差	最小值	最大值
积极行为	男	882	3.6651	0.57593	0.01939	1.80	5.00
	女	912	3.6307	0.57715	0.01911	1.80	5.00
	小计	1794	3.6476	0.57665	0.01361	1.80	5.00
退缩行为	男	882	2.9449	0.78690	0.02650	1.00	5.00
	女	912	2.9316	0.77398	0.02563	1.00	5.00
	小计	1794	2.9381	0.78017	0.01842	1.00	5.00
团队凝聚力	男	882	3.5914	0.57655	0.01941	1.57	5.00
	女	912	3.6513	0.55796	0.01848	1.71	5.00
	小计	1794	3.6218	0.56781	0.01341	1.57	5.00
领导-成员交换关系	男	882	3.5466	0.61524	0.02072	1.00	5.00
	女	912	3.5122	0.60752	0.02012	1.00	5.00
	小计	1794	3.5291	0.61140	0.01443	1.00	5.00
与家人关系	男	882	4.0862	0.71549	0.02409	1.00	5.00
	女	912	4.1795	0.70945	0.02349	1.00	5.00
	小计	1794	4.1336	0.71375	0.01685	1.00	5.00
家庭满意度	男	882	3.9269	0.70099	0.02360	1.00	5.00
	女	912	3.9899	0.71259	0.02360	1.50	5.00
	小计	1794	3.9589	0.70741	0.01670	1.00	5.00
家庭绩效	男	882	3.7678	0.69671	0.02346	1.60	5.00
	女	912	3.8482	0.67740	0.02243	1.60	5.00
	小计	1794	3.8087	0.68795	0.01624	1.60	5.00
工作促进家庭	男	882	3.6739	0.65466	0.02204	1.00	5.00
	女	912	3.7044	0.62770	0.02079	2.00	5.00
	小计	1794	3.6894	0.64110	0.01514	1.00	5.00
家庭促进工作	男	882	3.7796	0.64373	0.02168	1.40	5.00
	女	912	3.8555	0.61173	0.02026	1.80	5.00
	小计	1794	3.8182	0.62864	0.01484	1.40	5.00

表 5-58　基于性别的各变量方差分析结果

项目名称	子科目	总平方和	自由度	均值平方	F 值	显著性
自我效能	组织间	5.084	1	5.084	9.257	0.002
	组织中	984.096	1792	0.549		
	小计	989.179	1793			
外倾性	组织间	0.167	1	0.167	0.426	0.514
	组织中	704.614	1792	0.393		
	小计	704.781	1793			
心理健康	组织间	0.017	1	0.017	0.040	0.842
	组织中	788.580	1792	0.440		
	小计	788.597	1793			
发展机会	组织间	1.963	1	1.963	3.184	0.075
	组织中	1104.856	1792	0.617		
	小计	1106.819	1793			
自主性	组织间	0.468	1	0.468	0.674	0.412
	组织中	1246.161	1792	.695		
	小计	1246.629	1793			
上司支持	组织间	0.424	1	0.424	0.721	0.396
	组织中	1053.231	1792	0.588		
	小计	1053.655	1793			
同事支持	组织间	2.007	1	2.007	3.892	0.049
	组织中	924.041	1792	0.516		
	小计	926.047	1793			
工作-家庭文化	组织间	1.429	1	1.429	3.819	0.051
	组织中	670.543	1792	0.374		
	小计	671.972	1793			
工作满意度	组织间	1.757	1	1.757	3.482	0.062
	组织中	904.295	1792	0.505		
	小计	906.053	1793			
工作绩效	组织间	0.221	1	0.221	0.585	0.444
	组织中	676.744	1792	0.378		
	小计	676.965	1793			

项目名称	子科目	总平方和	自由度	均值平方	F 值	显著性
组织承诺	组织间	0.049	1	0.049	0.110	0.740
	组织中	790.121	1792	0.441		
	小计	790.170	1793			
积极行为	组织间	0.530	1	0.530	1.594	0.207
	组织中	595.685	1792	0.332		
	小计	596.215	1793			
退缩行为	组织间	0.080	1	0.080	0.131	0.718
	组织中	1091.253	1792	0.609		
	小计	1091.332	1793			
团队凝聚力	组织间	1.612	1	1.612	5.012	0.025
	组织中	576.462	1792	0.322		
	小计	578.075	1793			
领导-成员交换关系	组织间	0.531	1	0.531	1.422	0.233
	组织中	669.710	1792	0.374		
	小计	670.241	1793			
与家人关系	组织间	3.902	1	3.902	7.689	0.006
	组织中	909.524	1792	0.508		
	小计	913.427	1793			
家庭满意度	组织间	1.779	1	1.779	3.560	0.059
	组织中	895.502	1792	0.500		
	小计	897.281	1793			
家庭绩效	组织间	2.902	1	2.902	6.149	0.013
	组织中	845.683	1792	0.472		
	小计	848.584	1793			
工作促进家庭	组织间	0.416	1	0.416	1.012	0.314
	组织中	736.523	1792	0.411		
	小计	736.939	1793			
家庭促进工作	组织间	2.582	1	2.582	6.555	0.011
	组织中	705.985	1792	0.394		
	小计	708.568	1793			

2. 年龄

如表 5-59 和表 5-60 所示，本书使用方差分析检验不同年龄阶段在各变量得分的差异，即将分类变量"年龄"作为自变量，各变量分别作为因变量。检验结果表明，不同年龄阶段样本在以下变量存在显著差异（表 5-60 阴影部分所示）。

（1）不同年龄阶段在自我效能方面存在显著差异，进一步来讲，偏高的为"30 岁以下"和"60 岁以上"，最低的为"51～60 岁"，这一结果可能由于样本较少造成。

（2）不同年龄阶段在外倾性方面存在显著差异，进一步来讲，偏高的为"30 岁以下"和"60 岁以上"，最低的为"41～50 岁"，这一结果可能由于样本较少造成。

（3）不同年龄阶段在心理健康方面存在显著差异，进一步来讲，偏高的为"30 岁以下"，最低的为"60 岁以上"，这一结果也符合人体生命周期的特点。

（4）不同年龄阶段在发展机会方面存在显著差异，进一步来讲，偏高的为"30 岁以下"和"31～40 岁"人群。可能的原因是"30 岁以下"和"31～40 岁"人群主要是 80 后与 90 后，其相对较为开放的成长环境让他们有更为积极乐观的人生态度。

（5）不同年龄阶段在上司支持方面存在显著差异，进一步来讲，偏高的为"30 岁以下"，偏低的为"41 岁以上"人群；该结果与同事支持的分析结果基本相同。可能的原因是"30 岁以下"的组织成员初入职场，无论是上司还是同事都会给予一定的照顾。

（6）积极行为和退缩行为的表现方面，不同年龄阶段存在相反的分布趋势，即随着年龄增长，积极行为倾向逐渐下降，而退缩行为倾向逐渐上升。这可能与样本有一定的关系，随着年龄的增长，阅历的增加，工作的新鲜感下降，成就感也会因此而减少，退缩行为会随之增加。

（7）在与家人关系和家庭满意度方面，随着年龄增长，出现逐渐下降的趋势。可能的原因是随着年龄的增长，家庭责任在增加，会给组织成员带来更大的压力。

（8）在工作-家庭促进关系方面，随着年龄增长，出现了逐渐上升的态势。可能的原因是随着年龄增长，组织成员获取的资源更多，也更能有效地处理工作与家庭之间的关系。

表 5-59 基于年龄的各变量描述性统计分析

项目名称	子科目	样本	均值	均方差	标准差	最小值	最大值
自我效能	30 岁以下	635	3.5790	0.67879	0.02694	1.33	5.00
	31～40 岁	627	3.5476	0.74440	0.02973	1.00	5.00
	41～50 岁	377	3.4704	0.75428	0.03885	1.00	5.00
	51～60 岁	131	3.4224	0.89043	0.07780	1.00	5.00
	60 岁以上	23	3.9275	1.02473	0.21367	1.00	5.00
	小计	1793	3.5382	0.74222	0.01753	1.00	5.00
外倾性	30 岁以下	635	3.6507	0.61722	0.02449	1.00	5.00
	31～40 岁	627	3.5512	0.63214	0.02525	1.00	5.00
	41～50 岁	377	3.5374	0.59814	0.03081	1.60	5.00
	51～60 岁	131	3.5878	0.65856	0.05754	2.00	5.00
	60 岁以上	23	3.7217	0.90200	0.18808	1.80	5.00
	小计	1793	3.5884	0.62732	0.01481	1.00	5.00
心理健康	30 岁以下	635	3.4627	0.66459	0.02637	1.00	5.00
	31～40 岁	627	3.3930	0.66425	0.02653	1.40	5.00
	41～50 岁	377	3.3098	0.59959	0.03088	1.60	5.00
	51～60 岁	131	3.3466	0.75154	0.06566	1.00	5.00
	60 岁以上	23	3.0783	0.72798	0.15180	1.80	4.80
	小计	1793	3.3927	0.66175	0.01563	1.00	5.00
发展机会	30 岁以下	635	3.2795	0.73742	0.02926	1.25	5.00
	31～40 岁	627	3.2855	0.76973	0.03074	1.00	5.00
	41～50 岁	377	3.1379	0.83128	0.04281	1.00	5.00
	51～60 岁	131	3.2061	0.82653	0.07221	1.25	5.00
	60 岁以上	23	3.1739	1.19762	0.24972	1.25	5.00
	小计	1793	3.2451	0.78429	0.01852	1.00	5.00
自主性	30 岁以下	635	3.4488	0.78674	0.03122	1.00	5.00
	31～40 岁	627	3.4322	0.84689	0.03382	1.00	5.00
	41～50 岁	377	3.4147	0.87916	0.04528	1.00	5.00
	51～60 岁	131	3.4885	0.84661	0.07397	1.67	5.00
	60 岁以上	23	3.7971	0.90865	0.18947	2.33	5.00
	小计	1793	3.4432	0.83416	0.01970	1.00	5.00

续表

项目名称	子科目	样本	均值	均方差	标准差	最小值	最大值
上司支持	30 岁以下	635	3.5327	0.70754	0.02808	1.00	5.00
	31~40 岁	627	3.4366	0.74510	0.02976	1.00	5.00
	41~50 岁	377	3.2686	0.78930	0.04065	1.00	5.00
	51~60 岁	131	3.2385	0.88299	0.07715	1.00	5.00
	60 岁以上	23	3.3261	1.19524	0.24923	1.00	5.00
	小计	1793	3.4194	0.76669	0.01811	1.00	5.00
同事支持	30 岁以下	635	3.5848	0.70197	0.02786	1.00	5.00
	31-40	627	3.5407	0.69373	0.02770	1.00	5.00
	41-50	377	3.3970	0.72286	0.03723	1.33	5.00
	51-60	131	3.3435	0.73139	0.06390	1.00	5.00
	60 岁以上	23	3.5362	1.23803	0.25815	1.00	5.00
	小计	1793	3.5116	0.71885	0.01698	1.00	5.00
工作-家庭文化	30 岁以下	635	3.3517	0.61275	0.02432	1.44	5.00
	31~40 岁	627	3.3511	0.60148	0.02402	1.22	5.00
	41~50 岁	377	3.3298	0.58821	0.03029	1.11	5.00
	51~60 岁	131	3.3359	0.62116	0.05427	1.33	5.00
	60 岁以上	23	3.5797	1.06940	0.22298	1.44	5.00
	小计	1793	3.3486	0.61206	0.01445	1.11	5.00
工作满意度	30 岁以下	635	3.4672	0.72105	0.02861	1.00	5.00
	31~40 岁	627	3.5327	0.68566	0.02738	1.00	5.00
	41~50 岁	377	3.5314	0.69252	0.03567	1.33	5.00
	51~60 岁	131	3.5623	0.76470	0.06681	1.67	5.00
	60 岁以上	23	3.7246	0.95162	0.19843	2.00	5.00
	小计	1793	3.5139	0.70996	0.01677	1.00	5.00
工作绩效	30 岁以下	635	3.8224	0.58180	0.02309	1.20	5.00
	31~40 岁	627	3.8370	0.59447	0.02374	1.00	5.00
	41~50 岁	377	3.7894	0.64437	0.03319	1.60	5.00
	51~60 岁	131	3.7374	0.70736	0.06180	2.20	5.00
	60 岁以上	23	3.8348	0.88554	0.18465	2.60	5.00
	小计	1793	3.8145	0.61402	0.01450	1.00	5.00
组织承诺	30 岁以下	635	3.5150	0.65477	0.02598	1.40	5.00
	31~40 岁	627	3.5512	0.62828	0.02509	1.40	5.00

项目名称	子科目	样本	均值	均方差	标准差	最小值	最大值
	41～50 岁	377	3.5146	0.69575	0.03583	1.40	5.00
	51～60 岁	131	3.4626	0.73258	0.06401	1.80	5.00
	60 岁以上	23	3.7913	0.84526	0.17625	2.40	5.00
	小计	1793	3.5273	0.66358	0.01567	1.40	5.00
积极行为	30 岁以下	635	3.6280	0.55354	0.02197	1.80	5.00
	31～40 岁	627	3.6896	0.54056	0.02159	2.00	5.00
	41～50 岁	377	3.6212	0.59051	0.03041	2.20	5.00
	51～60 岁	131	3.5679	0.72783	0.06359	1.80	5.00
	60 岁以上	23	3.9217	0.82184	0.17136	2.80	5.00
	小计	1793	3.6475	0.57680	0.01362	1.80	5.00
退缩行为	30 岁以下	635	2.8976	0.76314	0.03028	1.00	5.00
	31～40 岁	627	2.9522	0.77724	0.03104	1.00	5.00
	41～50 岁	377	2.9146	0.79065	0.04072	1.00	5.00
	51～60 岁	131	3.0595	0.77009	0.06728	1.00	5.00
	60 岁以上	23	3.4435	0.96098	0.20038	1.60	5.00
	小计	1793	2.9391	0.77956	0.01841	1.00	5.00
团队凝聚力	30 岁以下	635	3.6225	0.54725	0.02172	1.86	5.00
	31～40 岁	627	3.6241	0.54902	0.02193	1.71	5.00
	41～50 岁	377	3.6305	0.57679	0.02971	1.57	5.00
	51～60 岁	131	3.5278	0.64981	0.05677	1.71	5.00
	60 岁以上	23	3.8323	0.85025	0.17729	2.43	5.00
	小计	1793	3.6205	0.56727	0.01340	1.57	5.00
领导-成员交换关系	30 岁以下	635	3.5341	0.60574	0.02404	1.00	5.00
	31～40 岁	627	3.5461	0.58717	0.02345	1.00	5.00
	41～50 岁	377	3.5146	0.61252	0.03155	1.00	5.00
	51～60 岁	131	3.4351	0.65246	0.05701	1.00	5.00
	60 岁以上	23	3.6770	1.01310	0.21125	1.00	5.00
	小计	1793	3.5288	0.61118	0.01443	1.00	5.00
与家人关系	30 岁以下	635	4.2651	0.64602	0.02564	1.33	5.00
	31～40 岁	627	4.1318	0.71818	0.02868	1.00	5.00

续表

项目名称	子科目	样本	均值	均方差	标准差	最小值	最大值
	41～50 岁	377	3.9805	0.75456	0.03886	1.00	5.00
	51～60 岁	131	3.9491	0.74130	0.06477	2.00	5.00
	60 岁以上	23	4.0145	0.88465	0.18446	2.33	5.00
	小计	1793	4.1324	0.71449	0.01687	1.00	5.00
家庭满意度	30 岁以下	635	4.0382	0.65124	0.02584	1.25	5.00
	31～40 岁	627	3.9793	0.72286	0.02887	1.00	5.00
	41～50 岁	377	3.8455	0.74254	0.03824	1.50	5.00
	51～60 岁	131	3.7595	0.73012	0.06379	2.00	5.00
	60 岁以上	23	4.1413	0.69832	0.14561	3.00	5.00
	小计	1793	3.9580	0.70805	0.01672	1.00	5.00
家庭绩效	30 岁以下	635	3.7550	0.65340	0.02593	1.60	5.00
	31～40 岁	627	3.8364	0.69628	0.02781	1.80	5.00
	41～50 岁	377	3.8414	0.69694	0.03589	1.80	5.00
	51～60 岁	131	3.8031	0.72874	0.06367	1.60	5.00
	60 岁以上	23	3.9826	0.95139	0.19838	2.40	5.00
	小计	1793	3.8080	0.68838	0.01626	1.60	5.00
工作促进家庭	30 岁以下	635	3.6542	0.63402	0.02516	2.00	5.00
	31～40 岁	627	3.7129	0.62402	0.02492	2.00	5.00
	41～50 岁	377	3.6695	0.65016	0.03349	1.00	5.00
	51～60 岁	131	3.7481	0.69795	0.06098	2.00	5.00
	60 岁以上	23	3.9391	0.77796	0.16222	2.40	5.00
	小计	1793	3.6885	0.64147	0.01515	1.00	5.00
家庭促进工作	30 岁以下	635	3.8548	0.61548	0.02442	1.80	5.00
	31～40 岁	627	3.8230	0.63264	0.02527	1.40	5.00
	41～50 岁	377	3.7528	0.60018	0.03091	1.80	5.00
	51～60 岁	131	3.7893	0.73099	0.06387	2.00	5.00
	60 岁以上	23	3.8870	0.66559	0.13878	2.60	5.00
	小计	1793	3.8178	0.62859	0.01484	1.40	5.00

表 5-60 基于年龄的各变量方差分析结果

项目名称	子科目	总平方和	自由度	均值平方	F 值	显著性
自我效能	组织间	8.090	4	2.022	3.693	0.005
	组织中	979.099	1788	0.548		
	小计	987.189	1792			
外倾性	组织间	4.723	4	1.181	3.014	0.017
	组织中	700.476	1788	0.392		
	小计	705.199	1792			
心理健康	组织间	8.252	4	2.063	4.751	0.001
	组织中	776.493	1788	0.434		
	小计	784.746	1792			
发展机会	组织间	6.421	4	1.605	2.619	0.033
	组织中	1095.849	1788	0.613		
	小计	1102.270	1792			
自主性	组织间	3.552	4	0.888	1.277	0.277
	组织中	1243.358	1788	0.695		
	小计	1246.911	1792			
上司支持	组织间	21.395	4	5.349	9.268	0.000
	组织中	1031.959	1788	0.577		
	小计	1053.355	1792			
同事支持	组织间	12.597	4	3.149	6.165	0.000
	组织中	913.411	1788	0.511		
	小计	926.008	1792			
工作-家庭文化	组织间	1.393	4	0.348	0.929	0.446
	组织中	669.928	1788	0.375		
	小计	671.321	1792			
工作满意度	组织间	3.051	4	0.763	1.515	0.195
	组织中	900.188	1788	0.503		
	小计	903.239	1792			
工作绩效	组织间	1.383	4	0.346	0.917	0.453
	组织中	674.240	1788	0.377		
	小计	675.623	1792			
组织承诺	组织间	2.667	4	0.667	1.516	0.195

项目名称	子科目	总平方和	自由度	均值平方	F 值	显著性
组织承诺	组织间	2.667	4	0.667	1.516	0.195
	组织中	786.409	1788	0.440		
	小计	789.076	1792			
积极行为	组织间	4.173	4	1.043	3.151	0.014
	组织中	592.018	1788	0.331		
	小计	596.191	1792			
退缩行为	组织间	9.176	4	2.294	3.799	0.004
	组织中	1079.853	1788	0.604		
	小计	1089.029	1792			
团队凝聚力	组织间	2.206	4	0.551	1.716	0.144
	组织中	574.455	1788	0.321		
	小计	576.661	1792			
领导-成员交换关系	组织间	1.937	4	0.484	1.298	0.269
	组织中	667.437	1788	0.373		
	小计	669.375	1792			
与家人关系	组织间	24.595	4	6.149	12.350	0.000
	组织中	890.213	1788	0.498		
	小计	914.807	1792			
家庭满意度	组织间	15.071	4	3.768	7.627	0.000
	组织中	883.333	1788	0.494		
	小计	898.404	1792			
家庭绩效	组织间	3.415	4	0.854	1.805	0.125
	组织中	845.749	1788	0.473		
	小计	849.164	1792			
工作促进家庭	组织间	3.168	4	0.792	1.929	0.103
	组织中	734.203	1788	0.411		
	小计	737.371	1792			
家庭促进工作	组织间	2.696	4	0.674	1.709	0.145
	组织中	705.373	1788	0.395		
	小计	708.069	1792			

3．教育背景

如表 5-61 和表 5-62 所示，本书使用方差分析检验不同学历在各变量得分的差异，即将分类变量"学历"作为自变量，各变量分别作为因变量。检验结果表明，不同学历样本在以下变量存在显著差异（表 5-62 阴影部分所示）。

（1）不同学历在自我效能方面存在显著差异，进一步来讲，学历越高，自我效能越高。可能的原因是学历越高，组织成员对个人能力的自信程度越高。

（2）不同学历在外倾性方面存在显著差异，进一步来讲，学历越高，外倾性越高。可能的原因是学历越高，组织成员会更倾向于乐观地处理工作事务。

（3）不同学历在心理健康方面存在显著差异，进一步来讲，学历越高，心理健康越高。可能的原因是学历越高，拥有的资源越多，更注重自我保护。

（4）不同学历在发展机会方面存在显著差异，进一步来讲，研究生发展机会最高，而专科生发展机会最低。可能的原因是学历越高，获得的发展空间越大，机会越多。

（5）不同学历在上司支持和同事支持方面存在显著差异，进一步来讲，学历越高，获得的各方面支持越多。可能的原因是学历越高，越会被领导和同事看重，得到的支持也越多。

（6）不同学历在工作绩效方面存在显著差异，进一步来讲，学历越高，工作绩效越高。可能的原因是学历越高，往往更能找到有效的办法完成工作。

（7）不同学历在组织承诺方面存在显著差异，进一步来讲，学历越高，组织承诺越高，但研究生低于本科生平均水平。可能的原因是学历越高，对个人职业发展会有更为长期的规划，由于本研究中研究生样本比较少，因此这一部分可能存在偏差。

（8）不同学历在积极行为和退缩行为方面存在显著差异，进一步来讲，学历越高，积极行为倾向越高，而退缩行为倾向越低。可能的原因是学历越高，更看重在组织中的长期发展。

（9）不同学历在团队凝聚力和领导-成员交换关系方面存在显著差异，进一步来讲，学历越高，团队凝聚力和领导-成员交换关系越好。可能的原因是学历越高，会更加重视维持良好的关系，有效完成工作。

（10）不同学历在与家人关系和家庭满意度方面存在显著差异，进一步来讲，学历越高，与家人关系越好、家庭满意度越高。可能的原因是学历越高，拥有的资源越多，能够给予家庭的支持越大。

（11）不同学历在家庭绩效方面存在显著差异，本科生、专科生和研究生差别不大，但高中及以下最低。可能的原因是学历越高，可以给家人更好的物质和精神支持，但是是否能有效履行家庭责任也同个人意愿有很大关系。

（12）不同学历在家庭-工作促进关系方面存在显著差异，进一步来讲，学历越高，家庭-工作促进关系越好。可能的原因是学历越高，会更加重视工作与家庭的平衡关系，同时由于获取的资源更多，也为其个体创造条件更好地履行家庭责任。

表 5-61　基于学历的各变量描述性统计分析

项目名称	子科目	样本	均值	均方差	标准差	最小值	最大值
自我效能	高中及以下	234	3.2564	0.86679	0.05666	1.00	5.00
	本科	886	3.6415	0.70457	0.02367	1.00	5.00
	专科	438	3.4064	0.69996	0.03345	1.00	5.00
	研究生	233	3.6753	0.71981	0.04716	1.00	5.00
	小计	1791	3.5381	0.74320	0.01756	1.00	5.00
外倾性	高中及以下	234	3.4983	0.71339	0.04664	1.60	5.00
	本科	886	3.6555	0.62865	0.02112	1.00	5.00
	专科	438	3.5247	0.57839	0.02764	1.00	5.00
	研究生	233	3.5451	0.59371	0.03889	1.80	5.00
	小计	1791	3.5886	0.62731	0.01482	1.00	5.00
心理健康	高中及以下	234	3.2615	0.70215	0.04590	1.80	5.00
	本科	886	3.4451	0.66719	0.02241	1.00	5.00
	专科	438	3.3356	0.63905	0.03054	1.60	5.00
	研究生	233	3.4369	0.63260	0.04144	1.40	4.80
	小计	1791	3.3933	0.66370	0.01568	1.00	5.00
发展机会	高中及以下	234	3.2051	0.84826	0.05545	1.25	5.00
	本科	886	3.2785	0.77275	0.02596	1.00	5.00
	专科	438	3.0953	0.77146	0.03686	1.00	5.00
	研究生	233	3.4378	0.75028	0.04915	1.50	5.00
	小计	1791	3.2448	0.78628	0.01858	1.00	5.00

续表

项目名称	子科目	样本	均值	均方差	标准差	最小值	最大值
自主性	高中及以下	234	3.4644	0.85580	0.05595	1.00	5.00
	本科	886	3.4477	0.86949	0.02921	1.00	5.00
	专科	438	3.3957	0.78160	0.03735	1.00	5.00
	研究生	233	3.5050	0.76945	0.05041	1.00	5.00
	小计	1791	3.4446	0.83433	0.01971	1.00	5.00
上司支持	高中及以下	234	3.2767	0.79469	0.05195	1.00	5.00
	本科	886	3.4738	0.76123	0.02557	1.00	5.00
	专科	438	3.2917	0.74941	0.03581	1.00	5.00
	研究生	233	3.5912	0.73695	0.04828	1.00	5.00
	小计	1791	3.4188	0.76692	0.01812	1.00	5.00
同事支持	高中及以下	234	3.3262	0.78033	0.05101	1.00	5.00
	本科	886	3.5598	0.69713	0.02342	1.33	5.00
	专科	438	3.4323	0.72292	0.03454	1.00	5.00
	研究生	233	3.6595	0.67908	0.04449	1.00	5.00
	小计	1791	3.5111	0.71898	0.01699	1.00	5.00
工作-家庭文化	高中及以下	234	3.3689	0.60923	0.03983	1.44	5.00
	本科	886	3.3641	0.60337	0.02027	1.11	5.00
	专科	438	3.3196	0.60792	0.02905	1.33	5.00
	研究生	233	3.3314	0.65904	0.04317	1.22	5.00
	小计	1791	3.3496	0.61257	0.01447	1.11	5.00
工作满意度	高中及以下	234	3.4772	0.76319	0.04989	1.67	5.00
	本科	886	3.5342	0.72704	0.02443	1.00	5.00
	专科	438	3.4756	0.68938	0.03294	1.00	5.00
	研究生	233	3.5579	0.63094	0.04133	1.67	5.00
	小计	1791	3.5155	0.71117	0.01680	1.00	5.00
工作绩效	高中及以下	234	3.5923	0.70103	0.04583	1.60	5.00
	本科	886	3.8815	0.59474	0.01998	1.00	5.00
	专科	438	3.7516	0.61263	0.02927	1.40	5.00
	研究生	233	3.9176	0.52759	0.03456	2.20	5.00
	小计	1791	3.8166	0.61447	0.01452	1.00	5.00
组织承诺	高中及以下	234	3.3803	0.73942	0.04834	1.40	5.00
	本科	886	3.5842	0.65217	0.02191	1.40	5.00

续表

项目名称	子科目	样本	均值	均方差	标准差	最小值	最大值
	专科	438	3.5050	0.65835	0.03146	1.40	5.00
	研究生	233	3.5064	0.61644	0.04038	1.40	5.00
	小计	1791	3.5281	0.66417	0.01569	1.40	5.00
积极行为	高中及以下	234	3.4726	0.69605	0.04550	1.80	5.00
	本科	886	3.7219	0.54072	0.01817	2.00	5.00
	专科	438	3.5717	0.56351	0.02693	2.20	5.00
	研究生	233	3.6833	0.55033	0.03605	2.00	5.00
	小计	1791	3.6476	0.57681	0.01363	1.80	5.00
退缩行为	高中及以下	234	3.1769	0.79222	0.05179	1.20	5.00
	本科	886	2.8720	0.76836	0.02581	1.00	5.00
	专科	438	2.9676	0.78775	0.03764	1.00	5.00
	研究生	233	2.9004	0.75547	0.04949	1.00	5.00
	小计	1791	2.9389	0.78043	0.01844	1.00	5.00
团队凝聚力	高中及以下	234	3.5281	0.65882	0.04307	2.14	5.00
	本科	886	3.6554	0.55502	0.01865	2.00	5.00
	专科	438	3.6001	0.53837	0.02572	1.57	5.00
	研究生	233	3.6266	0.56502	0.03702	1.71	5.00
	小计	1791	3.6215	0.56812	0.01342	1.57	5.00
领导-成员交换关系	高中及以下	234	3.4133	0.65688	0.04294	1.00	5.00
	本科	886	3.5542	0.60792	0.02042	1.00	5.00
	专科	438	3.4938	0.61484	0.02938	1.00	5.00
	研究生	233	3.6137	0.55333	0.03625	1.57	5.00
	小计	1791	3.5288	0.61168	0.01445	1.00	5.00
与家人关系	高中及以下	234	3.8348	0.78143	0.05108	1.67	5.00
	本科	886	4.2239	0.65541	0.02202	2.00	5.00
	专科	438	4.0890	0.75833	0.03623	1.00	5.00
	研究生	233	4.1774	0.68858	0.04511	1.33	5.00
	小计	1791	4.1340	0.71425	0.01688	1.00	5.00
家庭满意度	高中及以下	234	3.7041	0.75820	0.04957	1.50	5.00
	本科	886	4.0214	0.67499	0.02268	1.00	5.00
	专科	438	3.9047	0.72284	0.03454	1.00	5.00
	研究生	233	4.0762	0.68335	0.04477	1.25	5.00
	小计	1791	3.9585	0.70789	0.01673	1.00	5.00

续表

项目名称	子科目	样本	均值	均方差	标准差	最小值	最大值
家庭绩效	高中及以下	234	3.6752	0.75438	0.04932	1.80	5.00
	本科	886	3.8312	0.68404	0.02298	1.60	5.00
	专科	438	3.8324	0.65096	0.03110	1.80	5.00
	研究生	233	3.8103	0.69399	0.04546	1.60	5.00
	小计	1791	3.8084	0.68848	0.01627	1.60	5.00
工作促进家庭	高中及以下	234	3.6274	0.67495	0.04412	2.00	5.00
	本科	886	3.7210	0.62987	0.02116	2.00	5.00
	专科	438	3.6753	0.64299	0.03072	1.00	5.00
	研究生	233	3.6558	0.64552	0.04229	2.00	5.00
	小计	1791	3.6891	0.64155	0.01516	1.00	5.00
家庭促进工作	高中及以下	234	3.7085	0.71310	0.04662	1.80	5.00
	本科	886	3.8707	0.61493	0.02066	1.40	5.00
	专科	438	3.7749	0.59886	0.02861	2.00	5.00
	研究生	233	3.8069	0.63105	0.04134	1.80	5.00
	小计	1791	3.8178	0.62907	0.01486	1.40	5.00

表 5-62　基于学历的各变量方差分析

项目名称	子科目	总平方和	自由度	均值平方	F 值	显著性
自我效能	组织间	40.014	3	13.338	25.124	0.000
	组织中	948.697	1787	0.531		
	小计	988.711	1790			
外倾性	组织间	8.110	3	2.703	6.938	0.000
	组织中	696.298	1787	0.390		
	小计	704.408	1790			
心理健康	组织间	8.345	3	2.782	6.372	0.000
	组织中	780.135	1787	0.437		
	小计	788.480	1790			
发展机会	组织间	19.837	3	6.612	10.873	0.000
	组织中	1086.802	1787	0.608		
	小计	1106.640	1790			

项目名称	子科目	总平方和	自由度	均值平方	F 值	显著性
发展机会	组织间	19.837	3	6.612	10.873	0.000
	组织中	1086.802	1787	0.608		
	小计	1106.640	1790			
自主性	组织间	1.996	3	0.665	0.956	0.413
	组织中	1244.041	1787	0.696		
	小计	1246.037	1790			
上司支持	组织间	21.405	3	7.135	12.362	0.000
	组织中	1031.399	1787	0.577		
	小计	1052.805	1790			
同事支持	组织间	17.956	3	5.985	11.788	0.000
	组织中	907.352	1787	0.508		
	小计	925.308	1790			
工作-家庭文化	组织间	0.743	3	0.248	0.660	0.577
	组织中	670.932	1787	0.375		
	小计	671.675	1790			
工作满意度	组织间	1.769	3	0.590	1.167	0.321
	组织中	903.548	1787	0.506		
	小计	905.317	1790			
工作绩效	组织间	19.730	3	6.577	17.912	0.000
	组织中	656.134	1787	0.367		
	小计	675.864	1790			
组织承诺	组织间	8.240	3	2.747	6.281	0.000
	组织中	781.378	1787	0.437		
	小计	789.617	1790			
积极行为	组织间	14.873	3	4.958	15.257	0.000
	组织中	580.674	1787	0.325		
	小计	595.547	1790			
退缩行为	组织间	17.927	3	5.976	9.958	0.000
	组织中	1072.311	1787	0.600		
	小计	1090.237	1790			

项目名称	子科目	总平方和	自由度	均值平方	F 值	显著性
团队凝聚力	组织间	3.268	3	1.089	3.389	0.017
	组织中	574.483	1787	0.321		
	小计	577.751	1790			
领导-成员交换关系	组织间	5.909	3	1.970	5.302	0.001
	组织中	663.830	1787	0.371		
	小计	669.739	1790			
与家人关系	组织间	29.431	3	9.810	19.837	0.000
	组织中	883.742	1787	0.495		
	小计	913.173	1790			
家庭满意度	组织间	23.155	3	7.718	15.784	0.000
	组织中	873.829	1787	0.489		
	小计	896.984	1790			
家庭绩效	组织间	4.863	3	1.621	3.434	0.016
	组织中	843.611	1787	0.472		
	小计	848.474	1790			
工作促进家庭	组织间	2.135	3	0.712	1.731	0.159
	组织中	734.603	1787	0.411		
	小计	736.738	1790			
家庭促进工作	组织间	6.103	3	2.034	5.176	0.001
	组织中	702.253	1787	0.393		
	小计	708.355	1790			

第六章 基于多层次模糊综合评价的
工作-家庭促进纵向调查系统开发

与众多研究相同，本研究第五章同样采用横断式的调查方法。然而，工作-家庭关系不是一成不变的，各因素变化相互影响，需要研究者长期的追踪调查，揭示出变量间的因果关系和作用机制。本章从这一角度出发，使用模糊评价法开发了基于网络的问卷调查系统，为后续研究奠定了基础。

第一节 开发系统的目的

一、纸质问卷调查方法的局限性

现行调查方法一般采用发放纸质调查问卷的方法，然而传统的纸质问卷具有以下缺点。

1. 收集信息不具代表性

传统问卷调查中，研究者通常通过个人的社会资源进行问卷发放，答题者往往是他们所在行业、单位的同事、亲戚朋友等，因此调查囿于发放者的生活圈子，很难在更广阔的范围内进行，样本受地域性、行业性、人口分布等限制以及问卷发放者人际交往范围的影响，这些都会限制信息收集的代表性。

2. 收集信息不准确

纸质问卷无法保证被调查者题目填写完整，导致收集结果出现废卷，浪费了调查资源；被调查者填写问卷时容易受到周围环境影响，收集到的信息缺乏独立性。此外，人工录入纸质问卷容易出现录入错误。

3. 收集信息不及时

纸质问卷发放处理需要印刷、邮寄、发放、回收、录入和处理，中间周转环节多、耗时长、效率低。

4. 问卷缺乏交互性

答题者答题时缺乏与研究者的沟通，从而造成题目理解歧义，不能准确反映答题者的真实情况，对分析结果产生影响。

5. 问卷调查不经济环保

纸质问卷调查耗费大量纸张，问卷需要印刷、发放、手工录入，既不经济环保，又费时费力。

6. 横断面式的调查方法

现行调查多采用横断设计方式，只能反映一个时间截面的情况，很难再次跟踪回访当时的被调查者，在考察变量关系方面存在不足。这种数据收集方式主要是发放匿名的纸质调查问卷，不记录被调查者的身份，尽管这是保证数据真实性的必要手段，但却使得研究者无法与被研究对象保持联系，由此使研究缺乏时间上的连续性。在一次性取得用户数据之后，就算之后用户的数据有所变更了，也无法对信息进行修正，无法追踪时间流逝对于被调查者信息所造成的改变和影响。

二、基于网络的调查系统的优势

随着信息技术的普及，网上问卷调查作为一种新的调查方式，因其调查信息的广泛性、及时性、共享性、交互性、充分性、便捷性、准确性、经济性、可检验性、可控性等优点受到很多研究者的青睐。

1. 信息收集具有广泛性

与受区域制约的传统调研方式不同，网络调查是没有时空、地域限制的。问卷调查不受地域、行业、人口分布限制，收集到的信息更加广泛，为调查研究提供了更全面、更具代表性的样本，为后续针对某些典型因素进一步深入研究提供了依据。

2. 信息收集具有可控性

采用基于网络问卷调查系统收集信息，可以有效地对采集信息的质量实施系统的检验和控制。问卷的复核检验由计算机依据设定的检验条件和控制措施自动实施，可以有效地保证对调查问卷 100% 的复核检验，保证检验与控制的客观公正性。

3. 信息反馈具有及时性

传统的调查通常使用纸质媒介，往来邮寄和录入处理十分耗时。网络问卷调查较好地解决了这个问题。研究者节约了印刷、邮寄、发放的时间精力，只需要设计好量表即可上传问卷。个人用户填写问卷时填写的时间、地点不受限制，不存在与社会网络之间的周转时间，填写问题与上交只需点击提交即可。系统便会自动将填写答案直接存储进入数据库表，节约了从纸质问卷手工录入计算机以及数据分析的时间精力，利用系统进行分析立即可以得出研究的结果。

4. 系统使用具有交互性

网络的最大优势是交互性。答题者可以通过网络平台及时就问卷相关的疑问提出自己的看法和建议，可减少因问卷设计不合理而导致的调查结论出现偏差等问题。例如，"您承担家庭工作的比例占多少"，在纸质问卷中很难进行专项解释来说明家庭工作的范围，但是在网络系统中答题者可以向管理员反映，经过研究者的定义，添加在答题者答题的页面供答题参考。附加全面规范的指标解释，有利于消除因对指标理解不清或调查员解释不规范而造成的调查偏差。尤其是在预调查阶段，因某些题目理解歧义导致分析结果不准确的问题由此可以在一定程度上避免。

5. 系统使用具有经济性

基于网络的问卷调查，无论是调查者还是被调查者，只需拥有一台计算机和网络就可以进行。在收集过程中不需要派出调查人员，不受天气和距离的限制，调查过程中繁重的信息收集和录入工作将分布到众多网上用户的终端上完成。问卷调研采取在网站发出电子调查问卷，提供相关的信息，然后利用计算机对答题者反馈回来的信息进行整理和分析。线上调查可以无人值守和不间断地接受调查填表，信息检验和信息处理工作均由计算机自动完成。这种调查方式不仅方便快捷，而且会大大地减少调查的人力和物力耗费，缩减调研成本。由于问卷类型和问卷题目可以自行更改，因此可以重复使用，应用于各类问卷，不需要二次开发。效率的提升和成本的降低获得的经济效益都将远远大于系统开发过程中的成本。

6. 系统分析具有准确性

首先，程序控制可以防止废卷的产生，不会出现某些题目数量较多，占有比重较大的可能，由此提高了问卷调查的质量。其次，调查者不与被调查者进行任何的接触，可以较好地避免来自调查者的主观因素的影响；被调查者是在完全独立思考的环境中接受调查的，能最大限度地保证调查结果的客观性。例如，当调查者向周围同事发放问卷时，答题者通常直接将问卷交予调查者，这就不是一个独立思考的环境。例如在调查中询问"您在工作中是否会有消极怠工的想法出现"，答题者可能会考虑到如果同事或领导发现自己选择的不是"从来也不"等积极心态的回答，会认为自己在工作上态度较差，影响自己的前程，从而填写一个与实际情况不符的结果。

7. 系统调查具有纵向性

工作-家庭促进研究需要动态跟踪被调查者持续的、长期的信息。如因晋升、工作时间变化等对工作的影响；因结婚、生子等对家庭的影响等。纵向的研究将会更深层次地揭示变量间的因果关系和作用机制，显示预防性策略和适应性策略的差异以及策略使用前后的差异。而通过在网页上发布问卷调查的形式收集数据完全可以实现这种研究的纵向性，本系统的数据收集方式从根本上解决了这个问题。通过建立用户账号，在用户的身份保持匿名的同时，可以对单个用户的信息进行持续追踪，通过同一用户在不同时间段多次回答调查问卷，就可以持续地收集用户数据，从而在对用户数据的分析与研究中加上时间对其的影响。系统对同一用户账号下的所有历史数据进行保存，因此同一用户在不同时间段反复回答问卷的次数越多，对于该用户的数据收集就更为详尽，以此为基础做出的数据分析就更为贴近用户的实际情况，得出的结论也更科学可信。相比原有的纸质调查问卷一次性的数据收集方式，采用网络问卷连接数据库系统的研究方式更为先进，能够更好地为后续的研究分析提供基础。

三、系统开发的目的及主要内容

本研究为了解决传统问卷调查的缺点和局限性，更好地利用网络问卷调查的优越性，开发了基于网络的问卷调查系统，采用 ASP.NET 技术配合 C# 脚本语言，采用 SQL Server 2005 数据库作为系统的底层，使用 Visual Studio 2008 进行程序开发。解决了原有的纸质问卷调查、手工录入不能进行纵向研究的根本问题。有一定的可扩充性，能够添加新的研究内容，为未来的研究打下基础，同时可以更好地从多角度进行研究。

为了进行综合评价，本研究从工作因素、家庭因素、个人因素和工作-家庭因素分析工作-家庭促进关系，并且使用模糊评价算法作为前面实证研究的补充验证。

本系统建立在原有的工作-家庭促进关系理论模型的基础上，研究者可以根据实际需要灵活地建立量表，动态地生成调查问卷并且通过管理员发布在系统平台。被调查者通过系统填写自己的基本信息，根据个人的兴趣选择回答任意一份问卷，填写问卷之后所有的数据将会被自动存储到数据库形成原始数据。系统中设置对应的分析算法——模糊评价方法对数据进行分析，将分析过程中的中间数据、最终分析后的结果数据一并存入数据库中，同时将结果提供给研究者和参与问卷调查的用户。

被调查者能够获得个人情况的分析结果，这样可以调动其参与调查的积极性。被调查者提交答案后即可查询自己在工作、家庭、个人素质、工作-家庭关系方面的评价，以及为个人遇到的诸如如何平衡工作-家庭关系，如何选择合适的工作岗位等问题提供参考建议。例如，重视家庭关系但目前家庭满意度较低的组织成员可以选择家庭亲善型企业就职。

研究者可以获得所有用户的基本信息和调查数据，通过答题者的基本信息筛选条件，例如家庭结构、婚姻状态、配偶工作情况、未成年子女数量、照顾老人花费的时间等，研究一定人群中具体某个家庭因素对工作-家庭关系的单一或共同影响，用于研究分析和提供决策支持。

这是一种全新的数据获取与处理的方法，是对原有的通过统计方法对数据进行归纳总结的处理方法的改进与延伸。通过数据库中的算法对数据进行处理，能够得到对被调查者的工作-家庭促进关系的评价，与前文中实证研究数据分析方法得到的结论彼此印证、补充。

第二节　系统开发的评价方法

一、目前常用的评价方法

1. 层次分析法

层次分析法（Analytic Hierarchy Process，AHP）是将与决策相关的元素分解成目标、准则、方案等层次，在此基础之上进行定性和定量分析的决策方法。该方法是美国运筹学家萨蒂于 20 世纪 70 年代初，在为美国国防部研究"根据各个工业部门对国家福利的贡献大小而进行电力分配"课题时，应用网络系统理论和多目标综合评价方法，提出的一种层次权重决策分析方法。

层次分析法常用于确定指标权重，也可进一步进行综合评价。它的基本思路是用系统分析方法，对评价对象按照评价的目的所确定的总评价目标进行连续性分解，得到各层评价目标，并以最下层为衡量目标达到程度的评价指标。根据这些指标计算出综合评分指数，对评价对象的总评价目标进行评价，以此确定评价对象的优劣等级。

层次分析法的特点是在对复杂的决策问题的本质、影响因素及其内在关系等进行深入分析的基础上，利用较少的定量信息使决策的思维过程数学化，从而为多目标、多准则或无结构特性的复杂决策问题提供简便的决策方法。尤其适用于难以直接准确计量决策结果的场合。

层次分析法中各因素是相互制约、相互影响的。我们将这样的复杂系统称为一个决策系统。这些决策系统中很多因素之间的比较往往无法用定量的方式描述，此时需要将半定性、半定量的问题转化为定量计算问题。层次分析法是解决这类问题的行之有效的方法。层次分析法将复杂的决策系统层次化，通过逐层比较各种关联因素的重要性，为最终的决策提供定量的依据。

2. 主成分分析法

主成分分析法（Principal Component Analysis，PCA）是一种数学变换的方法，它把给定的一组相关变量通过线性变换转成另一组不相关的变量，这些新的变量按照方差依次递减的顺序排列。在数学变换中保持变量的总方差不变，使第一变量具有最大的方差，称为第一主成分，第二变量的方差次之，并且和第一变量不相关，称为第二主成分。依次类推，一个变量就有一个主成分。

主成分分析法是利用降维的思路把多指标简化为少数几个综合指标。因为多元统计指标中难免存在相关性，繁多的相关指标增加了计算的复杂度，这就需要对多元统计数据进行降维处理。主成分分析法的特点是应用数理统计和线性代数知识，通过寻找样本点分散度最大，对样本阵中的信息进行提炼和降维；再应用决策分析和泛函分析知识，探索主成分函数的形成和结构，进一步降维成一维的系统。在实证问题研究中，为了全面、系统地分析问题，研究者必须考虑众多影响因素。这些涉及的因素一般称为指标，在多元统计分析中也称为变量。因为每个变量都在不同程度上反映了所研究问题的某些信息，并且指标之间彼此有一定的相关性，因而所得的统计数据反映的信息在一定程度上有所重叠。在用统计方法研究多变量问题时，变量太多会增加计算量和增加分析问题的复杂性，人们希望在进行定量分析的过程中，涉及的变量较少，得到的信息量较多。采用主成分分析法是希望用较少的变量去解释原来资料中的大部分变异，将许多相关性很高的变量转化成彼此相互独立或不相关的变量。通常选出比原始变量个数少，能解释大部分资料中的变异的几个新变量，即所谓主成分，并用以解释资料的综合性指标。由此可见，主成分分析实际上是一种降维方法。

3. 模糊评价法

模糊评价法应用模糊变换原理和最大隶属度原则，考虑与被评价事物相关的各个因素所做出的综合评价。模糊分析法对不易定量的指标进行评价，既能提供较准确的定量数据，便于得到一个衡量个人因素的总体水平的定量指标，又能提供准确适当的等级，使定性评价有一个客观依据。模糊评价法是将模糊分析法和层次分析法结合起来的一种方法。一般层次分析法有两种作用，一是将目标按层次细分为许多不同的指标或方面；二是在确定权重时使用。模糊综合评价法存在两个最显著特点：一是可以相互比较，以最优的评价因素值为基准，其评价值为 1，其余欠优的评价因素依据欠优的程度得到相应的评价值；二是可以依据各类评价因素的特征，确定评价值与评价因素值之间的函数关系（即隶属度函数）。确定这种函数关系（隶属度函数）的方法较多，常用的有 F 统计方法，各种类型的 F 分布等。

二、本研究中使用的评价方法

随着评价对象复杂程度的提高，各指标取值与评价结果之间表现出高度的非线性、不确定性和不精确性的关系，所以主成分分析法和层次分析法往往不能取得理想的评价效果。基于上述方法评析，结合本研究特点，我们选择模糊评价法。它具有结果清晰、系统性强的特点，能较好地解决模糊的、难以量化的问题，适合解决各种非确定性问题。

第三节　评价方法的实现

一、模糊评价法的基本数学模型

1. 确定评价因素集合

确定评价因素集合 $U=\{U_1, U_2, U_3, \cdots\cdots, U_m\}$，其中 U_i，（$i=1, 2, \cdots\cdots$, m）是评价因素，m 是同一层次上单个因素的个数，这一集合构成了评价的框架。

2. 确定评价结果集合

确定评价结果集合 $V=\{V_1, V_2, V_3, V_j, \cdots\cdots, V_n\}$，其中 V_j，（$j=1, 2, \cdots\cdots$, n）是评价结果，n 是元素个数，即等级数。这一集合规定了以评价因素的评价结果和选择范围。结果集合的元素既可以是定性的，也可以是量化分值的。

3. 确定隶属度矩阵

确定隶属度矩阵，假设对第 i 个评价因素 U_i 进行单因素评价，得到一个是对于 V_j 的模糊变量。$R_i=(r_{i1}, r_{i2}, \cdots\cdots, r_{im})$, $i=1, 2, \cdots\cdots, m$; $j=1, 2, \cdots\cdots$, n，r_{ij} 为因素 U_i 具有 V_j 的程度，$0 \leqslant r_{ij} \leqslant 1$。若对于 n 个元素进行了综合评价，其结果是一个 n 行 m 列的矩阵，称为隶属度 R。显然，该矩阵中的每一行是对每一个单因素的评价结果，整个矩阵包含了按评价结果集合 V 对评价因素集合 U 进行评价所获得的全部信息。

4. 确定权重向量

确定权重向量 $\boldsymbol{W}=(W_1 \quad W_2 \quad \cdots\cdots W_n)$

其中 W_i, $i=1, 2, \cdots\cdots, n$，表示因素 U（$i=1, 2, \cdots\cdots, n$）的重要部分，即分配到 U_i（$i=1, 2, \cdots\cdots, n$）的权重，满足 $\sum_{j=1}^{m} W_{ij} = 1$，$0 \leqslant W_{ij} \leqslant 1$。

5. 得到最终的评价结果

设评判对象为 P：其因素集 $U=\{U_1, U_2, U_3, \cdots\cdots, U_m\}$，评判等级集 $V=\{V_1, V_2, V_3, \cdots\cdots, V_n\}$。对 U 中每一因素根据评判集中的等级指标进行模糊评判，得到评判矩阵：

$$R=\begin{bmatrix} r_{11} & r_{12} & r_{13} & r_{14} & r_{15} \\ r_{21} & r_{22} & r_{23} & r_{24} & r_{25} \\ r_{31} & r_{32} & r_{33} & r_{34} & r_{35} \\ r_{41} & r_{42} & r_{43} & r_{44} & r_{45} \end{bmatrix}$$

其中，r_{ij} 表示 U_i 关于 V_j 的隶属程度。（U，V，R）则构成了一个模糊综合评判模型。确定各因素重要性指标（也称权数）后，记为 $A=\{a_1, a_2, a_3, \cdots\cdots, a_n\}$，满足 $\sum a_i = 1$，经归一化后，得 $B=\{b_1, b_2, b_3, \cdots\cdots, b_m\}$，于是可确定对象 P 的评判等级。

二、与问卷动态生成相结合的模糊评判数据分析方法改进

本系统不仅有前台基于互联网网页的调查问卷，也包括对问卷结果的归纳与分析，通过特定的数据库算法，能够自动生成大量数据的分析结果。数据分析算法在参考了模糊评价算法与最大隶属度原则的同时，根据本系统的实际情况进行了创新改良，成功地将答案概率、矩阵和权重的概念与灵活可变的问题类型相结合，创造出了独特有效的分析算法。针对研究者对多个用户数据进行统计分析的需求对一般用户的分析算法进行了调整，本系统建立了一整套针对多类型用户、可变问题类型的模糊评价分析算法。

为了更好地完成数据收集的功能，配合问卷的动态生成，在设计调查问卷时，我们采用了问题类型-具体题目的双层问卷结构，并为不同的问题类型分配了对应的权重值。对于这一全新的数据结构，原有的模糊分析方法有不适用的地方，为此，我们在现有的模糊分析方法的基础上重新改写了后台的数据库算法，使之能更好地适应我们的问卷结构。

三、系统实现的方法

1. 评价指标的建立

为了对工作家庭促进关系进行综合评价，本研究从工作因素、家庭因素、个人特质因素来研究工作-家庭促进关系。将这些因素划分为一级指标，每个因素分别设置多项指标，即每个一级指标下设置多个二级指标。这些一级指标和二级指标分别对应不同的权重。工作信息 U_1、家庭信息 U_2、个人特质信息 U_3，这三个一级指标集构成了总评价指标集，即 $U=\{U_1, U_2, U_3\}$。每个一级指标进一步划分成若干个二级指标 u_{ij}（见表 6-1）。

$$U_1=\{u_{11}, u_{12}, u_{13}, u_{14}, u_{15}\}$$
$$U_2=\{u_{21}, u_{22}, u_{23}\}$$
$$U_3=\{u_{31}, u_{32}, u_{33}, u_{34}\}$$

表 6-1 权重表

总指标	一级指标	二级指标
U（工作-家庭促进）	U_1=工作信息（0.35）	u_{11}：发展机会（0.20）
		u_{12}：自主性（0.20）
		u_{13}：上司支持（0.15）
		u_{14}：同事支持（0.15）
		u_{15}：组织文化（0.30）
	U_2=家庭信息（0.35）	u_{21}：与家人关系（0.40）
		u_{22}：家庭满意度（0.30）
		u_{23}：家庭绩效（0.30）
	U_3=个人素质信息（0.3）	u_{31}：个人成长（0.25）
		u_{32}：身心健康（0.30）
		u_{33}：自我效能（0.25）
		u_{34}：外倾性（0.20）

2. 确定各个指标的权重值

各指标的权重用于描述该评价指标对于上一级评价指标的相对重要性。设 U_i 在 U 中的权重为 W_i（i=1，2，3），则对应的权重矩阵 $\boldsymbol{W}$=（W_i），i=1，2，3，$W_j>0$，$\sum\limits_{i=1}^{3}W_i=1$。同样可设二级评价 u_{ij} 在 U_i 中的权重矩阵为 $\boldsymbol{W_i}$=（W_{ij}），其中，i=1，2，3；j=1，2，……，m；$W_{ij}>0$，$\sum\limits_{j=1}^{m}W_{ij}=1$。$m$ 为各二级指标的个数。各级指标的权重标注在表 6-1 各项指标后面的括号内。

因此，各个因素的权重矩阵如下所示：

总指标 U 的权重矩阵为 $\boldsymbol{M}$（W）=（W_1，W_2，W_3）=（0.35，0.35，0.30）

一级指标 U_1 的权重矩阵为 $\boldsymbol{M}$（W_1）=（W_{11}，W_{12}，W_{13}，W_{14}，W_{15}）=（0.20，0.20，0.15，0.15，0.30）

一级指标 U_2 的权重矩阵为 $\boldsymbol{M}$（W_2）=（W_{21}，W_{22}，W_{23}）=（0.40，0.30，0.30）

一级指标 U_3 的权重矩阵为 $\boldsymbol{M}$（W_3）=（W_{31}，W_{32}，W_{33}，W_{34}）=（0.25，0.30，0.25，0.20）

3. 建立评语集

评语是对某个评估因素进行评价时，反映评估结果的语言变量。评语集是评价者对评价对象可能做出的各种评价结果所组成的集合。本研究中被调查者答题时根据自己实际情况选择量表中对应的答案（极不符合、不符合、中立、符合、非常符合）。经过系统的分析处理之后可以反馈给被调查者对他/她的工作-家庭促进影响最大的因素，以及该因素的评价结果。每个类型因素的评定等级分为"极差""差""中""良""优"，构成评语集：

$V = \{V_1, V_2, V_3\} = \{$极差、差、中等、良好、优秀$\}$，评语集矩阵。

$M(V) = ($极差、差、中等、良好、优秀$)$。

根据评语集，给出每个类型针对不同评语对应的最终反馈结果（以工作特征中的工作自主性为例）。

优：在此次测评中对于您工作-家庭促进影响最大的是工作因素-自主性，测评结果为优秀。

良：在此次测评中对于您工作-家庭促进影响最大的是工作因素-自主性，测评结果良好。

中：在此次测评中对于您工作-家庭促进影响最大的是工作因素-自主性，测评结果为中等。

差：在此次测评中对于您工作-家庭促进影响最大的是工作因素-自主性，测评结果为差。

极差：在此次测评中对于您工作-家庭促进影响最大的是工作因素-自主性，测评结果为极差。

4. 二级指标评判改进

在实际问卷调查中，通常由多个问题共同评价一个二级指标。比如在家庭信息中的 U_{22} 指标（家庭满意度）中共有五道问题。

表6-2　家庭满意度量表

以下各题了解您的家庭满意度，请依据您家庭的真实情况进行评价： 极不符合=1；　不符合=2；　中立=3；　符合=4； 非常符合=5	极不符合	不符合	中立	符合	非常符合
我的家庭与我的理想在很多方面都很接近	1	2	3	4	5
我的家庭状态非常好	1	2	3	4	5
我对我的家庭很满意	1	2	3	4	5
到目前为止我已经拥有了想要从家庭中得到的	1	2	3	4	5
即使重新选择家庭，我也不会改变任何事情	1	2	3	4	5

这时使用算数平均的方法虽然简单高效，但是将平均分作为评价该二级指标的得分时很难归入合适的评语集中。

在系统中，对于多问题反映一个评价指标的情况，把问卷中的问题作为该评价指标的下级指标，利用类似于层次分析的方法，计算出该指标的评分。在本例中，将这五道题作为家庭满意度的下级指标建模，由于每个问题都针对同一个二级指标提问，因此在本系统中假设它们具有相同的重要性，即权重相同。因此只需计算出每个二级指标中各题目选项被选的累积百分比，最高的一项即为该二级指标的评价结果。

其次，每个二级指标下设的问题并非作为三级指标使用，指标的评价结果（极差、差、中等、良好、优秀）有时不能准确描述问题的选项，因此实际使用时我们使用"极不符合、不符合、中立、符合、非常符合"进行调查。

5. 算法实例

假设一个被调查者家庭因素部分回答的答案如表6-3。

表6-3　问卷答案（0表示未选，1表示选中）

题目ID	类型	答案频率				
		极不符合	不符合	中立	符合	非常符合
1	U_{21}	0	0	1	0	0
2	U_{21}	0	0	0	1	0
3	U_{21}	0	0	0	0	1
4	U_{22}	0	0	0	0	1
5	U_{22}	0	0	0	1	0
6	U_{23}	0	0	0	1	0
7	U_{23}	0	0	0	0	1
8	U_{23}	0	0	0	1	0
9	U_{23}	0	0	0	1	0

我们将问卷答案表整理成类型答案频率表，见表6-4。

整理方法为：类型为U_{23}的共有四道题，答案分别为符合、非常符合、符合、符合。因此这4道题中5个答案出现的频率分别为：极不符合，0；不符合，0；中立，0；符合，0.75，非常符合，0.25，即为（0　0　0　0.75　0.25），为U_{23}类型的答案频率。

表 6-4　答案频率表

类型	答案频率				
	极不符合	不符合	中立	符合	非常符合
U_{21}	0	0	0.33	0.33	0.33
U_{22}	0	0	0	0.5	0.5
U_{23}	0	0	0	0.75	0.25

U_2 答案的矩阵形式为

$$R_2=\begin{bmatrix} 0, & 0, & 0.33, & 0.33, & 0.33 \\ 0, & 0, & 0 & 0.50, & 0.50 \\ 0, & 0, & 0 & 0.75, & 0.25 \end{bmatrix}$$

与 U_2 各类型的权重相乘即得到其模糊评价：

$$B_2= M（W_2）* R_2=（0.40,0.30,0.30）*\begin{bmatrix} 0, & 0, & 0.33, & 0.33, & 0.33 \\ 0, & 0, & 0 & 0.50, & 0.50 \\ 0, & 0, & 0 & 0.75, & 0.25 \end{bmatrix}$$

乘法为：0.4※0+0.3※0+0.3※0=0；

0.4※0+0.3※0+0.3※0=0；

0.4※0.33+0.3※0+0.3※0=0.13；

0.4※0.33+0.3※5+0.3※0.75=0.507；

0.4※0.33+0.3※0.5+0.3※0.25=0.357。

所以 B_2=（0,0,0.13,0.507,0.375）。

与括号内五分值对应的评语分别为（极差、差、中等、良好、优秀），其中"良好"对应 0.507，值最高，因此 U_2 对应的评价为中等。（若有两项得分相同，取更好的一项，例如中等和良好得分相同，取良好）即家庭因素的整体评价为良好，其中影响家庭因素结果最重要的是 U_{21}（与家人的关系）。

同时，结合工作因素、家庭因素、个人特质因素相应的结果和权重可以得出被调查者工作-家庭促进整体的评价、最大影响因素和该因素的评价结果。

在分析结果界面时，系统首先显示与用户数据分析结果相对应的最终反馈结果（对于其工作-家庭促进影响最大的类型名称以及对于该用户在此因素中表现的评价）；然后给出具体的分析过程数据，包括每个类型的名称、该用户在该类型下答题的总数目、类型权重、用户分别填写（极不符合、不符合、中立、符合、非常符合）五个答案选项的题目数量，以及此数量占本类型答题总数的频率乘以类别权重后的最终结果。

计算过程如下：

表 6-5　类别权重表

类别名称	总题目数量	类别权重	选项	各选项题目数量	权重后总比率
工作因素-发展机会	57	0.2	极不符合	7	0.0245614
			不符合	10	0.1754386
			中立	18	0.06315789
			符合	12	0.04210526
			非常符合	10	0.03508772
工作因素-自主性	43	0.2	极不符合	10	0.04651163
			不符合	8	0.1860465
			中立	9	0.04186046
			符合	7	0.03255814
			非常符合	9	0.04186046
工作因素-上司支持	57	0.15	极不符合	12	0.03157895
			不符合	13	0.2280702
			中立	14	0.03684211
			符合	10	0.02631579
			非常符合	8	0.02105263
工作因素-同事支持	43	0.15	极不符合	6	0.02093023
			不符合	8	0.1860465
			中立	8	0.02790698
			符合	9	0.03139535
			非常符合	12	0.04186046
工作因素-工作-家庭文化	85	0.3	极不符合	17	0.06
			不符合	17	0.2
			中立	21	0.07411765
			符合	13	0.04588236
			非常符合	17	0.06
家庭因素-与家人关系	42	0.3	极不符合	7	0.05
			不符合	7	0.1666667
			中立	9	0.06428572
			符合	7	0.05
			非常符合	12	0.08571429

类别名称	总题目数量	类别权重	选项	各选项题目数量	权重后总比率
家庭因素-家庭满意度	71	0.3	极不符合	10	0.04225352
			不符合	14	0.1971831
			中立	14	0.05915493
			符合	15	0.06338029
			非常符合	18	0.07605634
家庭因素-家庭绩效	71	0.3	极不符合	14	0.05915493
			不符合	17	0.2394366
			中立	14	0.05915493
			符合	15	0.06338029
			非常符合	11	0.04647887
个人因素-个人成长	70	0.25	极不符合	14	0.05
			不符合	12	0.1714286
			中立	13	0.04642857
			符合	19	0.06785715
			非常符合	12	0.04285714
个人因素-自我效能	42	0.25	极不符合	11	0.06547619
			不符合	9	0.2142857
			中立	8	0.04761905
			符合	4	0.02380952
			非常符合	10	0.05952381
个人因素-外倾性	70	0.2	极不符合	11	0.03142857
			不符合	14	0.2
			中立	14	0.04
			符合	13	0.03714286
			非常符合	18	0.05142857

第四节　系统设计和用户权限

一、系统模块

整个系统划分为三个模块，见图6-1。

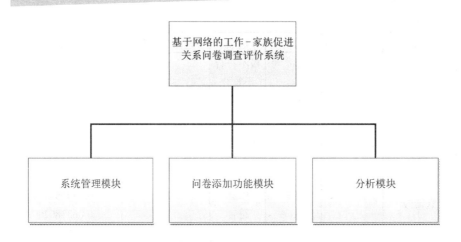

图 6-1　系统模块图

其中，系统管理模块包括用户注册、用户管理、权限管理、用户基础数据管理和问卷的类别和成绩管理；问卷添加模块，主要为问卷计划添加和管理，问卷自动生成与用户提交；分析模块，包括个人用户填写问卷后查看分析结果和研究者根据用户基础信息条件筛选后得出单因素或多因素共同作用下的问卷分析结果。

二、数据流图

数据流图是结构化分析方法中使用的工具，它以图形的方式描绘数据在系统中流动和处理的过程，它描述系统必须完成的逻辑功能，信息流和数据从输入移动到输出的过程中所经受的变换。

数据流图的基本图形元素见图 6-2。

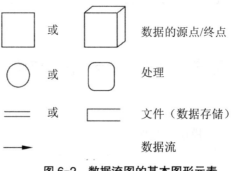

图 6-2　数据流图的基本图形元素

如图 6-3 所示系统流程图介绍了本系统中问卷的生成、填写和分析。

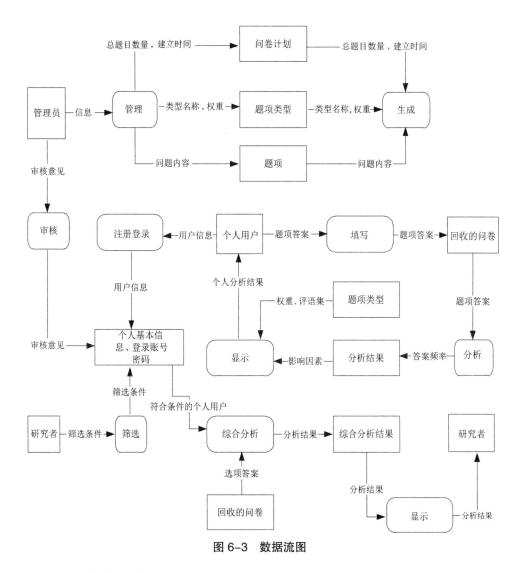

图 6-3　数据流图

三、数据库设计

本系统所使用的设计工具为 Erwin 4.0。系统流程图设计完成后均由 Erwin 直接导入数据库，无须手动建表，也减少了许多关联表的常见错误和约束发生。

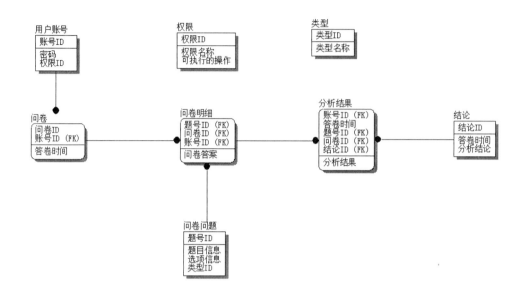

图 6-4　纵向调查系统实体关系图

根据本系统的功能需求，数据库中具有：

1.《用户账号》表

账号 ID（主码）	char	30	用户注册的账号 ID	共同用于登录验证
密码	char	20	用户自己设置的密码	
权限 ID	char	10	用户权限	根据用户注册时选择的角色自动生成，也可通过管理员后续设置

2.《权限》表

权限 ID	char	10	用户具有的权限 IP	
权限名称	char	50	对应权限的文字描述	
可执行的操作	char	255	该权限在程序中的可执行代码	

3.《问卷问题》表

数据库表储存着所有问题，每一份问卷中的题目都可以根据题目 ID

生成。

　　问卷参与者填写问卷的时候经常会出现审题、答题不认真，有时会出现理解内容有偏差的情况，为了最大限度地避免这类事情的发生（影响调查结果），问卷设计者经常需要把重点调查的问题采用正问、倒问、隔很多题目后再次出现的方法确定答题者的真实情况。

　　因此我们特意设计了问卷题库即《问卷问题》表，方便把针对同一方面的各种询问方式的问题统一起来，答卷人答卷时，系统根据题目类型自动生成题号与题目。

题号 ID（主码）	char	10	题目 ID	管理员每添加一道题目，系统自动生成题号
题目信息	char	255	每道题目的具体内容	例如：您的性别
选项信息	char	20	给出的选项内容	例如：1.男 2.女
类型 ID	char	10	该题所对应的问题类型 ID	例如：type001

　　4.《类型》表

　　问卷分析的过程中经常产生针对不同方面的单项分析，比如，问卷类型的设置有利于通过 SQL 语句迅速筛选出该类型问卷题目的答案并做出汇总分析。同时一些需要分析多因素共同作用的部分是按照各类型整体核算权重，最后得出结果，类型的划分更有利于权重的划分。

类型 ID	char	10	类型 ID	例如：type001
类型名称	char	20	该问卷类型的中文描述	例如：个人基本信息

　　5.《问卷》表

问卷 ID（主码）	char	10	问卷 ID	问卷参与者开始答题时系统自动生成一份问卷，并且按顺序生成表号
答题时间	date		开始答题时间	同一类型的问题，答题者由于当时的家庭结构或者工作性质等原因会出现不同的回答，其分析结果可以为长时间连续跟踪调查提供帮助。

6.《问卷明细》表

题号 ID 问卷 ID(联合主码)	char	20	题号 ID，问卷 ID	一张问卷对应多道题目，为了解决一单多货的问题设计了此表。同一问卷 ID 下的不同题号 ID 形成联合主码，根据问题 ID 可以得到问卷表中的具体问题，根据题号 ID、问卷 ID 得到问题答案，即组成了一张完整的问卷
问卷答案	char	20	储存了答题者对每道题目的回答	例如：2（表示备选答案中的第二项，女）

7.《分析结果》表

分析结果表显示的是一份问卷的多角度评估，例如对答卷者人格的分析、家庭情况的分析、工作情况的分析，是一个相对独立的各因素情况的呈现。

分析结果 ID	char	10	分析结果 ID	
分析结果	char	255	结果的文字表述	答卷时间区分了不同时间同一答题者对相同问卷的不同观点,有利于时序分析
答卷时间	date		答卷时间	

8.《结论》表

结论表将分析结果表中的各项指标综合起来，并且评估各因素之间的影响关系，本书使用系统实现的是分析家庭因素对于工作绩效方面的促进作用。

结论 ID	char	10	结论 ID	
答卷时间	Date		答卷时间	答卷时间区分了不同时间同一答题者对相同问卷的不同观点，有利于时序分析
分析结论	char	255	分析结论的文字表述	

四、用户权限各模块设计与实现

本系统中共有三类用户：个人用户，即填写调查问卷的被调查者；研究者用户，即得到所有问卷数据并进行分析，提供策略的研究者；管理员用户，负责本系统的维护和管理。

1. 管理员用户的职责与角色

管理员不参与问卷的调查、分析，仅对系统进行维护管理。本系统管理员的一般职责是：

（1）负责软件系统的安装、调试、维护和升级。

（2）负责定时、定期做好数据的备份，确保在遭遇毁灭性灾难时能安全地恢复所有数据。以保证问卷不会因为自然、人为灾难而导致数据丢失，为继续今后的研究分析提供了可靠的保障。

（3）负责系统和数据的安全管理，定时、定期检查所有业务数据的完整与正确性，保证系统安全、正确、有效运行。由于模糊算法中出现较多的过程数据和结果数据，管理员需要定时检验该算法是否运行稳定，保证分析结果的准确。

（4）负责系统各项参数的设置、修改、检查。特别是本系统中管理员具有设置基本参数的权限，可以添加基本信息的类别，对调查中基本信息进行划分。考虑到未来工作-家庭促进研究测量工作因素、家庭因素、个人特质因素等三类影响因素和工作-家庭促进结果之间的内在联系及其联系发生的具体条件会增加更多的条件，例如夫妇之间、上下级之间等二元关系。研究将视野放到影响中微观系统的宏观系统中去，雇佣模式、社区资源等方面都是未来研究的对象。系统有一定的可扩充性，研究者可以增添新的调查项目，划分更细的梯段。

（5）当用户忘记密码时，根据其身份验证，负责设置和修改各用户口令。

（6）负责增加、删除各类（个人、研究者、管理员）用户，审核个人用户：随着信息技术特别是网络技术的进步，系统的安全性、稳定性是考量一个系统质量的重要标准。因此，本系统增添了个人用户的审核功能。新用户注册之后，经过管理员审核通过才能登录、使用系统。用户审核制度的目的在于提高系统用户的质量，防止了某些人恶意注册用户后，恶意参与调查问卷，导致系统崩溃、问卷数据不真实，提高系统内数据的真实度和整个系统的安全性。

管理员可执行的操作与功能如表6-6所示。

表6-6 管理员操作与功能表

登录		
用户管理		
管理员权限	添加	管理
用户权限	审核	
研究者权限	添加	管理
用户基础数据管理		
工作年限	添加	管理
婚姻状态	添加	管理
教育背景	添加	管理
每周工作时间	添加	管理
年龄	添加	管理
配偶工作状态	添加	管理
职位	添加	管理
调查问卷管理		
回收的问卷	管理	
题项类型	添加	管理
题项	添加	管理
问卷计划	添加	管理

更为具体的，管理员通过输入用户名与密码登录（本系统中，登录界面统一用户名明文显示，密码显示为●），登录后进入管理员界面，负责：

（1）人员管理。本系统的使用者包含三种不同的身份：个人用户、研究者用户和管理员用户。在系统首页可以通过不同的接口分别登录系统。他们分别拥有对于系统不同的访问与控制权限，同时可以执行不同的系统操作，使用不同的系统功能。

本系统中的管理员具有超级管理员的权限。管理员可以添加新的管理员和研究者（给出用户名和密码）、管理现有的管理员和研究者（对现有的人员列表、用户名、密码进行查看、修改及删除），可以对新的个人用户进行审核，决定是否允许用户进入系统，或者删除现有的用户。

（2）用户基础数据管理。用户基础数据包括一系列针对用户个人信息的不定项单选题，包括工作年限、婚姻状态、教育背景、每周工作时间、年龄、配偶工作状态、职位等七项，这些信息的存在是为了给研究者对用户信息进行筛选提供依据，管理员可以对这些项目的答案选项进行添加和修改。以工作年限为例，数据库中现有的答案选项包括：1 年以下、1～3 年 、4～6 年、7～10 年 、10 年以上，而管理员可以对各个答案选项的内容进行修改，或是增添新的答案选项。

（3）调查问卷管理。调查问卷管理模块涉及的概念及其包含的内容如表6-7 所示。

表 6-7　问卷管理模块表

概念	包含内容
回收的问卷	用户已经回答的调查问卷答案列表，包含问卷计划编号、答卷人编号、题目编号、所选的选项和填写时间
题项类型	题库中题目所属的类型列表，包含类型编号、名称、权重及对五个答案选项的评价
题项	题库中的所有题目列表，包含题号、题目内容及所属类型
问卷计划	系统自动随机生成的所有问卷计划列表，包含问卷计划名称、题数及建立时间

本系统设计了问卷添加模块。管理员具有问卷添加和管理功能，管理员给出问卷计划的名称、题目数量和建立日期，问卷题目类别初始一共分为 12类，系统会根据题目数量自动从题库中选择不同的类型随即生成问卷。

本系统中，管理员可以对"成绩"项目进行查看、修改、删除，对"类型、题目、问卷计划"项目进行查看、增加、修改和删除。

管理员点击问卷计划的添加按钮时跳转至问卷添加页面，此时自动生成问卷计划 ID 号。填写问卷计划的名称、题目数量和建立日期，点击提交（图6-5 和图 6-6）。

2. 个人用户操作与功能

个人用户可执行的系统操作与功能包括：注册与登录、密码修改、个人信息修改、填写并提交调查问卷与个人用户问卷统计分析。

（1）注册与登录。每个新用户进入系统前，需要注册账号并提交管理员审核，注册时需要提交的信息包括登录名、密码以及工作年限、婚姻状态、教育背景、每周工作时间、年龄、配偶工作状态、职位等个人信息。注册后用户不能立刻登录系统，必须等待管理员审核通过后账号才被激活可用。已经注册过账号的用户可以通过输入用户名、密码登录系统。

图 6-5　管理员添加问卷计划

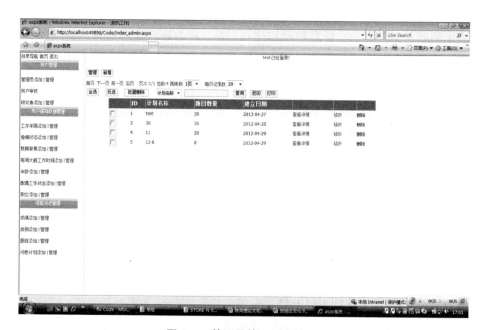

图 6-6　管理员管理问卷计划

（2）密码修改。登录进入系统后用户首先可以修改自己账户的密码，修改时需要同时输入旧密码和重复输入两次新密码，旧密码错误或者两次输入的新密码不相同都会报错。

（3）个人信息修改。用户可以对注册时提交的七项个人信息数据（工作年限、婚姻状态、教育背景、每周工作时间、年龄、配偶工作状态、职位）进行修改。

（4）填写并提交调查问卷。用户登录后选择不同的问卷计划后系统显示问卷（图6-7）。

图6-7　个人用户答题并提交

题库中的所有问题有统一的格式，都是选项为"极不符合、不符合、中立、符合、非常符合"的五分法单选题。用户填写问卷后点击提交按钮。如果用户没有完整填写问卷中的每个问题，会跳出报错窗口："卷子题目数量为：（问卷总题数），只回答了（用户实际回答的题数）无法存储数据，请重新提交！"（图6-8）并回到问卷填写界面；如果用户完整回答了问卷，则显示"提交成功　谢谢参与！"并关闭界面（图6-9）。这样防止了废卷的产生。

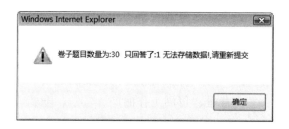

图 6-8　答题数小于试卷题目时提交提示

图 6-9　题目全部答完后提交的提示

（5）个人用户问卷统计分析。点击"统计分析"，用户可以对自己填写的问卷答案进行分析并查看反馈。

3. 研究者操作与功能

研究者可执行的系统操作与功能包括登录、密码修改、统计分析。研究者通过输入用户名与密码登录，之后进入研究者界面。登录、密码的修改与个人用户相同。

本系统允许研究者对数据库内的所有问卷信息进行查看，同时可以根据个人用户的基本信息特征（比如性别、年龄、婚姻状况、子女数量、工作年龄、收入状况等）对数据进行筛选、调阅。研究者首先可以选择统计所有用户的数据，或者根据用户的个人信息中的任意一项或多项对想要进行数据统计的用户进行筛选。针对每项个人信息，可以得到不同答案的分别统计结果，例如研究者可以选择统计所有男性用户数据，或者统计所有男性并且年龄在30岁以下的用户数据等，并分别得到对应的分析结果。

选定筛选用户数据的条件后，系统首先会显示所有符合筛选条件的用户的账号名称和他们的七项个人信息（工作年限、婚姻状态、教育背景、每周工作时间、年龄、配偶工作状态、职位），点击统计分析即出现对问卷分析的结果。研究者可以按照用户的填写时间进行纵向研究，也可筛选出回答某一个或某几个因素的问卷及其被调查者。

五、技术选择与环境配置

本系统采用 ASP.net 技术配合 C#脚本语言，采用 SQL Server 2005 数据库作为系统的底层，使用 Visual Studio 2008 进行程序开发。

前台界面设计采用网页的形式，Visual Studio 2008 为网页程序设计提供了可视化的开发环境，方便实用，便于上手，成为本系统开发前台的首选，其中的很多图片文件的设计还用到了 Adobe 公司的 Photoshop CS 来实现；添加了部分 js 代码增加网站的美观性；后台数据库设计要求满足数据库的基本参照性、完整性、一致性的要求，使用了 CA 公司的 ERwin 进行了辅助设计，直观高效，在数据库的管理中我们采用了调用存储过程和视图的方式更安全便捷地进行数据读取和操作；本系统选取的 Visual Studio 2008 就是其中一款强大的开发工具，具有可视化的开发界面和很多人性化的功能，并且能够集成 WEB 服务器进行编译执行，是当今制作.net 程序的首选编程环境。

第五节　系统解决的关键性问题

一、纵向调查的实现

本系统中被调查者需要注册账号才能参与调查，这就具有了实现对被调查者进行长期跟踪的条件。研究者可以根据回收问卷中被调查者填写问卷的时间，按照年份、月份等设置进行筛选，将筛选后的样本进行分析，这就克服了以往纸质问卷横截面式调查的缺点，即被调查者信息不够清晰、纵向调查时原样本不易跟踪等问题。

二、问卷随机生成的实现

系统可以随机生成打破了以往问卷完全固定的模式，使得用户回答的问题更加多样化，显著地提高了用户信息的真实性和可靠性；当用户在一段时间过后再次答题时有一定的新鲜感，提高参与调查的积极性。这种问卷随机生成的实现基于以下设计：①题库。所有的题项都由管理员负责增加、删改和维护，它们储存在系统中，形成题库，内容均为工作、家庭、个人特质以及工作-家庭促进这四大因素。四大因素中又按照具体的调查内容分为不同的题项类型，如家庭因素中我们分别从与家人关系、家庭满意度、家庭绩效三个方面进行询问，每个题项类型中又会有多组题目从不同的侧面以不同的方式进行提问。②问卷题目数量。一份问卷只有规定了各类题目的数量，计算机才能根据算法抽选出合适的题目，形成一份调查问卷。在本系统中我们引入了"问卷计划"的概念。它由管理员给定一份问卷中包含的总题数和特定类型的题目数量，之后根据题目类型和题库中该类型对应的题项，系统可以自动匹配生成符合要求的随机问卷，从而保证了问卷问题的随机性。

三、量表灵活设计的实现

本系统中研究者可以根据研究需要进行拆分，把一个综合调查分为几个单向的专门调查，小范围的调查省时省力，解决了一次调查不全面，数据过期，被调查者一次回答问题数量过多导致注意力不集中、数据质量低的缺点。具体的，通过系统管理员建立一份问卷计划，标明调查的具体范围和开展调查的时间。问卷计划建立好之后，个人用户即可在自己的界面上看到当前可填写的问卷，根据自己的时间和兴趣填写。这样的调查问卷具有控制下的选择性，即管理员有权决定向用户发布某些问卷计划，使得个人用户在一定范围根据个人情况下填写而不是无限制地自由选择，从而影响研究调查的样本。例如，假设管理员设置了两个问卷计划，问卷计划 A 是一个专项问卷，只调查工作因素；而问卷计划 B 是一个比较综合的问卷，同时调查了工作因素和家庭因素。研究者想要分析工作和家庭因素影响时不能将参与调查 A 问卷的样本计算在内，只能单独分析同时回答这两个因素的样本，即参加调查 B 问卷的样本。为了保证被调查者回答的题项与研究匹配，我们对同时符合研究者要求题项的回收问卷（这里回收问卷指含有问卷题项和被调查者答案的问卷）进行筛选，在本例中为筛选同时回答工作因素和家庭因素的问卷。

第七章 工作-家庭促进影响因素模糊评价系统开发

本章的主要目的是针对工作-家庭促进影响因素进行评价系统的开发。采用 B/S 结构，前台使用 ASP.net 技术，选用 C#脚本，通过网页调查问卷收集被调查者的工作因素信息和工作-家庭促进信息，底层采用 SQL Server 2005 搭建数据库后台。系统运用模糊分析的评价算法和最大隶属度原则，对用户信息进行数据分析，通过对不同影响因素的纵向对比，确定被调查者工作-家庭促进的最大影响因素，同时通过对同一影响因素内被调查者填答信息的横向对比，对被调查者在该项影响因素上的表现给出评价。此外，大量的用户信息存储在数据库中，支持本领域的研究者以此为基础进行数据的筛选与统计分析。

第一节 工作-家庭促进影响因素评价系统分析

一、用户信息获取

本系统使用的是在网页前台放置问卷以获取信息的调查方法，在本系统使用的调查问卷中，统一使用五选一的问题形式以及"极不符合、不符合、中立、符合、非常符合"作为选项答案集合。标准问卷的使用使得收集到的用户信息具有完整性、一致性，方便后台对数据进行分析得出结论，同时兼顾了用户信息的真实性。

二、数据测量方法

在本系统对数据进行测量的过程中，使用了模糊测量技术。"模糊测量技术也称为二次量化技术，是一种先用自然语言或字符（A、B、C、D、E）对被测对象的某种属性进行定性描述，然后再对自然语言或字符做定量刻画的一种测验方法。"数据的测量是对定性与定量分析方法的综合运用，首先使用自然语言的选项集合记录用户信息，然后运用评价算法分析用户数据，最终得出结论。

三、评价算法选择

本系统的算法基础为模糊评价算法。模糊评价是应用模糊变换原理和最大隶属度原则，考虑与被评价相关的各个因素，对其所做的综合评价。模糊分析法对不易定量的指标进行评价，既能提供较准确的定量数据，便于得到一个衡量个人因素的总体水平的定量指标，又能提供准确适当的等级，使定性评价有一个客观依据。该方法的数学模型如下。

1. 确定评价因素集合 $U=\{U_1, U_2, U_3, \cdots\cdots, U_m\}$

其中 U_i（$i=1, 2, \cdots\cdots, m$）是评价因素，m 是同一层次上单个因素的个数，这一集合构成了评价的框架。

2. 确定评价结果集合 $V=\{V_1, V_2, V_3, \cdots\cdots, V_n\}$

其中 V_j（$j=1, 2, \cdots\cdots, n$）是评价结果，n 是元素个数，即等级数。这一集合规定了评价因素的评价结果和选择范围。结果集合的元素既可以是定性的，也可以是量化分值的。

3. 确定隶属度矩阵

假设对第 i 个评价因素 U_i 进行单因素评价得到一个性对于 V_j 的模糊变量。$R_i=(r_{i1}, r_{i2}, \cdots\cdots, r_{im})$，$i=1, 2, \cdots\cdots, m$；$j=1, 2, \cdots\cdots, n$，$r_{ij}$ 为因素 U_i 具有 V_j 的程度，$0 \leqslant r_{ij} \leqslant 1$。若对 n 个元素进行了综合评价，其结果是一个 n 行 m 列的矩阵，称为隶属度 R。显然，该矩阵中的每一行是对每一个单因素的评价结果，整个矩阵包含了按评价结果集合 V 对评价因素集合 U 进行评价所获得的全部信息。

4. 确定权重向量 $W=(W_1, W_2, \cdots\cdots, W_n)$

其中 $W_i(i=1, 2, \cdots\cdots, n)$ 表示因素 $U_i(i=1, 2, \cdots\cdots, n)$ 的重要部分，即分配到 $U_i(i=1, 2, \cdots\cdots, n)$ 的权重，满足 $\sum_{j=1}^{m} W_{ij}=1$，$0 \leqslant w_{ij} \leqslant 1$。

5. 得到最终的评价结果

设评判对象为 P：其因素集 $U=\{U_1, U_2, \cdots\cdots, U_m\}$，评判等级集 $V=\{V_1, V_2, \cdots\cdots, V_m\}$。对 U 中每一因素根据评判集中的等级指标进行模糊评判，得到评判矩阵：

$$R=\begin{bmatrix} r_{11}, & r_{12}, & \cdots\cdots, & r_{1m} \\ r_{21}, & r_{22}, & \cdots\cdots, & r_{2m} \\ r_{n1}, & r_{n2}, & \cdots\cdots, & r_{nm} \end{bmatrix}$$

其中，r_{ij} 表示 u_i 关于 v_j 的隶属程度。(U, V, R) 则构成了一个模糊综合评判模型。确定各因素重要性指标（也称权数）后，记为 $A=\{a_1, a_2, \cdots\cdots, a_n\}$，满足 $\sum_{i=1}^{n} a_i=1$，合成得 $\overline{B}=A \cdot B (\overline{b_1}, \overline{b_2}, \cdots\cdots, \overline{b_m})$。

经归一化后，得 $B=\{b_1, b_2, \cdots\cdots, b_m\}$，于是可确定对象 P 的评判等级。

第二节 工作因素对工作-家庭促进影响评价系统结构

一、系统模块划分

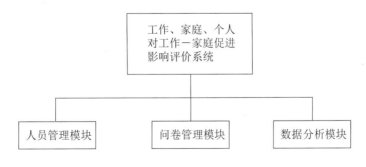

图 7-1 系统模块图

二、系统实体关系图

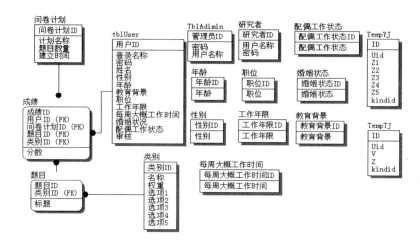

图7-2 系统实体关系图

三、系统数据字典

表 7-1 数据字典

表名	表说明	属性名	主码	类型	长度	为空	字段说明
TblAdmin	管理员表	Id	√	int	4		管理员 ID
		用户名称		nvarchar	100		管理员的用户名
		密码		nvarchar	100		管理员的密码
tblUser	个人用户表	ID	√	int	4		个人用户 ID
		登录名称		nvarchar	50		个人用户的用户名
		密码		nvarchar	50		个人用户的密码
		姓名		nvarchar	50		姓名
		性别		nvarchar	50		性别
		年龄		nvarchar	50		年龄
		教育背景		nvarchar	50		教育背景
		职位		nvarchar	50		职位
		工作年限		nvarchar	50		工作年限
		每周大概工作时间		nvarchar	50		每周大概工作时间
		婚姻状况		nvarchar	50		婚姻状况
		配偶工作状态		nvarchar	50		配偶工作状态
		审核		nvarchar	50	√	是否经过管理员审核

续表

表名	表说明	属性名	主码	类型	长度	为空	字段说明
研究者	研究者表	ID	√	int	4		研究者 ID
		用户名称		nvarchar	50		研究者用户名
		密码		nvarchar	50		研究者密码
工作年限	工作年限表	ID	√	int	4		工作年限 ID
		工作年限		nvarchar	50		工作年限区间
婚姻状态	婚姻状态表	ID	√	int	4		婚姻状态 ID
		婚姻状态		nchar	50		已婚未婚
教育背景	教育背景表	ID	√	int	4		教育背景 ID
		教育背景		nchar	50		教育程度
每周大概工作时间	每周大概工作时间表	ID	√	int	4		每周大概工作时间 ID
		每周大概工作时间		nvarchar	50		每周大概工作小时数
年龄	年龄表	ID	√	int	4		年龄 ID
		年龄		nvarchar	50		年龄区间
配偶工作状态	配偶工作状态表	ID	√	int	4		配偶工作状态 ID
		配偶工作状态		nvarchar	50		配偶工作状态
性别	性别表	ID	√	int	4		性别 ID
		性别		nvarchar	50		性别
职位	职位表	ID	√	int	4		职位 ID
		职位		nvarchar	50		职位
类别	问卷题目类别表	ID	√	int	4		类别 ID
		名称		nvarchar	50		类别名称
		权重		float			类别权重
		选项 1		nvarchar	400		对本次综合评价影响最大的因素是该类别，此选项为极差
		选项 2		nvarchar	400		对本次综合评价影响最大的因素是该类别，此选项为差
		选项 3		nvarchar	400		对本次综合评价影响最大的因素是该类别，此选项为中等
		选项 4		nvarchar	400		对本次综合评价影响最大的因素是该类别，此选项为良好
		选项 5		nvarchar	400		对本次综合评价影响最大的因素是该类别，此选项为优秀

表名	表说明	属性名	主码	类型	长度	为空	字段说明
题目	题目表	ID	√				题目 ID
		标题					
		所属类别					
问卷计划	问卷计划表	ID	√	int	4		问卷计划 ID
		计划名称		nvarchar	50		计划名称
		题目数量		int	4		题目数量
		建立日期		smalldatetime			建立日期
TempTJ	临时数据表记录答案概率	ID	√	Int	4		该临时表每一行记录的 ID
		Uid		nvarchar	50		使用者 ID
		Z1		nvarchar	50		"极不符合"选项的概率
		Z2		nvarchar	50		"不符合"选项的概率
		Z3		nvarchar	50		"中立"选项的概率
		Z4		nvarchar	50		"符合"选项的概率
		Z5		nvarchar	50		"非常符合"选项的概率
		kindid		nvarchar	50		题目类型 ID
TempTJ_D	临时数据表记录分析结果	ID	√	int	4		该临时表每一行记录的 ID
		Uid		nvarchar	50		使用者 ID
		V		float			每个选项出现的频率
		Z		float			每个选项对应的分值
		kindid		nvarchar	50		题目类型 ID
成绩	成绩表	ID	√	int	4		每个使用者答出的每一个问卷每题的 ID
		问卷计划 ID		int	4		问卷计划 ID
		题目 ID		int	4		题目 ID
		人员 ID		int	4		答卷者 ID
		分数		int	4	√	某一题目的答案分值

四、系统数据流图

1. 系统顶层数据流图（图7-3）

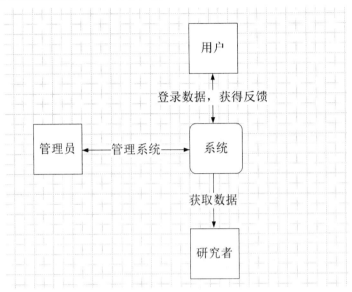

图7-3　系统顶层数据流图

2. 系统底层数据流图（下页图7-4）

五、系统实现平台选取及理由

系统前台及对数据的操作、分析由 ASP.NET 技术配合 C#脚本语言，使用 Visual Studio 2008 进行程序开发。数据存储由 SQLServer 2005 实现。

系统整体为 B/S 结构，而实现该结构的主流程序语言有三种：ASP、JSP 和 PHP。它们在语言特性和应用范围上也各有优势，具体的对比如表 7-2 所示。

通过表 7-2 的比较可以清楚地看到，PHP 技术以它开源，灵活的特性适用于中小型的互联网，现在互联网上的大部分论坛都是使用的 PHP+ MySQL 的 Discuz 作为后台技术支持；而企业级应用的解决方案被 ASP 与 JSP 牢牢占据。

本系统的前台界面设计采用网页的形式，Visual Studio 2008 为网页程序设计提供了可视化的开发界面和很多人性化的功能，并且能够集成 WEB 服务器进行编译执行，是当今制作.net 程序的首选编程环境。

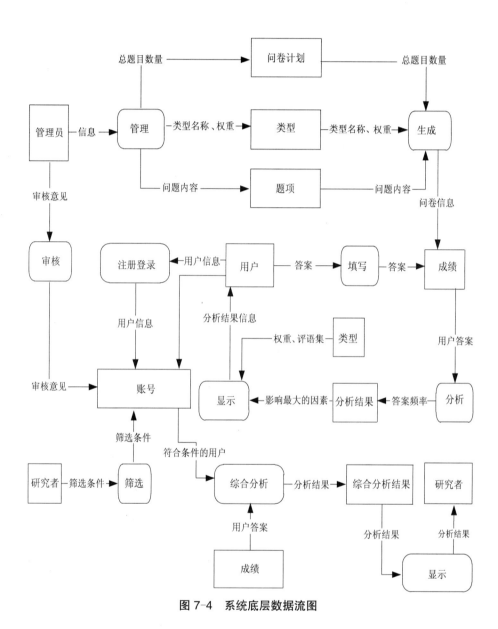

图 7-4　系统底层数据流图

表 7-2　ASP 与 JSP 及 PHP 的比较

语言对比	JSP	ASP	PHP
运行平台	支持各类操作系统上的 Java 服务器平台，如 Weblogic、Tomcat、Websphere 等	主要局限于 Microsoft 的 Windows 系统、IIS 平台	支持各类操作系统上的 Apache 等 Web 服务器，也可以连接到 IIS、Tomcat 等服务器
基础开发语言	JSP 和 Java 语言	类 Java 脚本或者类 Basic 语言，在.net 中增加了 C#语言	类 C 语言和 Perl 语言
使用组件	JSP 标签技术、JavaBeans 及 EJB 技术	COM/DCOM 技术	简单的接口库，不适合分层扩展
代码翻译	翻译为 Servlet 执行	翻译执行，在.net 中编译	解释执行
推荐系统	Linux(windows)+Tomcat(Weblogic)+MySQL(Oracle)	Windows +IIS + SQLServer	Linux(windows)+Apache+ MySQL
数据库接口	JDBC 接口，JDBC-ODBC 桥	使用 ODBC 通过 ADO 连接数据库	连接数据库接口库
应用	企业级应用和电子商务方案	企业级应用和电子商务方案	论坛和社区等小型业务

　　由于本系统设计面向多个用户，需要存储用户个人信息、调查题库与生成的问卷、用户问卷答案等，因而系统内存储的数据量很大，需要大型数据库的支持，因此采用高级结构化查询语言 SQL 为基础的数据库，安全稳定。同时使用了 CA 公司的 ERwin 进行系统 ER 图设计、Office visio 进行数据流程图等的辅助设计，直观高效、在数据库的管理中我们采用了调用视图的方式，更安全便捷地进行数据读取和操作。

第三节 工作-家庭促进影响因素评价系统操作与功能

一、管理员操作与功能

表 7-3 管理员操作与功能表

登录		
用户管理		
用户	审核	
研究者	添加	管理
用户基础数据管理		
工作年限	添加	管理
婚姻状态	添加	管理
教育背景	添加	管理
每周大概工作时间	添加	管理
年龄	添加	管理
配偶工作状态	添加	管理
职位	添加	管理
调查问卷管理		
成绩	添加	管理
类别	添加	管理
题目	添加	管理
问卷计划	添加	管理

管理员通过输入用户名与密码登录（本系统中，登录界面统一用户名明文显示，密码显示为●），登录后进入管理员界面。

1. 人员管理

本系统的使用者包含三种不同的身份：管理员、被调查者与研究者。在系统首页可以通过不同的接口分别登录系统。他们分别拥有对于系统不同的访问与控制权限，同时可以执行不同的系统操作，使用到不同的系统功能。

本系统中的管理员具有超级管理员的权限（最早的管理员 admin 就是系统的创建者）。管理员可以添加新的管理员和研究者（给出用户名和密码）、管理现有的管理员和研究者（对现有的人员列表、用户名、密码进行查看、修改及删除）；可以对新的用户进行审核，决定是否允许用户进入系统，或者删除现有的用户。

2. 用户基础数据管理

用户基础数据包括一系列针对用户个人信息的不定项单选题，包括工作年限、婚姻状态、教育背景、每周工作时间、年龄、配偶工作状态、职位七项，这些信息为研究者对用户信息进行筛选提供了依据，管理员可以对这些项目的答案选项进行添加和修改。以工作年限为例，数据库中现有的答案选项包括 1 年以下、1～3 年、4～6 年、7～10 年、10 年以上，而管理员可以对各个答案选项的内容进行修改，或是增添新的答案选项。

3. 调查问卷管理

调查问卷管理模块涉及的概念及其包含的内容如表 7-4 所示。

表 7-4　问卷管理模块表

概念	包含内容
类型	题库中题目所属的类型列表，包含类型编号、名称、权重及对五个答案选项的评价
题目	题库中的所有题目列表，包含题号、题目及所属类型
问卷计划	系统自动随机生成的所有问卷计划列表，包含问卷计划名称、题数及建立时间
"成绩"	用户已经回答的调查问卷答案列表，包含问卷计划编号、答卷人编号、题目编号及所选的选项

本系统中，管理员可以对"成绩"项目进行查看、修改、删除，对"类型、题目、问卷计划"项目进行查看、增加、修改和删除。

二、被调查者操作与功能

被调查者可执行的系统操作与功能包括：注册与登录、密码修改、个人信息修改、提交调查问卷与用户信息的统计分析。

1. 注册与登录

每个新用户进入系统前，需要注册账号并提交管理员审核，注册时先填写需要提交登录名、密码，其他信息包括工作年限、婚姻状态、教育背景、每周工作时间、年龄、配偶工作状态、职位等七项个人信息。注册后用户不能立刻登录系统，必须等待管理员审核通过后账号被激活才可以使用。

已经注册过账号的用户可以通过输入用户名、密码登录系统。

2. 密码修改

登录进入系统后用户首先可以修改自己的账号密码，修改时需要同时输入旧密码和重复输入两次新密码，旧密码错误或者两次输入的新密码不相同都会报错。

3. 个人信息修改

用户可以对注册时提交的七项个人信息数据（工作年限、婚姻状态、教育背景、每周工作时间、年龄、配偶工作状态、职位）进行修改。

4. 提交调查问卷

在提交调查问卷页面，用户可以看到系统中已经被管理员建立的所有问卷计划列表，包括计划名称、题目数量、建立日期等信息。选择一个问卷计划，点击提交后，就跳转进入问卷界面。

针对每份问卷计划，系统会在该问卷计划第一次被使用时，自动在题库中随机抽选产生一份问卷，遵循的原则为：①总题数为问卷计划中的题目数；②每个类型至少抽中一道问题；③每个类型抽取的题目数量与内容随机选取。当总题数小于类型数量时，会跳出报错窗口："计划出题数少于最低要求。每个类别最少一道题目，当然您也可以答题，但分析结构不一定准确！"之后依然照常生成问卷。

题库中的所有问题有统一的格式，都是选项为"极不符合、不符合、中立、符合、非常符合"的五选一单选题。用户完成答卷后点击交卷，即可提交。

如果用户没有完整填写问卷中每个问题的答案，会跳出报错窗口："'卷子题目数量为：'＋问卷总题数＋'只回答了：'＋用户实际回答的题数＋'无法存储数据，请重新提交！'"并回到问卷填写界面；如果用户完整回答了问卷，则显示"提交成功 谢谢参与！"并关闭界面。

5. 用户信息的统计分析

点击"统计分析"后，用户可以对自己填写的问卷答案进行分析并查看反馈，系统是将该名用户过去填写的所有问卷答案进行累加，并以此为基础进行数据分析。

在进行数据分析时，本系统应用了多层次模糊评价算法。

为了对工作-家庭促进的工作影响因素进行模糊评价，将评价指标 U 分为五个一级指标（表 7-5）：U_1 发展机会、U_2 自主性、U_3 上司支持、U_4 同事支持、U_5 组织文化。这五个一级指标集构成了总评价指标集，即 $U=\{U_1$，U_2，U_3，U_4，$U_5\}$。

表 7-5　类型权重表

类型名	题目名称
U_1=发展机会（0.2）	在当前岗位上，我经常会被给予额外的具有挑战性的工作机会
	在当前岗位上，我经常会获得一些有助于个人发展和提高新技能的项目
	除正式的培训机会外，上司会通过提供具有挑战性的工作来帮助我培养能力
	不管组织的培训和发展政策如何，我的上司都会通过提供正式的培训和发展机会来对我进行人力资本投资
U_2=自主性（0.2）	在工作中我有很大的自主权来决定怎样完成工作
	我可以自己决定如何完成我的工作
	在如何处理我的工作上，我有相当大的独立性和自由度
U_3=上司支持（0.15）	我的上司会对我如何完成工作提供意见与建议
	我的上司能够对我的工作绩效提供有效的反馈
	我的上司为我提供具有发展新技能的机会的工作任务
	我的上司花费时间来了解我的职业目标和期望
U_4=同事支持（0.15）	我的同事为我提供他们的专业意见和建议
	我的同事与我分享他们的工作经验
	我的同事帮助我了解企业的文化和潜规则
U_5=工作-家庭文化（0.3）	在组织中组织成员可以很容易地平衡工作和家庭生活
	高层鼓励基层管理人员关心组织成员的家庭和私人问题
	总体而言，管理者会尽量考虑到家庭相关的需要
	中层管理者和高层管理者支持组织成员负担起照顾孩子的责任
	中层管理者和高层管理者支持组织成员负担起照顾老人的责任
	组织鼓励组织成员保持工作和家庭平衡

之后，再确定各个评价指标的权重值：根据各个因素在评价中起到的作用和重要程度不同，分别给每一个因素赋予相应的权数。设 U_1 到 U_5 的权重

集合为 $W=(W_1, W_2, W_3, W_4, W_5)$，$W_n>0$，$\sum_{i=1}^{5} W_i = 1$。$U_1$ 到 U_5 指标的权重标注在表 7-5 各项指标后面的括号内。

因此，各个因素的权重矩阵为：$M(W)=(W_1, W_2, W_3, W_4, W_5)=(0.2，0.2，0.15，0.15，0.3)$。

对于每个一般用户而言，首先记录他对于每种类型题目的回答情况。其记录方法为：对于同一类型的题目记录其答案频率。例如 U_5 组织文化题库中共有 6 道题，某一份问卷中这一类型包含了 4 道题，用户的答案分别为（中立、符合、符合、非常符合），回答极不符合的频率为 0，不符合的频率为 0，中立的频率为 0.25，符合的频率为 0.5，非常符合的频率为 0.25，因此该用户在 U_5 类型上的答案频率为（0，0，0.25，0.5，0.25）。我们假设某份问卷的答案频率如表 7-6 所示。

表 7-6　答案频率表

类别	极不符合	不符合	中立	符合	非常符合
U_1	0	0	0	0.5	0.5
U_2	0	0	1	0	0
U_3	0	0	0.25	0.75	0
U_4	0	0	0.5	0	0.5
U_5	0	0	0.25	0.5	0.25

之后分别计算 U_1 到 U_5 的模糊评价：

答案的矩阵形式为：

$$R=\begin{pmatrix} 0 & 0 & 0 & 0.5 & 0.5 \\ 0 & 0 & 1 & 0 & 0 \\ 0 & 0 & 0.25 & 0.75 & 0 \\ 0 & 0 & 0.5 & 0 & 0.5 \\ 0 & 0 & 0.25 & 0.5 & 0.25 \end{pmatrix}$$

将矩阵的每一行五个数字分别乘以对应类别的权重值（0.2，0.15，0.15，0.2，0.3）可得结果矩阵：

$$M = \begin{pmatrix} 0\ 0\ 0 & 0.1 & 0.1 \\ 0\ 0\ 0.2 & 0 & 0 \\ 0\ 0\ 0.0375 & 0.1125 & 0 \\ 0\ 0\ 0.075 & 0 & 0.075 \\ 0\ 0\ 0.075 & 0.15 & 0.075 \end{pmatrix}$$

分别比较 M 矩阵每一纵行的数字,记录其每一列的最大值与该项最大值对应的类别编号可,得表7-7。

表7-7　最大频率表

答案选项	最大频率	最大频率的类别
极不符合	0	U_5
不符合	0	U_5
中立	0.2	U_2
符合	0.15	U_5
非常符合	0.1	U_1

然后比较五个最大频率值,得到其中最大的一个频率值及对应的类别,频率值:0.2,对应类别:U_2(假如有两个答案选项的最大频率值相等,则选取的顺序为非常符合—符合—中立—不符合—极不符合,即假如非常符合与符合的频率相等,取非常符合)。

之后建立评语集合:每个类型因素的评定等级分为"极差""差""中""良""优",构成评语集 $V= \{V_1, V_2, V_3, V_4, V_5\} = \{$极差、差、中、良、优$\}$。

根据评语集,给出每个类型针对不同评语对应的最终反馈结果(以工作因素中的自主性为例)。

优:在此次测评中对于您工作家庭关系影响最大的是工作因素-自主性,测评结果为优秀。

良:在此次测评中对于您工作家庭关系影响最大的是工作因素-自主性,测评结果良好。

中:在此次测评中对于您工作家庭关系影响最大的是工作因素-自主性,测评结果为中等。

差:在此次测评中对于您工作家庭关系影响最大的是工作因素-自主性,

测评结果为差。

极差：在此次测评中对于您工作家庭关系影响最大的是工作因素-自主性，测评结果为极差。

由此我们可以得到，在工作因素下从 U_1 到 U_5 五项因素中，对该被试的工作-家庭促进影响最大的因素是 U_2 自主性，而该用户在这个项目中得到的评价是"中"，就是本系统模糊评价算法的计算结果。

在实际中，本系统对用户的工作因素、家庭因素、个人特质因素三个方面共 12 个类型的因素同时进行分析，根据最大隶属度原则，最终选择对应频率值最大的类型作为在此次评价中对该用户工作-家庭促进影响最大的因素。

在分析结果界面，系统首先显示与用户数据分析结果相对应的最终反馈结果（对其工作-家庭促进影响最大的类型名称以及对于该用户在此因素中表现的评价）。然后给出具体的分析过程数据，包括每个类型的名称，该用户在该类型下答题的总数目，类型权重，用户分别填写（极不符合、不符合、中立、符合、非常符合）五个答案选项的题目数量，以及此数量占本类型答题总数的频率乘以类别权重后的最终结果。

三、研究者操作与功能

研究者可执行的系统操作与功能包括登录、密码修改、统计分析。研究者通过输入用户名与密码登录，之后进入研究者界面。密码的修改与被调查者相同。

1. 统计分析

本系统允许研究者对数据库内的部分信息进行查看，同时可以根据一般用户个人信息特征（比如性别、年龄、婚姻状况、子女数量、工作年限、收入状况等）对数据进行筛选、调阅。

研究者首先可以选择统计所有用户的数据，或者根据用户的个人信息中的任意一项或多项对想要进行数据统计的用户进行筛选。针对每项个人信息，可以得到不同答案的统计结果，例如研究者可以选择统计所有男性用户数据，或者统计所有男性且年龄在 30 岁以下的被调查者数据等，并分别得到对应的分析结果。

选定筛选被调查者数据的条件后，系统会首先显示所有符合筛选条件的用户的账号名称和他们的七项个人信息（工作年限、婚姻状态、教育背景、每周工作时间、年龄、配偶工作状态、职位）。

统计结果的计算方法为：对于每种类型的题目，将所有用户在该种类型上的答案频率分别累加再取平均数。假设共有四个调查回答问卷，它们在 U_1 类型上的问题的答案频率如表 7-8 所示。

表 7-8　统计频率表

被调查者	极不符合	不符合	中立	符合	非常符合
1	0	0	0.25	0.5	0.25
2	0	0.25	0	0.75	0
3	0	0	0.5	0.25	0.25
4	0	0.25	0.25	0	0.5
统计结果	0	0.125	0.25	0.375	0.25

表中的统计结果为该类型在五个答案选项内的统计频率，之后的计算方法、反馈的结果与被调查者相同。

第四节　工作-家庭促进影响因素评价系统重点代码实例

一、用户数据分析模糊评价算法代码实例

以某个用户为例，被调查者的数据分析结果如表 7-9 所示。

表 7-9　类别权重表

类别名称	总题目数量	类别权重	选项	各选项题目数量	权重后总比率
工作因素：发展机会	57	0.2	极不符合	7	0.0245614
			不符合	10	0.1754386
			中立	18	0.06315789
			符合	12	0.04210526
			非常符合	10	0.03508772
工作因素：自主性	43	0.2	极不符合	10	0.04651163
			不符合	8	0.1860465
			中立	9	0.04186046
			符合	7	0.03255814
			非常符合	9	0.04186046
工作因素：上司支持	57	0.15	极不符合	12	0.03157895
			不符合	13	0.2280702
			中立	14	0.03684211
			符合	10	0.02631579
			非常符合	8	0.02105263

类别名称	总题目数量	类别权重	选项	各选项题目数量	权重后总比率
工作因素：同事支持	43	0.15	极不符合	6	0.02093023
			不符合	8	0.1860465
			中立	8	0.02790698
			符合	9	0.03139535
			非常符合	12	0.04186046
工作因素：工作-家庭文化	85	0.3	极不符合	17	0.06
			不符合	17	0.2
			中立	21	0.07411765
			符合	13	0.04588236
			非常符合	17	0.06
家庭因素：与家人关系	43	0.4	极不符合	8	0.0744186
			不符合	12	0.2790698
			中立	8	0.0744186
			符合	4	0.0372093
			非常符合	11	0.1023256
家庭因素：满意度	71	0.3	极不符合	10	0.04225352
			不符合	14	0.1971831
			中立	14	0.05915493
			符合	15	0.06338029
			非常符合	18	0.07605634
家庭因素：绩效	71	0.3	极不符合	14	0.05915493
			不符合	17	0.2394366
			中立	14	0.05915493
			符合	15	0.06338029
			非常符合	11	0.04647887
个人因素：个人成长	70	0.25	极不符合	14	0.05
			不符合	12	0.1714286
			中立	13	0.04642857
			符合	19	0.06785715
			非常符合	12	0.04285714
个人因素：心理健康	42	0.3	极不符合	7	0.05
			不符合	7	0.1666667
			中立	9	0.06428572
			符合	7	0.05
			非常符合	12	0.08571429
个人因素：自我效能	42	0.25	极不符合	11	0.06547619
			不符合	9	0.2142857
			中立	8	0.04761905
			符合	4	0.02380952
			非常符合	10	0.05952381

续表

类别名称	总题目数量	类别权重	选项	各选项题目数量	权重后总比率
个人因素：外倾性	70	0.2	极不符合	11	0.03142857
			不符合	14	0.2
			中立	14	0.04
			符合	13	0.03714286
			非常符合	18	0.05142857

二、研究者数据筛选、统计与分析算法代码实例

以某个研究者为例，研究者的数据分析结果显示如表 7-10。

表 7-10　类别权重表

类别名称	总题目数量	类别权重	选项	各选项题目数量	权重后总比率
工作因素：发展机会	61	0.2	极不符合	7	0.02295082
			不符合	10	0.03278689
			中立	18	0.0590164
			符合	15	0.04918033
			非常符合	11	0.03606557
工作因素：自主性	46	0.2	极不符合	10	0.04347826
			不符合	8	0.03478261
			中立	10	0.04347826
			符合	9	0.03913043
			非常符合	9	0.03913043
工作因素：上司支持	61	0.15	极不符合	12	0.0295082
			不符合	14	0.03442623
			中立	15	0.03688525
			符合	11	0.02704918
			非常符合	9	0.02213115
工作因素：同事支持	46	0.15	极不符合	6	0.01956522
			不符合	8	0.02608696
			中立	9	0.02934783
			符合	10	0.0326087
			非常符合	13	0.04239131
工作因素：工作-家庭文化	91	0.3	极不符合	17	0.05604396
			不符合	17	0.05604396
			中立	21	0.06923077
			符合	17	0.05604396
			非常符合	19	0.06263737

类别名称	总题目数量	类别权重	选项	各选项题目数量	权重后总比率
家庭因素： 与家人关系	46	0.4	极不符合	8	0.06956522
			不符合	12	0.1043478
			中立	9	0.07826087
			符合	5	0.04347826
			非常符合	12	0.1043478
家庭因素： 满意度	73	0.3	极不符合	10	0.04109589
			不符合	14	0.05753425
			中立	15	0.06164384
			符合	16	0.06575343
			非常符合	18	0.07397261
家庭因素： 绩效	72	0.3	极不符合	14	0.05833334
			不符合	17	0.07083333
			中立	14	0.05833334
			符合	16	0.06666667
			非常符合	11	0.04583333
个人因素： 个人成长	71	0.25	极不符合	14	0.04929578
			不符合	12	0.04225352
			中立	13	0.04577465
			符合	20	0.07042254
			非常符合	12	0.04225352
个人因素： 心理健康	43	0.3	极不符合	7	0.04883721
			不符合	7	0.04883721
			中立	9	0.0627907
			符合	7	0.04883721
			非常符合	13	0.09069768
个人因素： 自我效能	43	0.25	极不符合	11	0.06395349
			不符合	9	0.05232558
			中立	8	0.04651163
			符合	5	0.02906977
			非常符合	10	0.05813954
个人因素： 外倾性	71	0.2	极不符合	11	0.03098592
			不符合	14	0.03943662
			中立	14	0.03943662
			符合	13	0.03661972
			非常符合	19	0.05352113

第五节　系统创新点

一、用户审核制度

在人员管理模块的被调查者用户注册中，本系统应用了管理员审核制度，新用户注册之后经过管理员审核通过才能登录和使用系统。用户审核制度的目的在于提高系统用户的质量，并借此提高系统内数据的真实度和整个系统的安全性。

二、问卷随机生成

本系统的另一个显著特点在于"问卷计划"概念的引入与问卷随机生成功能。管理员只需要给定一份问卷计划包含中的总题数，之后系统在后台就可以根据题库与问题类型列表自动生成符合要求的随机问卷，问卷问题的随机性使得用户在回答问卷时可能遇到的问题更加多样化，显著地提高了用户信息的真实性。

三、一般用户与研究者的模糊评价算法

本系统的数据分析算法在参考了模糊评价算法与最大隶属度原则的同时，根据本系统的实际情况进行了改良创新，成功地将答案概率、矩阵与权重的概念与灵活可变的问题类型相结合，创造出了独特有效的分析算法。针对研究者对多个用户数据进行统计分析的需求，对一般用户的分析算法进行了调整、本系统建立了一整套针对多类型用户、可变问题类型的模糊评价分析算法。

四、系统拓展空间大

本系统的功能拓展有着极大的发展空间，系统不仅允许管理员对问卷题库进行增添删改，更重要的是管理员还可以对问题类型进行添加、更改和删除，系统中的算法也与具体的问卷结构彼此独立，可以对任何类型的问卷构成进行数据分析并反馈结论。通过修改系统中的问题类型，本系统支持对完全不同内容的主题进行数据的收集与分析，可以拓展成为普适性的问卷调查数据处理平台。

第八章　工作-家庭促进的实施策略

本章的主要目的是在前文实证检验了中国情境下组织成员工作-家庭促进前因和后果之后，对于如何采取有效措施使工作-家庭关系朝着积极的方向发展，从政府、组织、家庭和个体四个层面提出相应的对策建议。

第一节　政府策略

工作-家庭关系问题关乎国计民生，尤其是工作-家庭促进的推行对于激发全民正能量，塑造和谐社会关系至关重要，因此需要政府和各种社会力量共同努力。既要借鉴其他国家的成熟经验，又要结合中国国情，探索中国情境下适合中国组织的工作-家庭促进实施策略。

一、健全法律制度

中国是法治国家，严格奉行依法治国的基本国策。1978 年，中共十一届三中全会提出"有法可依，有法必依，执法必严，违法必究"的法制建设方针。次年，全国人民代表大会就紧锣密鼓地加紧全面立法工作。伴随着《中华人民共和国宪法》、各地方性法律法规体系的建立和完善，到 2011 年，我们逐渐形成了一个立足于中国国情和实际、适应改革开放和社会主义现代化建设需要、集中体现党和人民意志的，以宪法为统帅，以宪法相关法、民法、商法等多个法律部门的法律为主干，由法律、行政法规、地方性法规与自治条例、单行条例等三个层次的法律规范构成的中国特色社会主义法律体系。

党的十六届六中全会明确提出，构建和谐社会是中国特色社会主义的本质属性，是国家富强、民族振兴、人民幸福的重要保证，是加强党的执政能力建设的重要内容。这里的和谐不仅包括个体自身的和谐、人与人之间的和谐、社会系统和谐、各阶层和谐，还涵盖个人、社会与自然之间的和谐，以及整个国家与外部世界的和谐。在这些和谐内涵中，就广大民众而言，与每个人都息息相关的是个体自身的和谐。工作-家庭促进恰恰就是通过实现工作和家庭两个领域的互益发展来缓解个体的工作-家庭冲突、紧张、压力、情绪疲惫等消极体验，这与个体实现自身和谐的目标不谋而合。不过，到目前为止，大部分工作-家庭促进措施仍然停留在组织层面的现实探索，不能有效获得国家相关法律法规的认可和保护，这也直接导致了各种工作-家庭促进举措的无力。为了更好地促进工作与家庭两个领域的协同发展与彼此推动，有必要将工作-家庭促进纳入我国法律相关规定之中，以期形成全社会支持的氛围。为此，我们需要做到如下几点。

1. 梳理现有法律条例，探求工作-家庭促进法律法规制定的空间

工作-家庭促进关乎工作和家庭两个领域，这也启发我们先从这两个领域的现行法律出发，考察是否有吸纳入工作-家庭促进的可能性。在"北大法宝"①中依次输入"工作""家庭"和"工作-家庭"三个关键词进行搜索，可发现工作的"中央法规司法解释"和"地方法规规章"分别为 36 543 篇和264 869 篇；家庭的"中央法规司法解释"和"地方法规规章"分别为 243篇和2941 篇；工作-家庭为 0 篇。搜索结果涵盖了法律、行政法规、司法解释、部门规章、团体规定、行业规定和军事法规规章的效力级别，其发布部门包括全国人民代表大会、全国人大常委会、最高人民法院、最高人民检察院、国务院、国务院各机构、中央其他机构等。当仅将搜索结果限定为"法律"时，工作类的法律法规就只剩下 2 条失效的法律，即《县级以上人民委员会任免国家机关工作人员条例》和《中央人民政府任免国家机关工作人员暂行条例》；家庭类只余 1 条法律，即 2015 年发布、2016 年实施的《中华人民共和国反家庭暴力法》（主席令第 37 号）；工作-家庭类的则是 0。法律查找结果再次证实了我国国家法律法规对工作相关家庭议题的关注度不够，但也在一定程度上说明了健全相关法律的未来空间还很大。因此，我国政府未来推动社会政策实现工作相关家庭促进的潜力很大，工作相关家庭促进有待坚实的现实法律基础。

2. 遵循循序渐进原则，推动工作-家庭促进逐步进入法律视野

健全工作-家庭促进相关的法律必定不是一蹴而就的，而是需要逐步地、

---

① 法律搜索查询时间为：2016 年 9 月 15 日。

一步一个脚印地靠实践积累来促成。作为一个新生事物，工作-家庭促进的发展需要逐步进入学术界和实践界的研究视野，并从这两个领域出发共同促使其进入国家法律体系。具体的，一方面，加快我国工作-家庭促进的研究步伐。目前，大部分工作-家庭促进研究都是在西方国家开展的，以中国情景为基础的工作-家庭促进研究起步较晚且成果不多，不能有效满足学术成果指导实践的需要。为此，我们需要不断推动学术界对工作-家庭促进研究的关注，共同探讨如何促进组织成员实现工作-家庭平衡。另一方面，积极推动工作-家庭促进的实践发展。构建工作-家庭促进相关法律离不开成功的实践。为此，可选取不同组织作为试点，引入大量实践已经证明的、能够较好地满足当前民众需求的工作-家庭促进条目，鼓励组织成员使用工作-家庭促进举措，并且及时跟踪和反馈管理者与组织成员对工作-家庭促进的认识和体会，让大家逐渐意识到工作-家庭促进的优越性。在学术和实践的双重推动下，及时启动工作-家庭促进相关法律制定程序，经过法律立案、提案等步骤，促进工作-家庭促进逐渐成为新的法律。此外，需要注意的是，将工作-家庭促进纳入法律体系只是第一步，我们还应该随时注意工作-家庭促进相关条目的实践反馈，及时发现它们的弊端和不足，并通过不断修订进一步完善法律体系，强化工作-家庭促进的法律地位。

二、发动社会资源

Voydanoff [1] 指出，资源对于促进工作-家庭平衡具有主导作用，因为它们能够让员工同时满足工作和家庭两个领域的要求。从实践意义上来说，只要让员工拥有足够的可用资源，那么他们就能够应付工作中的大量要求。[2]

具体到工作-家庭促进，有效的社会资源指的是工作-家庭促进执行过程中需要投入的人力、物力和财力等。具体的，人力涉及人力资本，即发展出一批致力于工作-家庭促进、受到科学理论知识和实践训练的专业人才队伍；物力指的是要有实现工作-家庭促进的设施和场所；财力既为工作-家庭促进实践提供物质支持，又能为其后续运营奠定基础。在工作-家庭促进实践中，这些资源不一定是既定存在的，因此实践者通常还需要通过各种资源链接方式来获取资源，推进社会资源的效能发挥。

---

① Voydanoff P. Toward a conceptualization of perceived work-family fit and balance: A demands and resources approach. Journal of Marriage & Family, 2005, 67(4): 822-836.

② Bakker A B & Demerouti E. The job demands-resources model: State of the art. Journal of Managerial Psychology, 2007, 22(3): 309-328.

　　能否有效地调动和利用资源是工作-家庭促进能够顺利开展的关键因素。根据社会资源的内涵，我们需要从以下两个方面做出努力。

　　1. 坚持政府为主，企业和社会力量为辅的多渠道筹资模式

　　在我国，政府公共财政支持对于经济、政治、文化、社会等各个方面都具有重要影响，是各种法律顺利执行、各项社会政策得以实施的重要资源支撑体系。《2015 年全国一般公共预算收入和支出决算表》[①]显示，2015 年全国一般公共预算支出 175 877.77 亿元，同比增长 13.2%，并且显著高于公共预算支出（152 269.23 亿元）。显然，我国政府在公共事业上的投入逐渐加大，而这势必会为工作-家庭促进的顺利运行提供财力保障。除此之外，企业和社会力量也是工作-家庭促进运作资源的重要来源。其中，企业以税收支持工作-家庭促进。随着我国经济实力的不断增强和"大众创业，万众创新"目标的深入发展，企业的税收收入总量和水平将得到进一步提高，而这反过来也能推动工作-家庭促进的实践发展。社会力量则为工作-家庭促进提供人力和财力。非营利组织的蓬勃发展和"志愿服务精神"的深入人心使得越来越多的民间爱心人士和志愿者加入公共事业之中，他们已经成为公共事业发展的重要社会基础。同时，社会组织还可通过募捐、赠送、公益收入等多种方式筹措资金，并且投入到工作-家庭促进的实践中来。

　　2. 开展政企社合作的高效资源运作方式

　　政府、企业和社会力量各有优势和不足：政府具有较多的资源及较强的综合协调能力，但是不适用于个体层面的行动策略；企业能够调动自身组织层面的资源和员工力量，但是缺乏较强的权威性；社会力量拥有灵活的发展机制和无限生命力，但是自身资源较为短缺。通过将政府、企业和社会力量三者有机结合起来，能够趋利避害，获得较高收益。目前，政府正在大力推行政府购买社会服务这种新型的公共服务模式，并且相继出台了《国务院办公厅关于政府向社会力量购买服务的指导意见》（2013 年）和《国务院办公厅关于成立政府购买服务改革工作领导小组的通知》（国办发〔2016〕48号）等行政法规。因此，将政府和社会力量结合起来，能够有效推进工作-家庭促进。企业是重要的组织力量。一方面，政府可以向特定企业（如创新产业或者科技行业）购买社会服务，以企业的创造力和科技力推进工作-家

---

　　① 新华社. 财政部公布 2015 年全国财政决算[EB/OL]. 中央政府门户网站. http://www1.www.gov.cn/shuju/2016-07/15/content_5091772.htm.

庭促进的发展步伐。另一方面，企业也可以通过购买社会服务的方式，将自身团队建设、员工能力拓展等服务项目外包出去，获得更多的转变机遇。

三、完善社工制度

健全法律法规能够为工作-家庭促进提供强有力的国家支持和保护，社会资源的不断丰富与有效运作机制为工作-家庭促进带来深度发展的动力，而社会工作人才队伍则是工作-家庭促进实践的重要推动力量。

社会工作（Social Work）是遵循以人为本、助人自助、平等公正的专业价值观，在社会服务及社会管理等领域，综合运用专业知识、技能和方法，帮助有需要的个人、家庭、群体和社区，整合社会资源，协调社会关系，预防和解决社会问题，促进社会稳定和谐的专业和职业。[①]社会工作最早发端于西方国家，强调"人在情景中"，注重人们的内心感受，通过心理疏导、资源链接、社会融入、家庭治疗、社区矫正等专业工作方法帮助个人和社会预防或解决社会问题，不能能为工作-家庭促进做出贡献。具体的，个案工作（Case Work）通过运用更具针对性和个别化的方法，帮助服务对象及其家庭摆脱困境，促成其潜能的发挥与提升；小组工作（Group Work）主张以群体协作的力量来促进个人自我成长，提升小组的整体实力，加快社会的进步与完善[②]；社区工作（Community Work）积极链接社会资源，强调通过社区行动、社区动员等方式为社区发展献言献策，促进社区整体环境的改善。

在社会工作的伦理规范和价值观念的影响下，社会工作者（Social Worker，简称"社工"）是运用个案、小组、社区、行政等专业方法，以帮助机构和他人发挥自身潜能，协调社会关系，解决和预防社会问题，促进社会公正为职业的专业工作者。随着政府工作重点更加指向百姓的切身利益和需求，更加注重民生问题的解决，社会工作提高社会福利水平的功能日益显著，这也使得构建一支结构合理、素质优良的社会工作人才队伍受到政府越来越多的重视和关注，而这支队伍同样也是工作-家庭促进切实需要的人力资本。《社会工作专业人才队伍建设中长期规划（2011—2020年）》[③]指出，到 2020 年，我国要建立健全社会工作专业人才法规、政策和

---

① 李迎生. 社会工作概论. 2 版. 北京：中国人民大学出版社，2010:6.

② 张洪英. 小组工作：理论与实践. 济南：山东人民出版社，2005.

③ 民政部. 社会工作专业人才队伍建设中长期规划（2011—2020 年）[EB/OL]. 中华人民共和国民政部门户网站. http://www.mca.gov.cn/article/zwgk/fvfg/shgz/201204/20120400302330.shtml.

制度体系，造就一支结构合理、素质优良的社会工作专业人才队伍，使之适应构建社会主义和谐社会的要求，满足人民群众日益增长的社会服务需求。其中，社会工作专业人才总量需增加到 145 万人，中级社会工作专业人才达到 20 万人、高级社会工作专业人才达到 3 万人。《国家中长期人才发展规划纲要（2010—2020）》[①]更是明确提出，到 2020 年，社会工作人才总量达到 300 万人。显然，国家不仅注重社会工作者人才的数量目标，还强调其素质和结构，为我国社会工作制度的完善提供了依据和支持。具体到如何通过完善社工制度来加快工作-家庭促进，本研究认为可从如下方面着手。

1. 以社会工作教育为先导，坚持产学研相结合的人才培养模式

虽然我国对社会工作者的需求很大，但是由于社会工作发展较晚，社会工作者数量有限，缺口很大。另一方面，社会工作者较高的流失率使社工人才供需比更为失调。据相关报道，2015 年，深圳社工队伍流失率约为 18.8%，流失的社工中大约有 700 多人不再从事社工行业，约占离职人数的 88%，仅有 12%离职社工选择到其他地方继续从事社工行业[②]；而东莞近五年的社工离职率都在 10%以上，2015 年的离职率高达 18.31%[③]。因此，完善社工制度的前提是培养出更多的社会工作人才。这样做同样能够为实现工作-家庭促进做好人力储备。

首先，坚持社会工作教育的先导作用。社会工作者开展社工实践的基础是遵守社会工作实践的伦理守则和价值导向，掌握社会工作三大专业方法的实施技巧，拥有坚韧、真诚的心理感知基础，而这些品质都需要通过科学专业的训练才能获得。因此，要想成为一名合格的社会工作者，就必须接受某个阶段（例如大学、研究生、博士）的系统训练。即便没有经过社会工作学历教育，不能可以通过部门定期考核、职业培训、社会工作职称考试等不断丰富自己的社会工作知识。

其次，坚持产学研相结合的人才培养模式。在经过社会工作教育之后，社会工作专业毕业生就要走进社工机构等非营利组织。不过，通过社会工作

---

① 人力资源社会保障部.国家中长期人才发展规划纲要（2010-2020）[EB/OL].中华人民共和国人力资源和社会保障部门户网站.http://www.mohrss.gov.cn/syrlzyhshbzb/zwgk/ghcw/ghjh/201503/t20150313_153952.htm.

② http://news.sina.com.cn/o/2016-02-23/doc-ifxprqea5072450.shtml.

③ http://news.sun0769.com/dg/headnews/201604/t20160407_6451568.shtml.

教育所传授的专业知识在学生毕业后的工作过程中往往难以派上用场[1]，基于书本教育无法有效模拟和预测社会工作实践的困境和难题，所以社会工作学生还需要提前"走出来"，通过到基层社区和福利机构等实习基地的实习来培养和锻炼自己解决问题的能力和心理承受能力。再者，社会工作不光是一个实践性很强的专业学科，还是一个有着科学研究要求的学科。为此，积极鼓励社会工作学生参与相关研究，探讨社会工作的现状、需求、困境与出路，总结社会工作实践技巧与经验，重视单案例或者多案例研究，以社会工作研究推动社会工作实践的进一步深入，并且促进社会工作教育的发展。

2. 健全社工资格认证制度，促进职业生涯健康发展

社会工作是一种专业，更是一种职业。在实践过程中，社会工作者既要掌握科学专业的服务技巧，也要获得国家认可的资质证明。张捷和张海英[2]指出，真正的社会工作者是有一定资格要求的，只有专业性的人才才能把社会工作做得更好，加强和完善社会工作专业认证制度势在必行，并且主张构建资格认证、学校教育、社会需求和政府支持四位一体的联动机制。不过，在我国，很多活跃在社区、社会组织等的社会工作从业人员尚未获得助理社工师、中级社工师。为了推动社会工作服务专业化和规范化，如果社会工作从业人员获得相关证书，那么他们就会获得对应的加薪待遇。例如，济南的助理社工师每个月补贴150元或200元，而中级社工师则补贴300元。在一定意义上，社工资质证书是增加工资的必要条件。健全社工资格认证制度，不仅需要加强对社会工作者理论知识的考察，为其开展社会服务奠定基础，还需要尝试实践操作层面的技术考察，使拥有社工资质的社会工作者达到工作-家庭促进的实务能力得到进一步提高。

社会工作者秉持人文情怀开展助人自助的社会服务活动。他们既是服务提供者，也是社会组织成员，因而同样需要考虑其职业生涯发展前景。很多研究都将社会工作者的流失归结为薪资水平不高、晋升空间有限，但从根本上来说是对未来职业生涯前景感到失望。作为社会工作者，在一开始从事各种基层或者一线的工作可积累资源和资本，但当其具有了可晋升资格之后却仍然停留在原有职位，就会造成他们的不满。为此，需要对社会工作者的职

① 洪佩，费梅苹. "场域-惯习"视角下我国社会工作者的实践策略分析. 华东理工大学学报（社会科学版），2015, 30（6）：21-30.

② 张捷，张海英. 试析社会工作者资格认证的重要作用. 北京航空航天大学学报（社会科学版），2008, 21（3）：27-30.

业生涯发展做出良好规划。首先，入职初期需对社会工作者进行职业生涯发展宣讲，明确组织认可职业发展路径（如"一线社工经验 1 年以上→社区服务中心副主任""1 年一线社工→社区服务中心主任""2 年主任→机构区域经理／副总干事／副总干事 2 年→总干事"），使其明白自身达到何种能力和工作多长时间之后可以被组织考虑升职。其次，职业稳定期可给予社工激励，增加其工作动力；加强职业技能培训，促进其能力提升。最后，职业上升期做好工作交接工作，在坚持能力为本的基础上引导其对更高职业地位的追求。

3. 加快开发社工岗位，把社工人才的优势落到实处

目前，社会工作者主要在社区居委会、妇联、救助站、非营利组织中开展服务。这些工作岗位聚焦为弱势群体服务，但是随着社会的发展，社会工作的服务对象逐渐向全体民众延伸，甚至包括政府官员、企业高管等"非弱势"群体。因此，在保留传统社工岗位的基础上，还需不断开发面向全体民众的其他工作岗位，为社会工作者提供更加丰富多样的职业选择。

首先，积极推进社工专岗（如学校社工、医务社工等）的设置。社会工作具有广泛的服务领域，而各个领域又有着各自不同的特点和需求，为此需要针对不同的服务领域设立不同的社工专岗。例如，对于学校社工而言，他们需要了解青少年的年龄阶段特征、成长过程中可能需要的问题及应对措施，鼓励学生主动与老师、家长沟通交流，不断学习新知识，增长自身才干。其次，加快社工进入政府部门体系。我国现有政府部门中的社工岗位较少。随着民政部设立人事司（社会工作司），将社工专岗纳入其他政府部门具有了可能性。最后，鼓励企业设置社工岗位。"十二五"期间我国企业发展情况指出，截至 2015 年 12 月底，全国实有企业 2185.82 万户（含分支机构），较 2010 年底共增长了 92.3%，年均增速 14.0%，比"十一五"高出 6.9 个百分点。[①]作为国民劳动力的主要载体，企业数量的增多带来了更多的工作岗位，也引发了一系列问题：工作压力、紧张、疲惫、职业倦怠等。因此，在企业中设立社工专岗，可以运用社会工作专业方法解决组织成员所遇到的各种问题，及时化解他们的担忧，实现工作-家庭促进。

总之，通过发展社工教育，可为工作-家庭促进构建良好的人才队伍；注重社会工作者的职业生涯发展，可为工作-家庭促进质量提供有效保证；不断开发社工岗位（如在企业中设置社工专岗），可为工作-家庭促进实践带

---

① http://news.163.com/16/0311/16/BHT2KUEH00014JB5.html.

来广阔的空间。

第二节　组织策略

资源获取发展观强调了系统层面（组织、家庭）对于工作-家庭促进的意义，也就是说，组织成员实现工作-家庭促进并不仅仅是自己的事，他们处理好工作与家庭的关系会对组织及其家庭做出贡献。虽然对于组织来说，最重要的是实现组织的战略目标，获得更大的利润。但个体作为组织人力资源的重要组成部分，其对组织的贡献不容忽视。在人才激烈竞争的今天，如何吸引和留住优秀人才是人力资源管理所面临的难题。如果个体的工作-家庭促进在组织内不能实现，那么他就很有可能离开，去寻找新的有利于家庭的发展空间。因此，帮助组织成员实现工作-家庭促进同样也是组织的职责。

一、组织策略的演化历程

以往研究对于工作-家庭互动政策的测量主要包括三个主要阶段，即工作-家庭议题出现阶段（分隔领域模型）、针对工作生活阶段（重叠领域模型）和家庭-工作生活整合阶段（工作整合模型）。虽然这些模型部分已经过时，但仍继续地为组织策略实践提供框架。[①]

1. 工作-家庭议题出现阶段

最初的工作-家庭议题是女性议题而不是雇员议题。这一阶段（20 世纪 50、60、70 年代）主流的性别角色态度比现在更传统。一般认同女性主要的社会角色是妻子和母亲，男性的主要社会角色是养家糊口的人，认为多重角色对女性是不好的。这些态度不可避免地引起对雇用女性能否满足家庭和工作需求能力的担忧。女性不得不做出一个困难的选择——工作还是家庭？在这个阶段，公司被告诫应对工人的非工作需求（如抚养孩子）给予帮助。

不幸的是，尽管 Kanter[②]的研究已经使多数决策制定者意识到工作和家庭领域不是相互分割而是有相互益处的，但这些理解并没有应用到组织政策

---

① Barnett R C. A new work-life model for the twenty-first century. Annals of the American Academy of Political & Social Science, 1999, 562(1) : 143-158.

② Kanter R M. Work and family in the United States: A critical review and agenda for research and policy. Russell Sage Foundation, 1977.

之中，这一阶段工作和家庭领域是完全分隔的（图8-1）。

图8-1　分割区域模型

这种分隔区域模型受到了当时流行的公司文化——雇员不能将家庭问题带入工作观点的强化。女性不得不遵从传统的男性是养家糊口的人的一维观点。

这些态度导致组织策略的主要目标是帮助女性雇员更好地管理工作和家庭的边界，使得她们成为更有效率的雇员[1]，主要的政策是父母假、灵活时间、工作场所孩子照顾以及孩子医疗照顾服务。许多公司在条文中有这些政策，但是在实践中，要求这些福利意味着忠诚更低，个体的机会和职业发展可能受到损害，因此非正式的组织文化比正式政策在更大程度上塑造着雇员行为。

应该看到，虽然这些政策能够部分缓解成员压力，但是由于其违背了一些事实，如不仅仅女性，男性也同样需要和希望回应非工作（如家庭）方面的责任；整合的角色不是耗尽能量而是补充能量；工作特征本身而非干预往往是压力的主要来源；工作和家庭不是分割的领域，实际上是相互影响的[2][3][4][5][6]。因此上述政策不能从根本上解决实际问题。

[1] Schein V E. The work/family interface: challenging corporate convenient. Women in Management Review, 1993, 8(4): 22-27.

[2] Barnett R C, Marshall N L & Singer J D. Job experiences over time, multiple roles, and women's mental health: a longitudinal study. Journal of Personality & Social Psychology, 1992, 62(4): 634-644.

[3] Bolger N, DeLongis A, Kessler R C & Wethington E. The microstructure of daily role-related stress in married couples. In Eckenrode J & Gore S(Eds.), Stress between Work and Family. Springer US, 1990: 95-115.

[4] Repetti R L. Effects of daily workload on subsequent behavior during marital interaction: the roles of social withdrawal and spouse support. Journal of Personality & Social Psychology, 1989, 57(4): 651-659.

[5] Stroh L K, Brett Jeanne M & Reilly Anne H. All the right stuff: A comparison of female and male managers'career progression. Journal of Applied Psychology, 1992, 77(3): 251-260.

[6] Thoits P A. Identity structures and psychological well-being: Gender and marital status comparisons. Social Psychology Quarterly, 1992, 55(3): 236-256.

2. 针对工作生活阶段

20 世纪 70 年代以后，人口统计特征发生了重大变化，有四大趋势特别值得指出：①双职工夫妇持续增加；②有年幼孩子的母亲的劳动力市场占有率增加；③男性和女性工作模式相似性增加；④新的家庭模式的扩散。这种变化引起了人们对于性别角色态度上的变化[①]：①男性和女性在维持家庭上有平等责任；②男性和女性在养家糊口上有平等责任；③母亲-孩子的关系不再比父亲-孩子关系更特别；④父亲能够而且应该在孩子照顾上承担主要责任。于是，这些新的变化引出了领域重叠模型（图 8-2）。

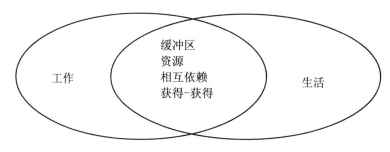

图 8-2 领域重叠模型

从图 8-2 不难看出，区域重叠模型相比区域分隔模型有几个改进：①认为工作和家庭相互依赖；②从关注冲突和问题向关注彼此间积极影响方向转变。

理论上讲，随着越来越多的男性和女性分担支撑家庭和照顾责任，他们希望所在的组织意识到并促进这种新的情形。从组织角度看，为了留住一个优秀人才而必须满足夫妇共同需要的必要性在不断增加。这一时期的政策与前一阶段的政策一样，包括父母假、灵活时间、工作场所照顾孩子、孩子医疗照顾服务等。

不幸的是，许多组织并不情愿采用这些政策，尤其是在组织规模缩减、合并及裁员时期更加明显。伴随着大量的态度和人口特征变化，以及工作生活政策和实践变化，最惊人的结论是什么都改变了而又什么都未改变。[②]

---

① Bond J T, Galinsky E & Swanberg J E. The national study of the changing workforce. New York: Families and Work Institute, 1997.

② Barnett R C. A new work-life model for the twenty-first century. Annals of the American Academy of Political & Social Science, 1999, 562(1): 143-158.

3. 工作-家庭体验阶段

这一阶段有两个重要趋势。第一，人们特别是受高教育水平的人更愿意要更少的孩子，并更关注于夫妻关系和家庭生活；第二，寿命延长意味着越来越多的人考虑工作之外的生活。反映到价值观方面，男性和女性都表达了如下的愿望：工作更少时间；以减少工资和晋升换取更多的家庭时间。这种变化导致了在每个双职工家庭中，家庭需求不得不和至少有各自需求的两个工作场所相和谐（图 8-3）。

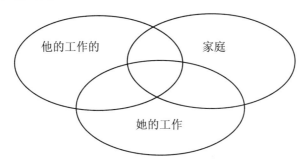

图 8-3　工作家庭整合模型

该模型原则上强调了组织策略只关注个体自身的需求已经不够，组织越来越意识到成员是有配偶的，必须同时考虑配偶的需求和愿望。不幸的是，此阶段的组织实际策略并没有什么创新，最常使用的政策仍然是父母假、灵活时间、工作场所孩子照顾、孩子医疗服务以及老人医疗服务。工作场所特征、性别角色态度的变化并没有反映到政策上，除了老人医疗服务外，其他和区域分隔时期几乎一模一样，我们再一次看到了理论和实践的差距。

二、基于工作-家庭系统的组织策略

通过上述对于组织策略演化历程的分析，我们了解到一个事实，就是现实中的组织策略并不乐观。一项由美国商业周刊杂志和波士顿大学工作家庭中心实施的调查显示，在十大最亲善公司中，62%的员工认为他们的公司对其要求太多，且以牺牲他们的家庭时间为代价。[①]

基于资源获取发展观和本研究前期构建的理论模型，在借鉴了 Barnett

① Barnett R C. A new work-life model for the twenty-first century. Annals of the American Academy of Political & Social Science, 1999, 562(1): 143-158.

的研究之后①，一个有利于工作-家庭促进实现的、针对组织的策略框架被提出。与以往的组织策略模型不同，工作和家庭两者之间不再是分割的领域，也不再是重叠的领域，而是一个互动系统（图8-4）。

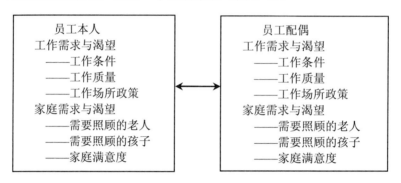

图8-4　基于工作-家庭系统的组织策略框架

可以看出，这一模型扩大了影响组织成员及其配偶做出平衡工作-家庭需求决定的因素。比如，工作场所政策和项目不仅仅是组织成员接受的外部现实，而且是一种有利于或不利于家庭适应政策实现的条件。为了实现工作-家庭和谐，组织需要采取一系列新的政策，如可选择的职业生涯以及改变晋升标准等。比如，如果组织能提供压缩工作时间的职业选择，同时做出绩效评价和晋升的清晰标准，使组织成员能协调自己的工作计划以满足变换了的工作-家庭系统，而不用担心损失。另外，如果绩效根据产出而不是投入（如时间）来衡量，那么个体将能更好地控制自己的工作。这些政策将增加他们对家庭生活方面的控制，反过来又减少了压力并提高了满意程度。

这个策略框架要求组织将工作-家庭促进问题纳入其决策的核心位置，组织决策需要考虑是否影响成员及其家庭生活。如在公司所在地是否应该搬迁的问题上，除了成本和绩效的考虑外，公司还需要考虑新社区的孩子入学、入托及养老院设施的质量；在公司是否周末加班问题上，需要衡量收入以及影响成员家庭生活的成本；上班前的早会也要考虑父母是否需要在这时送孩子去学校或满足晨练。这一策略框架将减少工作-家庭系统成本并实现组织需要的目标。

---

① Barnett R C. A new work-life model for the twenty-first century. Annals of the American Academy of Political & Social Science, 1999, 562(1): 143-158.

工作场所的结构因素如弹性工作制和自主权对个体平衡工作、个人和家庭生活以及身心健康非常重要。许多人没有这些工作条件，他们希望获得这些优势，甚至以离职为代价来得到。一个来自美国的分析显示，25%没有灵活时间安排的员工愿意通过离职来获取灵活性，在孩子年龄小于6岁的职业男性和女性中，这个数字上升到了30%。显然，组织应该从仅强调工作-家庭冲突的政策中走出来，更多关注工作本身的特点及其如何影响成员整合家庭各个方面的能力。管理者需要反对传统的角色观点，并将关注点从工作时间转向工作绩效。

在当今动态复杂的环境中，组织需要抛却以往的惯性思维。针对组织的策略框架以工作-家庭促进的思维代替了过时的"工作-家庭处于一种零和局面，要达成平衡有一定的难度和限制"的思维定式，强化了家庭成员成功整合复杂生活各个方面的能力。另外，采用这个新的策略框架可以激励组织做出创新的工作场所决策，不但能够同时满足成员需求和改善组织绩效的职能，还将有助于弥补理论与实践之间的差距。

三、对组织管理者的启示

基于工作-家庭系统的组织策略框架给予组织管理者的首要启示在于改变了侧重于工作-家庭干预的传统观念。侧重于工作-家庭方面的培训开发活动可以保证工作与家庭的相互促进。到目前为止，本研究已经证实工作与家庭并不是相互竞争、此消彼长的关系，在很多方面，工作和家庭是相互促进的。工作上的成功经常有助于家庭的幸福，反之亦然。

对于组织管理者来说，怀有工作-家庭和谐的理念相比工作-家庭平衡理念对设计开发活动更加有所帮助。以往的研究已经充分证明了当个体意识到工作可以对家庭生活产生积极影响，他们的工作满意度更高、工作激励更强、离职率也更低。本研究定量调查的数据显示出工作时间和工作地点的灵活性是对家庭生活的最主要的促进因素。管理者可以通过增加工作场所的灵活性来支持组织变革的努力，如灵活的工作起始时间、午休时间的灵活性、压缩的工作时间、减少工作时限、远程工作和工作分享计划等。虽然这些政策已为组织所熟知，但是很少被采用。管理者可以通过培训帮助组织成员使用这些政策来使工作成为家庭生活的促进因素。与此同时，对家庭关系的教育可以通过家长教育课程、婚姻讲座和工作-家庭平衡活动来完成。无论是管理者还是员工都关注家庭生活，和谐稳定的夫妻关系和与儿女的关系有利于促进工作绩效。采用旨在促进家庭关系的人力资源措施同样可以取得一个双赢的局面。具体措施如下：

1. 从组织战略层面推进工作-家庭促进实施

组织能否为其成员家庭的工作环境提供便利取决于组织对可持续发展的态度、社会责任的理念和对成员关系的理解。已有研究和管理实践都证明了组织关注成员家庭可以为组织带来积极的财务及人力资源方面的成果，也可以更好地承担社会责任。因此，组织可以将实现成员工作与家庭的平衡提升到战略高度，并作为人力资源管理决策的指导思想，使之成为组织的竞争优势以吸引和保留高素质的人才。

2. 从成员需求出发整合组织资源

对于不同行业、不同成长阶段、不同盈利模式的组织，其成员需求是不同的，同一组织内成员个体背景差别也很大，即使是同一个个体在不同的生命阶段所承担的家庭责任也会有所不同，这些差异造成了个体对组织资源的不同关注。根据资源保护理论，个体将会选择符合他们资源需求的环境，并尽力获得或保持他们的资源储备。这就要求组织根据个体需求整合资源，为组织成员创造与需求相匹配的环境，其中就包括他们的家庭需求，高层管理者用长远的眼光来看待有利于成员家庭的组织资源投入。

3. 创建组织支持型的工作-家庭文化

对于那些意识到应该加大有利于成员家庭的资源投入的组织来讲，个体是否感知到组织的工作-家庭文化将会影响他们是否使用这些福利的决策。已有研究发现，家庭亲善政策的使用会受到组织工作-家庭文化的影响。[①]具体的，支持型的工作-家庭文化有利于个体使用相关政策；反之他们会因担心加薪、晋升等而限制个人的使用。如果人们不使用，组织提供的家庭政策就是一纸空文。因此，组织必须发展支持型的工作-家庭文化，通过理念识别、形象识别和制度构建等形式形成亲善型的工作-家庭文化，并且让组织成员积极参与进来。这样不仅可以提升政策的针对性，保证了实施的有效性，同时还可以让组织成员感受到上级主管的信任，体验那种个人利益与组织发展息息相关而激发的强烈的责任感，达到组织和个人双赢的目的。

---

① Peper B, Dikkers J, Vinkenburg C & Engen M V. Causes and consequences of the utilization of work-life policies by professionals: "Unconditional supervisor support required". in S Kaiser, M Ringlstetter, D R Eikhof & M. Pinae Cunha(Eds), Creating balance? Berlin/Heidelberg:Springer, 2011:225-250.

4. 鼓励团队成员互助

团队和谐的关键在于其成员共同努力产生积极的协同作用，使团队绩效远大于个体绩效的总和。在和谐团队内部成员之间容易培养出较强的情感共鸣，更倾向于采用能在最大程度上平衡各成员工作和家庭的任务委派方式，更加重视合作和互助。组织成员是否使用家庭亲善政策在一定程度上也受到团队其他成员的态度影响，当某个人需要处理紧急家庭事务时可能导致同事的任务增加，这就需要他人的理解和支持。和谐的团队氛围有利于团队成员间积极情绪的传递，有利于实现良好的沟通和经验的交流，有利于更加有效地完成组织任务。

5. 创新绩效考核制度

以往的组织绩效考核较少考虑其成员家庭因素，组织兼顾成员家庭需求意味着原有的监督和考核制度需要进一步创新和完善。比如弹性工作制度，无论员工的工作时间如何安排，组织都需要做到能够对选择弹性上下班的人员的工作质量和数量进行精确考核；而对于选择在家办公或远程办公的人员，组织就需要具备完善的管理制度，既能监督他们始终如一地工作，也能保证政策实施达到预期的目标。

第三节　家庭策略

我们常常会见到这样的情景，有些人攀上了事业的巅峰，却在身后留下了破裂的婚姻和形同陌路的子女；还有一些人自认为家庭第一，顾家眷子，但在工作中却表现平庸，无所作为。有的父母会因为参加工作会议错过了孩子的家长开放日感到内疚，也有的父母会因为参加孩子的家长开放日错过了工作会议而感到难过。工作和家庭不是彼此孤立的领域，人们不能仅凭在其中一个领域不断努力就能获得巨大成功。家庭是个人幸福的根本要素，最重要的成功应该是在家庭中取得的成功，一代更比一代强是我们为整个社会做贡献的最佳方式。《根》的作者阿历克斯·哈利说过："就像构成物质世界单元的质子、中子和其他亚原子颗粒一样，家庭也是我们的社会存在和发展的基石。"

一、正确认识自己的家庭

我们往往把工作看作一个付出的地方，把家看作一个休息的地方。我们身心疲惫地下班回家后，总希望看到一切都井井有条，每个人都高高兴兴，而我们也可以从一天的劳累中恢复。

但现实情况却是：养育孩子也是一项工作，培养与家人的关系需要努力，保持家里干净整洁是一项不轻的任务。现实没有满足我们潜意识中对家庭的预期，我们开始在各种小事上责怪和惩罚我们的家人。

生活中最大的快乐和满足来自家庭，这是完全正确的结论。同样，这种无可比拟的满足感只有在我们把自己完全地献给家庭、为家庭工作、为家庭牺牲时才能得到。这种快乐与"贡献"是等价的。一旦自己的预期与贡献保持一致，你将不仅获得更大的家庭满意度，还将看到工作和家庭都是贡献的舞台，通过工作和家庭的相互补充，你能超越竞争和承诺，解决传统的工作与家庭的矛盾。此外，预期与贡献原则保持一致，还将开拓你的视野，认识到其他有意义的贡献方法。不论你在家庭中是何种角色，你都可以做一些事情使家庭生活更美好。良好的家庭生活是主动采取措施、有意识地投资于最重要的人际关系所出现的结果。

二、学会家庭管理

"家庭管理"就是用你独特的方式去影响和培养家庭成员。[1]

1. 制订家庭宗旨

最有效的一种家庭管理活动是，在所有家庭成员的心目中建立一种共同的目标和价值观。家庭宗旨对家庭的意义，与个人宗旨对个人的意义一样。家庭宗旨阐明了基本的心理定位，找到共同的立场和共同的目标，并由此导出家庭中的所有事情。在没有共同目标时，家庭成员基本上各走各的路，根据他们自己的价值观和计划行事。父母所做的工作得不到认同和欣赏。家庭资源（时间和金钱）被随意使用，造成误解和怨恨。每一个家庭成员的首要任务与其他成员并不一致。但是，当有了共同目标，即整个家庭一条心时，情况就大不相同了。家庭成员能够看到和理解家庭的目的及其重要性。每一个成员都能够认识到，自己的角色有助于实现这一共同目标。面对困难和挑战，全家人都会提供创造力和支持。

---

① 罗杰·梅里尔，丽贝卡·梅里尔. 平衡. 王德忠，李萌，译. 北京：电子工业出版社，2004.

2. 安排每周的"家庭团聚时间"

在当今竞争激烈、生活节奏加快的社会中，每周安排一次家庭团聚并不是一件特别容易的事情。但是，如果家庭成员无法经常聚在一起，感情就会出现隔阂也是不争的事实。因此，必须坚定、主动地采取措施，才能使家庭经常性地在一起度过哪怕是很短的时间。

3. 夫妻约会

婚姻是否美满，影响着家庭中的所有事情，父母婚姻的榜样也影响着后代的婚姻和家庭。在当今世界中，工作责任和压力、职业发展、升迁等都使得夫妻双方几乎没有共同分享的时间。因此，夫妻关系的维护也必须主动采取措施。

4. 与孩子进行的两人活动

孩子教育专家认为，家长与孩子进行的两人活动的含义就是向孩子传递"我爱你！我喜欢和你在一起"的信息，这种两人活动创造了家长与孩子交流和建立友情的机会，并且融入家长和孩子的所有关系中，可以消除一些父母与子女之间的典型问题，同时使其他问题也更容易解决。

5. 明确家庭分工

在夫妻之间，未经讨论的职责通常会落到我们所谓的"传统"角色上。随着社会的进步，中国人的"男主外女主内"、男人做家务带孩子是没"面子"的等观念已然不应成为主流的价值观，应该发动男性或其他家庭成员承担一定的家庭责任。夫妻之间必须交流，必须阐明彼此的预期。你们有必要对谁做什么、什么时候做等问题达成一个明确的共识。其实，明确任务分工对孩子来说同样重要。通过使孩子完成任务，你可以教会他们工作和热爱工作，帮助他们发展技能、磨炼性格，并且在与他们共同工作时建立良好的关系；你可以加强他们把事情做好的愿望和能力，让他们认识到为家庭做贡献，可以在将来为社会做出更大贡献。

第四节　个人策略

一、认识层面

1. 积极的思维方式

公认的实现工作-家庭促进的个人策略应该是积极改变个人态度、期望和行为，从而满足这两个领域的需求。从认知层面分析，面对相同事件，不同的人可能有不同的感知，关键是你如何对待和解决。认识层面不是改变外部环境，而是调整个人的认知和情绪。积极的思维方式、乐观、坚韧、高自我效能等良好的心理状态被证实有助于工作-家庭促进。例如，通常人们把个体特质概括为五大类型，包括外倾性、随和性、责任心、神经质和经验的开放性。①其中，外倾性被描述为个体主动、坚定、精力充沛、热情、开朗和善谈。外倾性的人有两个与工作-家庭促进最相关的特征——积极和精力。他们能够体验更多积极情感②、更致力于积极事件并且对其反应更强③、有更多能量，从而他们有更多领域间转换的积极情绪和能量，能在特定时间内完成更多任务，更少疲倦。这种积极的思维方式虽说不是长效策略，但在组织或其他客观因素无法改变的情况下，可能是一种更好的选择。再比如，人们看待自己工作的方式有所不同。对某些人来说，工作意味着做苦工，是单调枯燥的劳作，是一种无奈，破坏了人们同家庭的联系和享受美好的个人时间；对另一些人来说，工作代表着生活的一项任务、一种伟大的贡献、一种崇高的努力，或是一份精美的、爱的礼物，装点着卓越的能力、个性化的才干和个人的关心。显然，这种对待事物的差别造成了做事情的差别，并最终导致了在生活中所获结果的不同。因此，如何看待工作就显得非常重要了。事实上，只要认识到你的工作就是对家人表现出来的爱，你就能够获得极大的快乐和满足感。为自己所爱的人而工作很可能是最高尚、最崇高、最富有成就感的动机。这是你对家庭进行投资的最重要方式之一。一项研究显示④，养家糊口可以是"积极的、负责任的、投入感情的、要求严格的、富有表现力的、衡量真实爱心的"一项成就。如果在这方面做得好，不仅将为你的孩子带来物质保障，还将给他们留下宝贵的精神财富。

---

① McCrae R R & John O P. An introduction to the five‐factor model and its applications. Journal of Personality, 1992, 60(2): 175-215.

② Diener E & Lucas R E. Personality and subjective well-being. In D Kahneman, E Diener & N Schwarz (Eds.), Well-being: The foundations of a hedonic psychology. New York: Russell Sage Foundation, 1999: 213-229.

③ Rusting C L & Larsen R J. Personality and cognitive processing of affective information. Personality & Social Psychology Bulletin, 1998, 24(2): 200-213.

④ 罗杰·梅里尔，丽贝卡·梅里尔. 平衡. 王德忠，李萌，译. 北京：电子工业出版社，2004.

2. 校验预期

梅里尔夫妇[1]认为，如果预期具有真实性和现实性，就能够为获得并提高生活平衡能力提供良好基础。遗憾的是，对于工作和家庭，人们通常存在着两大误区。

误区一：理想的生活无忧无虑

著名的心理学家斯科特·佩克博士曾经指出："生活是艰难的。这是一条重要的真理，一条最重要的真理。说它是一条重要的真理是因为一旦我们真正认识到了这条真理，我们就能够超越它；一旦我们认识到生活是艰难的，生活就将变得不再艰难；一旦我们接受了这一真理，生活艰难这一事实便不再重要。"使有关生活本质的预期合理化，能够大大减少我们的挫败感，还能够使我们把困难和挑战转变为成长的机遇，并且在此过程中感到满足和快乐。

误区二："平衡"意味着相互制约

人们通常把平衡看作相等数量的时间和精力分配给一个天平的两端，如果在生活中找到了某一个点就能实现这种平衡，此后的生活将因此更加容易、更加令人满意。然而在现实中，我们似乎永远也无法找到那一个点，因此经常遭遇挫折。

生活不是静止的，而是动态的。一个时期中的平衡并不等于另一个时期也平衡。一个人、一个家庭的平衡也不等于另一个人、另一个家庭的平衡。更加符合真实情况的观点是，生活平衡是一种不断变化、高度个性化的动态平衡，即获得在不断变化的生活条件下实现平衡的能力。

因此，梅里尔夫妇认为现在需要做的就是认真地审视自己的预期，并在每天的生活中不断检验和纠正预期。

二、行为层面

1. 工作优化法

（1）培养主动性

主动性是基于基本原则和价值观采取行动，而不是基于情感或形式做出反应。主动性是指学会发现自己的应对能力，并且采取有力的措施。我们应该不停地问自己"我能做什么？"要学会留心自己说的话，并且一定要把思

---

① 罗杰·梅里尔，丽贝卡·梅里尔. 平衡. 王德忠，李萌，译. 北京：电子工业出版社，2004.

想和精力集中在自己能够有何作为上。

（2）专注于最重要的工作

不论工作是什么，我们都不大可能做完所有应该做的事，或所有想做的事，或所有别人希望你做的事。关键是要主动地确定你最重要的工作，然后尽力把它做好。把一件事做到尽善尽美，远比平庸地做完所有事情重要得多。

专注于最重要工作就要理解你所在的公司，理解你在公司中的角色。彼得·德鲁克说过："优秀的管理者专注于自己的作用，他从自己的工作中抬起头来，望向远方的目标，他问自己，'我怎样做才能显著地影响我的工作绩效和成果？'。"专注于最重要的工作还要保证你对自己在公司的定位和预期符合老板和同事的观点，即你们对什么是你最重要的工作必须达成一致。然后，你就可以全力以赴地处理最重要的工作。

（3）正确管理时间

Greenhaus 和 Beutell[①]区分了工作-家庭冲突的三种形式，即基于时间的冲突（Time-based Conflict）、基于压力的冲突（Strain-based Conflict）和基于行为的冲突（Behavior-based Conflict），指出了部分个体无法协调好工作与家庭的重要原因就是不善于在工作和家庭之间合理分配时间，或者使用合适的方式更好地释放压力和紧张。因此，正确管理时间，有效利用时间，可以达到控制压力、缓解工作或家庭中的消极情绪以及提高自我管理能力的效果。

（4）培养"团队"思维

由于对职业和竞争的强烈关注，人们很容易以个人成就的模式来看待工作，人们考虑的多是"我的"职业、"我的"成就。其实，成功是一种互助程度很高的结果。我们全都站在前人的肩膀上，依赖周围人的才干和技能。个人在人群中的力量大于独自一人时的力量。而且，做好工作要求我们具有最有效发挥互助作用的能力。

（5）强化优势

要热爱你的工作，不一定要找到"最合适"的工作。但是，如果能够在不损害最重要任务的同时使自己的工作与专长保持一致就更为理想。在自己最擅长的领域工作，能够使你最大限度地发挥作用，提高工作满意度。

---

① Greenhaus J H & Beutell N J. Sources of conflict between work and family roles. Academy of Management Review, 1985, 10(1): 76-88.

（6）持续改善

每个人都有自己的盲点，即我们自身存在的、自己却看不到的问题和弱点。通过征询反馈、认真倾听、仔细衡量和根据我们内心的智慧行事，我们将变得更加优秀，并且会在这一过程中建立良好的人际关系。此外，投资于个人的职业发展也很重要。科技的发展速度极快，如果你跟不上科技的发展，很快就会被甩在后面。或许你所在的公司会为你提供一些资源和机会，但是，不要等待，你自己才是有责任学习、提高和做好准备的人。因此，要把不断学习作为一种生活方式。要随时了解最新的科技、热点和趋势，扩大知识面，随时做好准备，一旦你的工作机会发生变化，你不会被遗忘。

2. 加强工作与家庭的联系

工作与家庭是相互促进的。事实上，工作的一个最大优点就是，它能够成为增强家庭联系和力量的强大工具。①

梅里尔夫妇基于自身几十年的职业经历和家庭生活经验总结出，不论你的工作是在家里还是外面，都要让你的家庭参与进来。让家人知道你的工作是什么，为什么要做这份工作；让他们看看你是怎样工作的；让他们知道，对你来说，"我的工作"是"我们的工作"的一部分；让他们知道，你的工作如何为他人和他们做出贡献。如果你有个人宗旨或工作宗旨，可以告诉家人其中跟他们有关的部分。还要经常告诉他们你在工作中获得的一些积极收获，包括你所提供的产品和服务是如何帮助他人的，等等。你还可以公开你的家庭财务状况，帮助孩子理解你的工作、收入和满足家庭需要之间的关系。

当你的家庭对你的工作更加理解，并且开始感到他们也是其中的一部分，工作就不再是一个使你远离家庭活动的、神秘莫测而又不可避免的灾祸。它变成了一个清清楚楚的贡献的舞台，家人可以看到你向里面投入时间、精力和创造力，以加强他们和他人的幸福。他们会更容易理解你有时必须做出的计划和决定。你的工作甚至会激起孩子的兴趣——即便不是针对你的这份工作，也许就是针对其中的某一方面，或者是你的工作方式——会影响到他们未来的能力和工作选择。

当你的丈夫/妻子做重要报告前，你的电子邮件突然出现在他/她的电脑屏幕上，写着"祝你好运，亲爱的！我想你"。这会起到怎样的作用？努力

---

① 罗杰·梅里尔，丽贝卡·梅里尔. 平衡. 王德忠，李萌，译. 北京：电子工业出版社，2004.

争取配偶的认可和支持，可以达到工作-家庭促进的目的。夫妻关系是个体最重要的、最亲密的人际关系。个体在努力履行家庭职责和义务的同时应该加强与配偶的沟通，争取配偶对自己宽容和体谅。

3. 良好的上司/同事关系

有时候，员工在努力专注于工作的同时，还被迫对组织中出现的权力斗争、流言蜚语和相互猜忌做出反应。结果，大量的时间和精力被浪费掉了。受到损失的不仅是组织，还包括所有回家后仍觉得闷闷不乐、无所作为的员工。因此，努力赢得上司的信任、获取同事的尊重，也是实现工作-家庭促进的有效途径。

美国一项针对职员的调查表明：①

（1）只有40%的职员明确了解其所在公司的最重要目标；

（2）只有19%的职员明确地树立了自己的工作目标；

（3）只有 9%的职员认为他们的工作与其所在公司的首要任务有密切的关系；

（4）只有19%的职员对其所在公司的首要任务有较强的责任感。

显然，缺乏沟通是公司的普遍现象。无论是与上司还是同事，一种有效的沟通方法就是形成伙伴协议。这种协议可以是正式的，也可以是非正式的；可以是书面的，也可以是口头的。通过形成良好的伙伴协议，你就有可能把时间和精力集中在公司的首要工作上，而不是白白浪费在不符合预期的活动和内部争斗上。你将获得有效协作，感到共同成就的快乐。

---

① 罗杰·梅里尔，丽贝卡·梅里尔. 平衡. 王德忠，李萌，译. 北京：电子工业出版社，2004.

第九章　结论与未来研究方向

本章的主要目的是对研究结论的汇总和未来研究方向的展望。

第一节　研究结论

目前国内外研究者已经明确了对工作-家庭关系积极方面和系统层面分析的重视。[1][2][3][4][5]本书的主要目的是构建一个工作-家庭促进模型。为了使我们的模型不像以往的研究一样只为工作-家庭促进选择一种理论化的前因，而是提出一种牢固的理论，用以指导未来的研究[6]，我们选择了Wayne等[7]通

① Barnett R C. Toward a review and reconceptualization of the work/family literature. Genetic, Social, and General Psychology Monographs, 1998, 124(2): 125-182.

② Eby L T, Casper W J, Lockwood A, Bordeaux C & Brinley A. Work and family research in IO/OB: Content analysis and review of the literature (1980–2002). Journal of Vocational Behavior, 2005, 66(1): 127-197.

③ Frone M R. Work-family balance. In J C Quick & L E Tetrick (Eds.), Handbook of Occupational Health Psychology.Washington, DC: American Psychological Association, 2003:138-164.

④ Geurts S & Demerouti E. Work/non-work interface: A review of theories and findings. In M J Schabracz, J A Winnubst & C L Cooper (Eds.), The Handbook of Work and Health Psychology. Oxford, England: John Wiley, 2003:279-312.

⑤ Parasuraman S & Greenhaus J H. Toward reducing some critical gaps in work-family research. Human Resource Management Review, 2002, 12(3): 299-312.

⑥ Frone M R. Work-family balance. In J C. Quick & L E. Tetrick (Eds.), Handbook of Occupational Health Psychology.Washington, DC: American Psychological Association, 2003: 138-164.

⑦ Wayne J H, Grzywacz J G, Carlson D S & Kacmar K M. Work-family facilitation: a theoretical explanation and model of primary antecedents and consequences. Human Resource Management Review, 2007, 17(1): 63-76.

过合并和拓展生态系统理论①、资源保护理论②和组织性学术研究③而构建的资源获取发展观（RGD）作为主要理论支撑，目的是用来解释促进为什么会产生，促进如何产生以及能代表促进的驱动力、结果的广义结构。与其他促进人类积极倾向的理论相一致，RGD观点之所以能够解释促进的发生，是因为人能天生最大化他们的成长、发展和潜力，并且人还可以主动把这种成长应用到他们生活的其他领域。在这一理论背景下，研究者对国内九个省市和特别行政区的288位各类组织的成员发放了开放性问卷，结合理论分析和前期开放性问卷调查结果，本研究对工作-家庭促进和家庭-工作促进的影响因素和结果变量提出了一系列假设，形成本研究的理论模型。此后，我们依据中国情境修正了现有成熟量表，对天津地区388位组织成员做了预测试。进一步修正量表后，在全国19个省市自治区和直辖市展开正式测试，样本涉及的行业包括制造业、建筑业及公共工程、运输及仓储、通讯业、金融保险及服务业等多种行业，回收有效问卷1795份，并做了一系列统计分析。在此基础上，基于多层次模糊综合评价我们进一步开发了工作-家庭促进纵向调查系统和工作-家庭促进影响因素评价系统。最后，为了使工作-家庭关系切实可行地朝着积极的方向发展，我们从政府、组织、家庭和个体四个层面提出相应的对策建议。现将结论分述如下。

一、工作-家庭促进影响因素方面的结论

为了了解中国情境下组织成员工作-家庭促进影响因素，研究者对国内9个省市和澳门特别行政区的288名组织成员发放了开放式的问卷。归纳调查结果发现，工作促进家庭的因素包括：灵活性、员工福利、心理利益、技能与资源、工作关系和工作本身；家庭促进工作的因素包括生理和心理受益、与家庭成员的关系、灵活性、与家庭成员的互动、稳定性、家庭技能、家务开支以及独立时间和空间。

基于开放式调查结果，研究者将工作-家庭促进的影响因素概括为个人

① Bronfenbrenner U. Ecological systems theory. In R Vasta (Ed.), Six theories of child development. Annals of child development: A research annual. Greenwich, CT: JAI Press, 1989, 6:187-249.

② Hobfoll S E. Conservation of resources: A new attempt at conceptualizing stress. American Psychologist, 1989, 44(3): 513-524.

③ Cameron K S, Dutton J E & Quinn R E. Foundations of positive organizational scholarship. In K S Cameron, J E Dutton & R E Quinn(Eds.), positive organizational scholarship: Foundations of a new discipline. San Francisco: Berrett-Koehler, 2003.

因素和组织因素两大类。其中个人因素的分析框架包括自我效能、外倾性、与家人关系；组织因素包括发展机会、自主性、上司/同事支持、组织文化。得出结论如下。

1. 工作-家庭促进和家庭-工作促进的个人影响因素

（1）外倾性与工作-家庭促进以及家庭-工作促进均产生了显著影响，假设 1a 成立。

（2）自我效能与工作-家庭促进以及家庭-工作促进均产生了显著影响，假设 1b 成立。

（3）与家人关系与工作-家庭促进以及家庭-工作促进均产生了显著影响，假设 1c 成立。

2. 工作-家庭促进和家庭-工作促进的组织影响因素

除发展机会、上司支持对工作-家庭促进和家庭-工作促进的影响效应不显著之外，其余各项因素均与工作-家庭促进和家庭-工作促进两项变量存在显著的正相关关系。具体来说：

（1）自主性与工作-家庭促进以及家庭-工作促进均产生了显著影响，假设 2a 成立。

（2）发展机会与工作-家庭促进以及家庭-工作促进均未产生显著影响，假设 2b 不成立。

（3）上司支持对工作-家庭促进和家庭-工作促进的影响效应不显著，同事支持对工作-家庭促进以及家庭-工作促进均产生了显著影响，假设 3c 部分成立。

二、工作-家庭促进结果方面的结论

开放式调查结果发现，受工作积极影响后，个体会产生七种家庭效应，即家庭承诺、个人健康、生活水平、家庭时间、家庭关系、家庭管理技能和技术获取；受家庭积极影响后，个体同样会产生六种工作效应，即心理利益、灵活性、工作效率、工作关系、技能和资源。

资源获取发展观认为，工作-家庭促进的结果变量主要是个体对于系统功能运作的评价，分别包括工作和家庭两个方面。但是，本研究认为，对于结果变量的分析除了考虑系统层面外，还应考虑个体层面的评价。

基于此，本研究的结果变量从个人层次和组织层次两方面入手。个人层次包括心理健康、工作绩效、工作满意度、组织承诺、家庭绩效、家庭满意度、积极行为、退缩行为；组织层次包括团队凝聚力和团队有效性。得出结论如下。

1. 工作-家庭促进和家庭-工作促进对个人的影响

（1）工作-家庭促进以及家庭-工作促进对心理健康的影响效应不显著，假设 3a 不成立。

（2）工作-家庭促进以及家庭-工作促进对工作绩效的影响效应显著，假设 3b 成立。

（3）工作-家庭促进以及家庭-工作促进对工作满意度的影响效应显著，假设 3c 成立。

（4）工作-家庭促进以及家庭-工作促进对组织承诺的影响效应显著，假设 3d 成立。

（5）工作-家庭促进以及家庭-工作促进对家庭绩效的影响效应显著，假设 3e 成立。

（6）工作-家庭促进以及家庭-工作促进对家庭满意度的影响效应显著，假设 3f 成立。

（7）工作-家庭促进以及家庭-工作促进对积极行为的影响效应显著，假设 3g 成立。

（8）工作-家庭促进以及家庭-工作促进对退缩行为的抑制影响效应显著，假设 3h 成立。

2. 工作-家庭促进和家庭-工作促进对组织的影响

（1）工作-家庭促进以及家庭-工作促进对团队凝聚力的影响效应显著，假设 4a 成立。

（2）工作-家庭促进显著影响领导-成员关系，而家庭-工作促进对领导-成员关系的影响效应不显著，假设 4b 部分成立。

各项假设检验结果汇总如表 9-1 所示。

表 9-1　研究假设汇总

假设分类	假设编号	检验结果
前因变量假设	假设 1	成立
	假设 1a	成立
	假设 1b	成立
	假设 1c	成立

续表

假设分类	假设编号	检验结果
	假设 2	部分成立
	假设 2a	成立
	假设 2b	不成立
	假设 2c	部分成立
	假设 2d	成立
结果变量假设	假设 3	部分成立
	假设 3a	不成立
	假设 3b	成立
	假设 3c	成立
	假设 3d	成立
	假设 3e	成立
	假设 3f	成立
	假设 3g	成立
	假设 3h	成立
	假设 4	成立
	假设 4a	成立
	假设 4b	部分成立

资料来源：作者整理。

三、工作–家庭促进差异性方面的结论

我们选取了性别、年龄和教育程度三个通常非常显著的因素做了方差检验，得出结论如下。

1．性别

（1）不同性别的样本在自我效能方面存在显著差异，进一步来讲，男性样本的自我效能显著高于女性样本。

（2）不同性别的样本在发展机会方面存在显著差异，进一步来讲，男性样本的发展机会显著高于女性样本，但差异并不是十分明显。

（3）不同性别的样本在同事支持方面存在显著差异，进一步来讲，男性样本的同事支持显著低于女性样本。

（4）不同性别的样本在组织文化感知方面存在显著差异，进一步来讲，男性样本的组织文化感知显著低于女性样本。

（5）不同性别的样本在工作满意度方面存在显著差异，进一步来讲，男性样本的工作满意度显著高于女性样本。

（6）不同性别的样本在团队凝聚力方面存在显著差异，进一步来讲，男性样本的团队凝聚力显著低于女性样本。

（7）不同性别的样本在与家人关系方面存在显著差异，进一步来讲，男性样本的与家人关系显著低于女性样本。

（8）不同性别的样本在家庭满意度方面存在显著差异，进一步来讲，男性样本的家庭满意度显著低于女性样本。

（9）不同性别的样本在家庭绩效方面存在显著差异，进一步来讲，男性样本的家庭绩效显著低于女性样本。

（10）不同性别的样本在家庭-工作促进关系方面存在显著差异，进一步来讲，男性样本显著低于女性样本。

2. 年龄

（1）不同年龄阶段在自我效能方面存在显著差异，进一步来讲，偏高的为"30岁以下"和"60岁以上"，最低的为"51～60岁"。

（2）不同年龄阶段在外倾性方面存在显著差异，进一步来讲，偏高的为"30岁以下"和"60岁以上"，最低的为"41～50岁"。

（3）不同年龄阶段在心理健康方面存在显著差异，进一步来讲，偏高的为"30岁以下"，最低的为"60岁以上"。

（4）不同年龄阶段在外倾性方面存在显著差异，进一步来讲，偏高的为"30岁以下"和"31～40岁"。

（5）不同年龄阶段在上司支持方面存在显著差异，进一步来讲，偏高的为"30岁以下"，偏低的为"41岁以上"；该结果与同事支持的分析结果基本相同。

（6）积极行为和退缩行为的表现方面，不同年龄阶段存在相反的分布趋势，即随着年龄增长，积极行为倾向逐渐下降，而退缩行为倾向逐渐上升。

（7）在与家人关系和家庭满意度方面，随着年龄增长，出现逐渐下降的趋势。

（8）在工作-家庭促进关系方面，随着年龄增长，出现了逐渐上升的态势。

3．教育背景

（1）不同学历在自我效能方面存在显著差异，进一步来讲，学历越高，自我效能越高。

（2）不同学历在外倾性方面存在显著差异，进一步来讲，学历越高，外倾性越高。

（3）不同学历在心理健康方面存在显著差异，进一步来讲，学历越高，心理健康立越高。

（4）不同学历在发展机会方面存在显著差异，进一步来讲，研究生发展机会最高，而专科生发展机会最低。

（5）不同学历在上司支持和同事支持方面存在显著差异，进一步来讲，学历越高，获得的各方面支持越多。

（6）不同学历在工作绩效方面存在显著差异，进一步来讲，学历越高，工作绩效越高。

（7）不同学历在组织承诺方面存在显著差异，进一步来讲，学历越高，组织承诺越高，但研究生低于本科生平均水平。

（8）不同学历在积极行为和退缩行为方面存在显著差异，进一步来讲，学历越高，积极行为倾向越高，而退缩行为倾向越低。

（9）不同学历在团队凝聚力和领导-成员关系方面存在显著差异，进一步来讲，学历越高，团队凝聚力和领导-成员关系越好。

（10）不同学历在与家人关系和家庭满意度方面存在显著差异，进一步来讲，学历越高，与家人关系越好和家庭满意度越高。

（11）不同学历在家庭绩效方面存在显著差异，本科生、专科生和研究生差别不大，但高中及以下最低。

（12）不同学历在家庭-工作促进关系方面存在显著差异，进一步来讲，学历越高，家庭-工作促进关系越高。

四、工作-家庭促进系统方面的结论

在问卷调查的实证检验之后，本研究还开发了工作-家庭促进纵向调查系统和影响因素模糊评价系统。之所以增加这一环节，是因为本研究第五章采用的是横断式的调查方法。然而，工作-家庭关系的动态复杂性更需要研究者长期的追踪调查，揭示出变量间的因果关系和作用机制。从这个角度出发，我们使用模糊评价法进行开发，力求为后续研究奠定基础。

1. 工作-家庭促进纵向调查系统

本系统采用 ASP.net 技术配合 C#脚本语言，采用 SQL Server 2005 数据库作为系统的底层，使用 Visual Studio 2008 进行程序开发。运用该系统能够解决现有研究中难以突破的几个关键性问题。

（1）纵向调查

研究者可以在系统中根据回收问卷中被调查者填写问卷的时间，按照年份、月份等设置进行筛选，将筛选后的样本进行分析，从而克服了纸质问卷横截面式调查的缺点，实现了对样本的纵向跟踪。

（2）问卷随机生成的实现

本系统引入了"问卷计划"的概念。由管理员给定一份问卷中包含的总题数和特定类型的题目数量，之后根据题目类型和题库中该类型对应的题项，系统可以自动匹配生成符合要求的随机问卷，从而保证了问卷问题的随机性。

（3）量表灵活设计的实现

研究者可以在系统中把一个综合调查根据研究需要拆分为几个单向的专门调查，小范围的调查省时省力，解决了一次调查不全面，数据过期，被调查者一次回答问题数量过多导致注意力不集中、数据质量低的缺点。

2. 工作-家庭促进影响因素系统

本系统采用 B/S 结构，前台使用 ASP.net 技术，选用 C#脚本，底层采用 SQL Server 2005 搭建数据库后台。运用该系统能够解决如下几个关键问题。

（1）用户审核制度

本系统应用了管理员审核制度，其目的在于提高系统用户的质量，并借此提高系统内数据的真实度和整个系统的安全性。

（2）问卷随机生成

本系统同样引入"问卷计划"概念，保证了问卷的随机生成。

（3）一般用户与研究者的模糊评价算法

本系统的数据分析算法在参考了模糊评价算法与最大隶属度原则的同时，根据本研究的实际情况进行了创新改良，成功地将答案概率、矩阵与权重的概念与灵活可变的问题类型相结合，建立了一整套针对多类型用户、可变问题类型的模糊评价分析算法。

（4）系统拓展空间大

本系统支持对完全不同内容的主题进行数据的收集与分析，可以拓展成为普适性的问卷调查数据处理平台。

五、工作-家庭促进策略方面的结论

对于如何采取有效措施鼓励、推动、保障工作-家庭促进，本研究从政府、组织、家庭和个体四个层面提出相应的对策建议。

1. 政府策略方面

工作-家庭关系问题关乎国计民生，政府需要积极推动工作-家庭促进的实现。具体的，健全法律制度为工作-家庭促进增加权威性和强制性，形成全社会支持的氛围；坚持政府为主，组织和社会力量为辅的多渠道筹资模式，开展政企社合作的高效资源运作方式来发动社会资源，保证工作-家庭促进的顺利开展；健全社工制度，建立出一支结构合理、素质优良的社会工作人才队伍以有效推动工作-家庭促进实践。

2. 组织策略方面

本研究提出一个有利于工作-家庭促进实现的、针对组织的策略框架。与以往的组织策略模型不同，工作和家庭两者之间不再是分割的领域，也不再是重叠的领域，而是一个互动系统。在这个系统中，个体所在组织的政策和项目是一种有利于家庭的适应政策，要求组织将工作-家庭促进问题纳入其决策的核心位置，需要考虑是否影响个体及其家庭生活。组织不仅继续实施"家庭友好策略"，如父母假、灵活时间、工作场所孩子照顾、老人医疗照顾服务等，而且把构建"家庭友好文化"作为组织策略的核心。

3. 家庭策略方面

研究者建议个体首先应该正确认识自己的家庭以及自己作为一个家庭成员的责任。应该把从家庭中得到的快乐与为家庭做出的贡献联系在一起。为此，研究者提出了一些管理家庭的具体措施，如制订家庭宗旨、重视与家人的团聚和其他家庭分工等。

4. 个人策略方面

研究者从认识层面和行为层面提出了建议。认识层面强调了积极思维的重要性；行为层面为工作优化提出了具体建议，如主动性、专注重要事件、团队思维、强化优势、持续进步等。同时也指出了良好的家人、上司、同事关系对于实现工作-家庭促进的意义。

第二节 研究局限和未来研究方向

一、研究的局限性

本研究采用问卷调查的方法对构建的理论模型进行实证检验。尽管基于较大样本的调查能够反映更为共性和普遍的规律，但是定性研究却能够反映更为具体、细化和个性化的问题。如果能够更多地使用定性研究方法，比如日记追踪法、情境实验法、案例法等，将有助于更好地反映中国情境下组织成员工作-家庭促进的真实状况。

工作-家庭促进具有动态性和复杂性，研究对象在不同的时段会有不同的感受，并且包含着很多不同参与者之间的互动。这就需要长期研究来探索工作-家庭促进产生的过程和结果，揭示出变量间的因果关系和作用机制。对被试的跟踪调查，如晋升、工作时间和计划的改变、孩子的出生等应该是工作-家庭促进研究的主要方法，因为长期数据可以显示预防性策略和适应性策略的差异以及使用策略前的角色平衡与使用策略后角色匹配的差异。本研究此次使用的调查数据仍为横断面数据，在考察变量因果关系方面存在不足。

由于研究者本身社会网络资源有限，无法按照科学的随机抽样来获取样本数据，所以在研究中采用了方便抽样的方式。为了尽可能使样本具有一定程度的代表性，确保研究的意义，本研究选取的城市尽量兼顾发达和欠发达城市，行业类型和组织规模也尽量全面。尽管如此，本研究毕竟不是按照严格的随机抽样方式展开的，样本的代表性可能会受到一定程度的质疑。因此，结论的推广需要谨慎。

二、未来研究方向

未来研究可以在人口特征基础上探寻工作-家庭促进的差异。以往研究指出这种差异可能来源于国别、文化、种族、性别、家庭结构/阶段、性格特征、性别角色感知和雇佣结构。对个人在人口特征上转换的关注可能帮助我们进一步解释为什么组织成员感受到的促进有如此差别。

至今为止，由于没有更完善、更有效的测量方式，国际上对工作-家庭促进的研究争论仍在继续。本研究虽然尝试在测量之前先进行了一次开放性问卷调查，目的是摸清中国情境下组织成员对于工作-家庭促进影响因素和结果的真实想法，但是这些数据只是用于对现有量表的修正。未来研究应当基于更广泛的定性研究结果，尝试在中国文化背景下开发真正符合中国各类组织成员特点的工作-家庭促进量表，从而弥补测量方法方面的国内欠缺。

在未来利用纵向数据实证测量本研究提出的工作-家庭促进理论模型时，不仅需要验证本模型提出的一系列假设，还需要测量影响因素和结果之间的内在联系及其联系发生的具体条件。此外，未来研究也需要包括更多的二元结构，如夫妇、上下级等等。

根据生态系统理论，中观系统和微观系统受到它们所处的宏观系统的影响。[1]宏观系统包括共享的信仰系统、社会和经济资源、机会结构、危险和社会互动结构。因此，雇佣模式趋势、社会福利政策、家庭统计学、性别意识和社区资源都与工作和家庭关系相关[2]，未来工作-家庭促进研究应该放在更广阔的宏观系统中进行。

---

[1] Voydanoff P. Linkages between the work-family interface and work, family, and individual outcomesan integrative model. Journal of Family Issues, 2002, 23(1): 138-164.

[2] Haas L. Families and work. In M Sussman, S K Stein-metz & G W Peterson (Eds.), Handbook of marriage and the family (2nd ed.). New York: Plenum Press, 1999:571-612.

附录一　工作-家庭促进调查问卷（预测试）

您好！

这是一份纯学术的研究问卷，调查结果仅作为学术研究使用，恳请您拨冗安心据实赐答。问卷填写大约花费您 10～15 分钟时间，填完后请尽快交回发卷者。对于您的合作和支持，我们万分感谢！

南开大学人力资源开发课题组

基本资料

1. 您的性别：① 男　② 女

2. 您的年龄：① 30 岁以下　② 31～40 岁　③ 41～50 岁
④ 51～60 岁　⑤ 60 岁以上

3. 您的教育背景：①高中及以下　②本科　③研究生

4. 您的职位级别：① 一般人员　②基层管理人员　③ 中层管理人员
④ 高层管理人员

5. 您所在的行业：_____

6. 您在组织中工作年限：①1 年以下　②1～3 年　③4～6 年
④7～10 年　⑤10 年以上

7. 您当前所在的组织规模：①小（500 人以下）　②中（501～3000 人）
③大（3001 人以上）

8. 您每周大概在工作上花费多少时间（包括带回家的和周末的工作）：
① 10 小时以下　② 11～40 小时　③ 41～50 小时　④ 51～60 小时
⑤ 60 小时以上

9. 您的月收入水平（包括奖金、津贴、其他收入等）：（单位：元）
① 少于 2000　② 2001～4000　③ 4001～6000　④ 6001～8000

⑤ 8000 以上

10. 您承担了多大比例的家庭责任（包括照看孩子/老人、购物、做饭、清洁、小型维修等）：

　　① 0～20%　　② 21%～40%　　③ 41%～60%　　④ 61%～80%

⑤ 81%～100%

11. 您家中是否有老人需要照顾？① 无　②1 个　③2 个　④3 个

⑤ 4 个

12. 您的家中是否雇用保姆或钟点工：① 是　　② 否

13. 婚姻状态：① 已婚　　② 单身（如是单身请跳过 12～14 题继续作答）

14. 配偶工作状态：① 不参加工作　　② 兼职工作　　③ 全职工作

15. 您家中有几个子女尚未独立生活？① 无　　②1 个　　③2 个

④ 3 个

16. 最小孩子的年龄：① 无孩子　② 7 岁以下　③ 7～12 岁

④ 13-18 岁　⑤ 18 岁以上

以下各题了解您的工作-家庭促进关系，请依据您的真实情况进行评价： 极不符合=1；　不符合=2；　中立=3；　符合=4；　非常符合=5	极不符合	不符合	中立	符合	非常符合
1. 工作中培养的善解人意的作风帮助我处理了在家庭中的个人实际问题	1	2	3	4	5
2. 在工作中的技巧使我在家里做事时也很有效	1	2	3	4	5
3. 工作中所做的事使我在家成为一个受欢迎的人	1	2	3	4	5
4. 我的工作让我感到幸福并使我成为更好的家庭成员	1	2	3	4	5
5. 我的工作给我带来成就感并使我成为更好的家庭成员	1	2	3	4	5
6. 我的家庭帮助我获得更多的知识和技能并使我成为更好的员工	1	2	3	4	5
7. 我在家交谈可以帮助我处理工作上的问题	1	2	3	4	5
8. 我在家得到的爱和尊重让我在工作中更自信	1	2	3	4	5
9. 我的家庭生活可以帮助我放松心情，为第二天的工作做好准备	1	2	3	4	5
10. 我的家庭保证我更加专注工作并使我成为更好的员工	1	2	3	4	5

以下各题了解您的个人状况，请依据您的真实情况进行评价 极不符合=1；不符合=2；中立=3；符合=4；非常符合=5	极不符合	不符合	中立	符合	非常符合
1. 我非常重视我与家人之间的关系	1	2	3	4	5
2. 我知道当我需要帮助的时候我能依靠我的家人	1	2	3	4	5
3. 我和我的家人相处得很好	1	2	3	4	5
4. 我相信自己有能力创造性地解决问题	1	2	3	4	5
5. 我觉得自己擅长提出新颖的点子	1	2	3	4	5
6. 我有进一步开发别人新鲜观点的天分	1	2	3	4	5
7. 我喜欢我遇见过的大多数人	1	2	3	4	5
8. 我常常感到精力旺盛	1	2	3	4	5
9. 我是一个快乐的人	1	2	3	4	5
10. 我很喜欢与别人交流	1	2	3	4	5
11. 我是一个十分活跃的人	1	2	3	4	5
以下各题了解您的工作特征，请依据您的真实情况进行评价 极不符合=1；不符合=2；中立=3；符合=4；非常符合=5	极不符合	不符合	中立	符合	非常符合
1. 在当前岗位上，我经常会被给予额外的具有挑战性的工作	1	2	3	4	5
2. 在当前岗位上，我经常会获得一些有助于个人发展和提高新技能的项目	1	2	3	4	5
3. 除正式的培训机会外，上司会通过提供具有挑战性的工作来帮助我培养能力	1	2	3	4	5
4. 不管组织的培训和发展政策如何，我的上司都会通过提供正式的培训和发展机会来对我进行人力资本投资	1	2	3	4	5
5. 在工作中我有很大的自主权来决定怎样完成工作	1	2	3	4	5
6. 我可以自己决定如何完成我的工作	1	2	3	4	5
7. 在如何处理我的工作上，我有相当大的独立性和自由度	1	2	3	4	5
以下各题了解您感受到的工作支持，请依据您的真实情况进行评价： 极不符合=1；不符合=2；中立=3；符合=4；非常符合=5	极不符合	不符合	中立	符合	非常符合
1. 我的上司会对我如何完成工作提供意见与建议	1	2	3	4	5
2. 我的上司能够对我的工作绩效提供有效的反馈	1	2	3	4	5

3. 我的上司给我提供具有发展新技能机会的工作任务	1	2	3	4	5
4. 我的上司花费时间来了解我的职业目标和期望	1	2	3	4	5
5. 我的同事为我提供他们的专业意见和建议	1	2	3	4	5
6. 我的同事与我分享他们的工作经验	1	2	3	4	5
7. 我的同事帮助我了解企业的文化和潜规则	1	2	3	4	5
以下各题了解您感受的工作-家庭文化，请依据您所在单位的真实情况进行评价 极不符合=1；不符合=2；中立=3；符合=4；非常符合=5	极不符合	不符合	中立	符合	非常符合
1. 在组织中，员工可以很容易地平衡工作和家庭生活	1	2	3	4	5
2. 发生冲突时，即使员工把家庭放在首位，管理者也很理解	1	2	3	4	5
3. 在这个组织中，大家经常讨论家庭问题	1	2	3	4	5
4. 高层鼓励基层管理人员关心员工的家庭和私人问题	1	2	3	4	5
5. 总体而言，管理者会尽量考虑到家庭相关的需要	1	2	3	4	5
6. 中层管理者和高层管理者支持员工担负起照顾孩子的责任	1	2	3	4	5
7. 这个组织支持员工因为家庭因素愿意换到要求较低的工作岗位上	1	2	3	4	5
8. 中层管理者和高层管理者支持员工负担起照顾老人的责任	1	2	3	4	5
9. 这个组织鼓励员工保持工作和家庭平衡	1	2	3	4	5
以下各题了解您的心理感受，请依据您的真实情况进行评价： 极不符合=1；不符合=2；中立=3；符合=4；非常符合=5	从不如此	很少如此	有时如此	多时如此	总是如此
1. 近一周来，您经常觉得忧郁吗（如表现为：高兴不起来，无愉快感，精力下降，易疲劳，对工作、娱乐、夫妻生活等兴趣下降或丧失，觉得生活没意思，孤独感，易哭，觉得自己无用，经常自责等）	1	2	3	4	5
2. 近一周来，您经常觉得焦虑吗？（如表现为：无故或为一些小事担心，紧张不安，心里不踏实，坐立不安，害怕，或心慌气促，出汗，肌肉跳痛等）	1	2	3	4	5
3. 近一周来，您是否觉得情绪易波动，如急躁、易发脾气、易伤感等	1	2	3	4	5

4. 近一周来，您是否心情平淡，对喜怒哀乐没有什么情绪反应，觉得无所谓	1	2	3	4	5
5. 最近一周，您对生活是否充满希望与信心，觉得活着很有意义、有价值吗	1	2	3	4	5
6. 最近一周，您觉得生活轻松愉快吗	1	2	3	4	5
以下各题了解您的工作感受，请依据您的真实情况进行评价： 极不符合=1；　不符合=2；　中立=3；　符合=4；　非常符合=5	极不符合	不符合	中立	符合	非常符合
1. 我对我目前的工作非常满意	1	2	3	4	5
2. 大多时候我对工作充满热情	1	2	3	4	5
3. 每天的工作总是做也做不完	1	2	3	4	5
4. 我发现自己真的很享受工作	1	2	3	4	5
5. 我的工作并不是那么有趣	1	2	3	4	5
6. 我充分履行了我的职责	1	2	3	4	5
7. 我完成了组织对我工作职责的明文规定	1	2	3	4	5
8. 我完成了自己被期望做的任务	1	2	3	4	5
9. 我达到了工作规定的要求	1	2	3	4	5
10. 我积极参与对业绩评价造成直接影响的活动	1	2	3	4	5
11. 我愿意为了组织获得成功而努力工作	1	2	3	4	5
12. 为了组织，我可以持续不断地干各种工作	1	2	3	4	5
13. 我发现我的价值观同组织的价值观非常相似	1	2	3	4	5
14. 我为能在这个企业组织工作感到自豪	1	2	3	4	5
15. 为了继续留在这个组织，我可以放弃其他高薪工作	1	2	3	4	5
16. 我实际做的事比要求的多	1	2	3	4	5
17. 我会自觉主动地超时工作	1	2	3	4	5
18. 我会尝试着改变工作环境	1	2	3	4	5
19. 我会同上司磋商如何改进工作状况	1	2	3	4	5
20. 我会尽力思考能将工作干得更好的方法	1	2	3	4	5
21. 我有缺席的想法	1	2	3	4	5
22. 我会与同事就跟工作无关的话题闲聊	1	2	3	4	5
23. 我会因为某些原因脱离工作状态	1	2	3	4	5
24. 我会在工作时间思考与工作无关的事	1	2	3	4	5
25. 我投入工作的精力比应有的少	1	2	3	4	5
26. 我所在的组织气氛和谐、成员之间彼此信赖	1	2	3	4	5
27. 沟通与交流是为了更好地工作	1	2	3	4	5

28. 组织内部员工的竞争关系高于合作关系	1	2	3	4	5
29. 我所在的部门成员需齐心协力才能完成企业或团队目标	1	2	3	4	5
30. 当我对别人提起自己是这个组织的一员时我会觉得很骄傲	1	2	3	4	5
31. 我所在的组织成员都热爱集体并且敬业	1	2	3	4	5
32. 我将组织的目标作为自己的工作目标	1	2	3	4	5
33. 组织成员都在为实现目标而努力	1	2	3	4	5
34. 我的直接主管了解我的问题和需求	1	2	3	4	5
35. 我的直接主管知道我的潜力	1	2	3	4	5
36. 我与直接主管的工作关系是实实在在的	1	2	3	4	5
37. 我通常知道在什么情况下可以赢得主管的好感	1	2	3	4	5
38. 我的直接主管对我有足够的信心，他/她在我不在场的情况下会维护我的决定	1	2	3	4	5
39. 我可以依靠我的直接主管让我脱离困境，走出麻烦，在我需要的时候他/她会不遗余力	1	2	3	4	5
40. 我的直接主管会运用他/她的权利帮助我解决工作中的难题	1	2	3	4	5
以下各题了解您的家庭感受，请依据您家庭的真实情况进行评价： 极不符合=1；　不符合=2；　中立=3；　符合=4；　非常符合=5	极不符合	不符合	中立	符合	非常符合
1. 我的家庭与我的理想在很多方面都很接近	1	2	3	4	5
2. 我的家庭状态非常好	1	2	3	4	5
3. 我对我的家庭很满意	1	2	3	4	5
4. 到目前为止我已经拥有了想要从家庭中得到的	1	2	3	4	5
5. 即使重新选择家庭，我也不会改变任何事情	1	2	3	4	5
6. 我充分承担了我的家庭责任	1	2	3	4	5
7. 我完成了家庭成员约定的我应承担的家庭职责	1	2	3	4	5
8. 我完成了家庭成员期望我做的事情	1	2	3	4	5
9. 我对家庭所做的贡献得到了家庭成员的认可	1	2	3	4	5
10. 我会想办法让家庭成员认可我对家庭所做的贡献	1	2	3	4	5

再次感谢您的支持与配合，为了保持数据的完整性，请核查数据是否存在漏答选项，衷心感谢您！

附录二 工作-家庭促进调查问卷（正式测试）

您好！

这是一份纯学术的研究问卷，调查结果仅作为学术研究使用，恳请您拨冗安心据实赐答。问卷填写大约花费您 10～15 分钟时间，填完后请尽快交回发卷者。对于您的合作和支持，我们万分感谢！

南开大学人力资源开发课题组

（填答纸质问卷的朋友直接在您选中的号码上打√；填答电子版问卷的朋友在您选中的号码上打√，或将号码涂上阴影）

基本资料

1. 您的性别：① 男　　② 女

2. 您的年龄：① 30 岁以下　② 31～40 岁　③ 41～50 岁④ 51～60 岁　⑤ 60 岁以上

3. 您的教育背景：①高中及以下　②本科　③专科　④研究生

4. 您的职位级别：① 一般人员　②基层管理人员　③ 中层管理人员④ 高层管理人员

5. 您所在的行业：_____；您的职业：_____

6. 您所在的城市：_____

7. 您在组织中工作年限：①1 年以下　②1～3 年　③4～6 年④7～10 年　⑤10 年以上

8. 您当前所在的组织规模：①小（500 人以下）②中（501～3000 人）③大（3001 人以上）

9. 您每周大概在工作上花费多少时间（包括带回家的和周末的工作）：① 10 小时以下　② 11～40 小时　③ 41～50 小时　④ 51～60 小时

⑤ 60 小时以上

　10. 您的月收入水平（包括奖金、津贴、其他收入等）：（单位：元）

　　① 少于 2000　② 2001～4000　③ 4001～6000　④ 6001～8000

⑤ 8000 以上

　11. 您承担了多大比例的家庭责任（包括照看孩子/老人、购物、做饭、清洁、小型维修等）：

　　① 0～20%　② 21%～40%　③ 41%～60%　④ 61%～80%

⑤ 81%～100%

　12. 婚姻状态：① 已婚　② 单身（单身者请跳过第 13 题）

　13. 配偶工作状态：① 不参加工作　② 兼职工作　③ 全职工作

以下各题了解您的个体特征，请依据您的真实情况进行评价：极不符合=1；不符合=2；中立=3；符合=4；非常符合=5	极不符合	不符合	中立	符合	非常符合
1. 我相信自己有能力创造性地解决问题	1	2	3	4	5
2. 我觉得自己擅长提出新颖的点子	1	2	3	4	5
3. 我有进一步开发别人新鲜观点的天分	1	2	3	4	5
4. 我喜欢我遇见过的大多数人	1	2	3	4	5
5. 我常常感到精力旺盛	1	2	3	4	5
6. 我是一个快乐的人	1	2	3	4	5
7. 我很喜欢与别人交流	1	2	3	4	5
8. 我是一个十分活跃的人	1	2	3	4	5
以下各题了解您的心理感受，请依据您的真实情况进行评价： 极不符合=1；不符合=2；中立=3；符合=4；非常符合=5	极不符合	不符合	中立	符合	非常符合
1. 近一周来，您经常觉得忧郁吗（如表现为：高兴不起来，无愉快感，精力下降，易疲劳，对工作、娱乐、夫妻生活等兴趣下降或丧失，觉得生活没意思，孤独感，易哭，觉得自己无用，经常自责等）	1	2	3	4	5
2. 近一周来，您经常觉得焦虑吗（如表现为：无故或为一些小事担心，紧张不安，心里不踏实，坐立不安，害怕，或心慌气促，出汗，肌肉跳痛等）	1	2	3	4	5

3. 近一周来，您是否觉得情绪易波动，如急躁、易发脾气、易伤感等	1	2	3	4	5
4. 最近一周，您对生活是否充满希望与信心，觉得活着很有意义、有价值吗	1	2	3	4	5
5. 最近一周，您觉得生活轻松愉快吗	1	2	3	4	5
以下各题了解您的工作特征，请依据您的真实情况进行评价： 极不符合=1；　不符合=2；　中立=3；　符合=4；　非常符合=5	极不符合	不符合	中立	符合	非常符合
1. 在当前岗位上，我经常会被分配额外的、具有挑战性的工作	1	2	3	4	5
2. 在当前岗位上，我经常会获得一些有助于个人发展和提高新技能的工作	1	2	3	4	5
3. 除正式的培训机会外，上司会通过提供具有挑战性的工作来帮助我培养能力	1	2	3	4	5
4. 不管组织的培训和发展政策如何，我的上司都会通过提供正式的培训和发展机会来对我进行人力资本投资	1	2	3	4	5
5. 在工作中我有很大的自主权来决定怎样完成工作	1	2	3	4	5
6. 我可以自己决定如何完成我的工作	1	2	3	4	5
7. 在如何处理我的工作上，我有相当大的独立性和自由度	1	2	3	4	5
以下各题了解您感受到的工作支持，请依据您的真实情况进行评价： 极不符合=1；　不符合=2；　中立=3；　符合=4；　非常符合=5	极不符合	不符合	中立	符合	非常符合
1. 我的上司会对我如何完成工作提供意见与建议	1	2	3	4	5
2. 我的上司能够对我的工作绩效提供有效的反馈	1	2	3	4	5
3. 我的上司给我提供能够发展我新技能的工作任务	1	2	3	4	5
4. 我的上司能够花费时间来了解我的职业目标和期望	1	2	3	4	5
5. 我的同事给我提供他们在专业方面的意见和建议	1	2	3	4	5

6. 我的同事与我分享他们的工作经验	1	2	3	4	5
7. 我的同事帮助我了解企业的文化和潜规则	1	2	3	4	5
以下各题了解您感受的工作-家庭文化，请依据您所在单位的真实情况进行评价 极不符合=1；不符合=2；中立=3；符合=4；非常符合=5	极不符合	不符合	中立	符合	非常符合
1. 在组织中员工可以很容易地平衡工作和家庭生活	1	2	3	4	5
2. 发生冲突时，即使员工把家庭放在首位，管理者也很理解	1	2	3	4	5
3. 在这个组织中大家经常讨论家庭问题	1	2	3	4	5
4. 高层管理者会鼓励基层管理人员关心员工的家庭和私人问题	1	2	3	4	5
5. 总体而言，管理者会尽量考虑到与员工家庭相关的需要	1	2	3	4	5
6. 中层管理者和高层管理者均支持员工担负起照顾孩子的责任	1	2	3	4	5
7. 这个组织支持员工由于家庭原因而愿意换到岗位要求较低的工作岗位上	1	2	3	4	5
8. 中层管理者和高层管理者均支持员工负担起照顾老人的责任	1	2	3	4	5
9. 这个组织鼓励员工保持工作和家庭平衡	1	2	3	4	5
以下各题了解您的工作感受，请依据您的真实情况进行评价： 极不符合=1；不符合=2；中立=3；符合=4；非常符合=5	极不符合	不符合	中立	符合	非常符合
1. 我对我目前的工作非常满意	1	2	3	4	5
2. 大多时候我对工作充满热情	1	2	3	4	5
3. 每天的工作总是做也做不完	1	2	3	4	5
4. 我发现自己真的很享受工作	1	2	3	4	5
5. 我的工作并不是那么有趣	1	2	3	4	5
6. 我充分履行了我的职责	1	2	3	4	5
7. 我完成了组织对我工作职责的明文规定	1	2	3	4	5
8. 我完成了组织期望我做的工作	1	2	3	4	5
9. 我达到了工作规定的要求	1	2	3	4	5
10. 我积极参与直接影响组织绩效评价的活动	1	2	3	4	5

11. 我愿意为了组织获得成功而努力工作	1	2	3	4	5
12. 为了组织我可以持续不断地干各种工作	1	2	3	4	5
13. 我发现我的价值观同组织的价值观非常相似	1	2	3	4	5
14. 我为能在这个组织工作而感到自豪	1	2	3	4	5
15. 为了继续留在这个组织，我可以放弃其他高薪工作	1	2	3	4	5
16. 我实际做的事比要求的多	1	2	3	4	5
17. 我会自觉主动地超时工作	1	2	3	4	5
18. 我会尝试着改变工作环境	1	2	3	4	5
19. 我会同上司磋商如何改进工作状况	1	2	3	4	5
20. 我会尽力思考能将工作干得更好的方法	1	2	3	4	5
21. 我有缺席的想法	1	2	3	4	5
22. 我会在工作时间与同事就跟工作无关的话题闲聊	1	2	3	4	5
23. 我会因为某些原因脱离工作状态	1	2	3	4	5
24. 我会在工作时间思考与工作无关的事情	1	2	3	4	5
25. 我投入工作的精力比应有的少	1	2	3	4	5
26. 我所在的组织气氛和谐、成员之间彼此信赖	1	2	3	4	5
27. 沟通与交流是为了更好地工作	1	2	3	4	5
28. 组织内部员工的竞争关系高于合作关系	1	2	3	4	5
29. 我所在的部门成员需齐心协力才能完成企业或班子目标	1	2	3	4	5
30. 当我对别人提起自己是这家组织的一员时我会觉得很骄傲	1	2	3	4	5
31. 我所在的组织成员都热爱集体并且敬业	1	2	3	4	5
32. 我将组织的目标作为自己的工作目标	1	2	3	4	5
33. 组织成员都在为实现目标而努力	1	2	3	4	5
34. 我的直接主管了解我的问题和需求	1	2	3	4	5
35. 我的直接主管知道我的潜力	1	2	3	4	5
36. 我与直接主管的工作关系是实实在在的	1	2	3	4	5
37. 我通常知道在什么情况下可以赢得主管的好感	1	2	3	4	5
38. 我的直接主管对我有足够的信心，他/她在我不在场的情况下会维护我的决定	1	2	3	4	5
39. 我可以依靠我的直接主管帮助我脱离困境走出麻烦，在我需要的时候他/她会不遗余力	1	2	3	4	5

40. 我的直接主管会运用他/她的权利帮助我解决工作中的难题	1	2	3	4	5
以下各题是家庭相关问项，请依据您家庭的真实情况进行评价： 极不符合=1；不符合=2；中立=3；符合=4；非常符合=5	极不符合	不符合	中立	符合	非常符合
1. 我非常重视我与家人之间的关系	1	2	3	4	5
2. 我知道当我需要帮助的时候我能依靠我的家人	1	2	3	4	5
3. 我和我的家人相处得很好	1	2	3	4	5
4. 我的家庭与我的理想在很多方面都很接近	1	2	3	4	5
5. 我的家庭状态非常好	1	2	3	4	5
6. 我对我的家庭很满意	1	2	3	4	5
7. 到目前为止我已经拥有了想要从家庭中得到的	1	2	3	4	5
8. 我充分承担了我的家庭责任	1	2	3	4	5
9. 我完成了家庭成员约定的我应该承担的那部分家庭职责	1	2	3	4	5
10. 我完成了家庭成员期望我做的事情	1	2	3	4	5
11. 我对家庭所做的贡献得到了家庭成员的认可	1	2	3	4	5
12. 我会想办法让家庭成员认可我对家庭所做的贡献	1	2	3	4	5
以下各题了解您的工作-家庭促进关系，请依据您的真实情况进行评价： 极不符合=1；不符合=2；中立=3；符合=4；非常符合=5	极不符合	不符合	中立	符合	非常符合
1. 工作中培养的善解人意的作风帮我处理了在家庭中的个人和实际问题	1	2	3	4	5
2. 在工作中获得的知识和技巧使我在家里做事时也很有效	1	2	3	4	5
3. 在工作中所做的事使我在家成为一个受欢迎的人	1	2	3	4	5
4. 我的工作让我感到幸福并使我成为更好的家庭成员	1	2	3	4	5
5. 我的工作给我带来成就感并使我成为更好的家庭成员	1	2	3	4	5
6. 我的家庭帮助我获得更多的知识和技能并使我成为更好的员工	1	2	3	4	5

7. 我在家交谈可以帮助我处理工作上的问题	1	2	3	4	5
8. 我在家得到的爱和尊重让我在工作中更自信	1	2	3	4	5
9. 我的家庭生活可以帮助我放松心情,为第二天的工作做好准备	1	2	3	4	5
10. 我的家庭保证我更加专注工作并使我成为更好的员工	1	2	3	4	5

再次感谢您的支持与配合,为了保持数据的完整性,请核查数据是否存在漏答选项,衷心感谢您!

附录三　各观测变量描述性统计

	样本	最小值	最大值	平均值	标准偏差	偏斜		峰度	
	数值	数值	数值	数值	数值	数值	标准误差	数值	标准误差
SE1	1795	1.00	5.00	3.7042	0.87576	−0.490	0.058	0.136	0.115
SE2	1795	1.00	5.00	3.5181	0.88785	−0.253	0.058	−0.086	0.115
SE3	1795	1.00	5.00	3.3928	0.91686	−0.108	0.058	−0.362	0.115
EXT1	1795	1.00	5.00	3.6474	0.86030	−0.448	0.058	0.098	0.115
EXT2	1795	1.00	5.00	3.3588	0.94879	−0.103	0.058	−0.469	0.115
EXT3	1795	1.00	5.00	3.7443	0.86413	−0.520	0.058	0.314	0.115
EXT4	1795	1.00	5.00	3.7354	0.84775	−0.368	0.058	−0.035	0.115
EXT5	1795	1.00	5.00	3.4568	0.88509	−0.033	0.058	−0.343	0.115
HLT1	1795	1.00	5.00	3.2741	0.95119	−0.201	0.058	−0.103	0.115
HLT2	1795	1.00	5.00	3.4373	1.00270	−0.384	0.058	−0.276	0.115
HLT3	1795	1.00	5.00	3.3359	1.00290	−0.308	0.058	−0.332	0.115
HLT5	1795	1.00	5.00	3.4741	0.89391	−0.252	0.058	−0.151	0.115
HLT6	1795	1.00	5.00	3.4435	0.92078	−0.316	0.058	−0.249	0.115
DE1	1795	1.00	5.00	3.3738	0.96198	−0.087	0.058	−0.414	0.115
DE2	1795	1.00	5.00	3.3159	0.98367	−0.123	0.058	−0.499	0.115
DE3	1795	1.00	5.00	3.2156	0.98414	−0.178	0.058	−0.344	0.115
DE4	1795	1.00	5.00	3.0708	0.99553	−0.122	0.058	−0.371	0.115
AUT1	1795	1.00	5.00	3.4228	0.95555	−0.324	0.058	−0.273	0.115
AUT2	1795	1.00	5.00	3.5075	0.92670	−0.359	0.058	−0.201	0.115
AUT3	1795	1.00	5.00	3.4000	0.97768	−0.270	0.058	−0.337	0.115
SS1	1795	1.00	5.00	3.5521	0.88335	−0.547	0.058	0.239	0.115
SS2	1795	1.00	5.00	3.5159	0.91510	−0.508	0.058	0.062	0.115
SS3	1795	1.00	5.00	3.4106	0.94332	−0.377	0.058	−0.139	0.115

续表

	样本	最小值	最大值	平均值	标准偏差	偏斜		峰度	
	数值	数值	数值	数值	数值	数值	标准误差	数值	标准误差
SS4	1795	1.00	5.00	3.1972	0.98658	-0.193	0.058	-0.348	0.115
MS1	1795	1.00	5.00	3.4869	0.88227	-0.472	0.058	0.143	0.115
MS2	1795	1.00	5.00	3.5755	0.85077	-0.416	0.058	0.100	0.115
MS3	1795	1.00	5.00	3.4719	0.85886	-0.336	0.058	0.076	0.115
CUL1	1795	1.00	5.00	3.3755	0.87799	-0.342	0.058	-0.071	0.115
CUL2	1795	1.00	5.00	3.3526	0.89274	-0.356	0.058	-0.068	0.115
CUL3	1795	1.00	5.00	3.2708	0.88918	-0.162	0.058	-0.281	0.115
CUL4	1795	1.00	5.00	3.2947	0.90862	-0.343	0.058	-0.197	0.115
CUL5	1795	1.00	5.00	3.3554	0.89319	-0.355	0.058	-0.042	0.115
CUL6	1795	1.00	5.00	3.3549	0.86713	-0.326	0.058	0.082	0.115
CUL7	1795	1.00	5.00	3.1699	0.87870	-0.130	0.058	0.086	0.115
CUL8	1795	1.00	5.00	3.4290	0.89520	-0.376	0.058	0.090	0.115
CUL9	1795	1.00	5.00	3.5404	0.87382	-0.355	0.058	0.085	0.115
JS1	1795	1.00	6.00	3.5248	0.89019	-0.338	0.058	-0.062	0.115
JS2	1795	1.00	5.00	3.6780	0.84398	-0.555	0.058	0.315	0.115
JS4	1795	1.00	5.00	3.3432	0.91336	-0.115	0.058	-0.246	0.115
WP1	1795	1.00	5.00	3.8708	0.78305	-0.571	0.058	0.507	0.115
WP2	1795	1.00	5.00	3.8763	0.81258	-0.719	0.058	0.834	0.115
WP3	1795	1.00	5.00	3.8279	0.78582	-0.591	0.058	0.651	0.115
WP4	1795	1.00	5.00	3.8596	0.75500	-0.579	0.058	0.633	0.115
WP5	1795	1.00	5.00	3.6440	0.85306	-0.505	0.058	0.328	0.115
OC1	1795	1.00	5.00	3.8462	0.80396	-0.617	0.058	0.544	0.115
OC2	1795	1.00	5.00	3.5565	0.88749	-0.308	0.058	-0.144	0.115
OC3	1795	1.00	5.00	3.4396	0.87138	-0.229	0.058	0.011	0.115
OC4	1795	1.00	5.00	3.5989	0.91537	-0.542	0.058	0.301	0.115
OC5	1795	1.00	5.00	3.1989	0.99329	-0.146	0.058	-0.321	0.115
PB1	1795	1.00	5.00	3.6819	0.84315	-0.384	0.058	0.018	0.115
PB2	1795	1.00	5.00	3.6685	0.86095	-0.508	0.058	0.112	0.115
PB3	1795	1.00	5.00	3.4930	0.81330	-0.192	0.058	-0.111	0.115
PB4	1795	1.00	5.00	3.6039	0.82308	-0.488	0.058	0.232	0.115

续表

	样本	最小值	最大值	平均值	标准偏差	偏斜		峰度	
	数值	数值	数值	数值	数值	数值	标准误差	数值	标准误差
PB5	1795	1.00	5.00	3.7889	0.79819	-0.676	0.058	0.794	0.115
NB1	1795	1.00	5.00	2.8808	1.05967	0.056	0.058	-0.602	0.115
NB2	1795	1.00	5.00	3.0618	0.94796	-0.171	0.058	-0.369	0.115
NB3	1795	1.00	5.00	2.9900	0.97569	0.009	0.058	-0.581	0.115
NB4	1795	1.00	5.00	2.9933	0.97400	0.057	0.058	-0.559	0.115
NB5	1795	1.00	5.00	2.7655	1.03674	0.294	0.058	-0.511	0.115
TC1	1795	1.00	5.00	3.5649	0.88440	-0.413	0.058	0.065	0.115
TC2	1795	1.00	5.00	3.8930	0.80670	-0.716	0.058	0.978	0.115
TC4	1795	1.00	5.00	3.7331	0.79266	-0.415	0.058	0.238	0.115
TC5	1795	1.00	5.00	3.6072	0.84075	-0.391	0.058	0.244	0.115
TC6	1795	1.00	5.00	3.4630	0.83749	-0.259	0.058	0.137	0.115
TC7	1795	1.00	5.00	3.5749	0.82488	-0.303	0.058	.046	0.115
TC8	1795	1.00	5.00	3.5142	0.85007	-0.311	0.058	0.125	0.115
LR1	1795	1.00	5.00	3.5170	0.85329	-0.422	0.058	0.116	0.115
LR2	1795	1.00	5.00	3.5577	0.83432	-0.393	0.058	0.140	0.115
LR3	1795	1.00	5.00	3.7019	0.79489	-0.635	0.058	0.700	0.115
LR4	1795	1.00	5.00	3.4184	0.85609	-0.191	0.058	0.019	0.115
LR5	1795	1.00	5.00	3.5019	0.81538	-0.315	0.058	0.283	0.115
LR6	1795	1.00	5.00	3.4646	0.86763	-0.317	0.058	0.174	0.115
LR7	1795	1.00	5.00	3.5387	0.87771	-0.470	0.058	0.214	0.115
FR1	1795	1.00	5.00	4.1382	0.85444	-1.014	0.058	1.108	0.115
FR2	1795	1.00	5.00	4.1148	0.81594	-0.793	0.058	0.525	0.115
FR3	1795	1.00	5.00	4.1454	0.82297	-0.876	0.058	0.739	0.115
FS1	1795	1.00	5.00	3.8864	0.86193	-0.595	0.058	0.260	0.115
FS2	1795	1.00	5.00	4.0022	0.82667	-0.621	0.058	0.223	0.115
FS3	1795	1.00	5.00	4.0345	0.83401	-0.723	0.058	0.464	0.115
FS4	1795	1.00	5.00	3.9097	0.88256	-0.603	0.058	0.177	0.115
FP1	1795	1.00	5.00	3.8111	0.88998	-0.524	0.058	-0.068	0.115
FP2	1795	1.00	5.00	3.7950	0.86443	-0.484	0.058	-0.081	0.115
FP3	1795	1.00	5.00	3.7772	0.85936	-0.479	0.058	-0.013	0.115
FP4	1795	1.00	5.00	3.8362	0.83066	-0.574	0.058	0.466	0.115

续表

	样本	最小值	最大值	平均值	标准偏差	偏斜		峰度	
	数值	数值	数值	数值	数值	数值	标准误差	数值	标准误差
FP5	1795	1.00	5.00	3.8217	0.84632	-0.492	0.058	0.128	0.115
WF1	1795	1.00	5.00	3.7348	0.79567	-0.347	0.058	0.107	0.115
WF2	1795	1.00	5.00	3.7014	0.79713	-0.378	0.058	0.056	0.115
WF3	1795	1.00	5.00	3.6864	0.79450	-0.280	0.058	-0.031	0.115
WF4	1795	1.00	5.00	3.6657	0.81767	-0.296	0.058	-0.010	0.115
WF5	1795	1.00	5.00	3.6563	0.82225	-0.321	0.058	0.011	0.115
FW1	1795	1.00	5.00	3.7053	0.83041	-0.469	0.058	0.297	0.115
FW2	1795	1.00	5.00	3.6780	0.84001	-0.478	0.058	0.194	0.115
FW3	1795	1.00	5.00	3.8769	0.77149	-0.420	0.058	0.139	0.115
FW4	1795	1.00	5.00	3.8875	0.79690	-0.464	0.058	0.104	0.115
FW5	1795	1.00	5.00	3.9443	0.79520	-0.480	0.058	0.120	0.115
Valid N (listwise)	1795								

参考文献

一、中文图书

[1] 费孝通. 乡土中国. 北京：三联书店出版社，1985.

[2] 冯兰瑞. 论中国劳动力市场. 北京：中国城市出版社，1991.

[3] 侯杰泰，温忠麟，成子娟. 结构方程模型及其应用. 北京：教育科学出版社，2004.

[4] 黄芳铭. 结构方程模式：理论与应用. 北京：中国税务出版社，2005.

[5] 李迎生. 社会工作概论. 2 版. 北京：中国人民大学出版社，2010.

[6] 梁漱溟. 中国文化要义. 上海：学林出版社，2000.

[7] 罗杰·梅里尔，丽贝卡·梅里尔. 平衡. 王德忠，李萌，译. 北京：电子工业出版社，2004.

[8] 王询. 文化传统与经济组织. 大连：东北财经大学出版社，1992.

[9] 吴统雄. 电话调查：理论与方法. 台北：台湾联经出版事业公司，1984.

[10] 杨宜勇. 失业冲击波——中国就业发展报告. 北京：今日中国出版社，1997.

[11] 袁志刚，方颖. 中国就业制度的变迁. 太原：山西经济出版社，1998.

[12] 张洪英. 小组工作：理论与实践. 济南：山东人民出版社，2005.

二、中文期刊

[1] 边燕杰，张文宏. 经济体制、社会网络与职业流动. 中国社会科学，2001（2）：77-89.

[2] 陈兴华，凌文辁. 工作-家庭冲突及其平衡策略. 外国经济与管理，

2004，26（4）：16-19.

　　[3] 洪佩，费梅苹. "场域-惯习"视角下我国社会工作者的实践策略分析. 华东理工大学学报（社会科学版），2015，30（6）:21-30.

　　[4] 黄逸群，潘陆山. 工作和家庭关系研究的新思路——工作-家庭丰富研究综述. 技术经济，2007，26（8）:11-13.

　　[5] 李凌江，郝伟，杨德森，等. 社区人群生活质量研究-Ⅲ生活质量问卷（QOLI）的编制. 中国心理卫生杂志，1995，9（5）:227-231.

　　[6] 唐汉瑛，马红宇，王斌. 工作-家庭界面研究的新视角：工作家庭促进研究. 心理科学进展，2007，15（5）：852-858.

　　[7] 汪向东，王希林，马弘. 心理卫生评定量表手册. 中国心理卫生杂志，1999（增刊）:88-100.

　　[8] 于岩平，罗瑾琏，周艳秋. 高星级酒店女性员工工作-家庭平衡研究报告. 妇女研究论丛，2012（6）:31-36.

　　[9] 张捷，张海英. 试析社会工作者资格认证的重要作用. 北京航空航天大学学报（社会科学版），2008，21（3）:27-30.

三、英文图书

　　[1] Bandura A. Self-efficacy: The exercise of control. New York: Freeman, 1997.

　　[2] Berscheid E. The human's greatest strength: Other humans. In L G Aspinwall & U M Staudinger (Eds.), A psychology of human strengths:Fundamental questions and future directions for a positive psychology. Washington, DC: American Psychological Association, 2003: 37-47.

　　[3] Blaney P H & Ganellen R J. Hardiness and social support. In B R Sarason, I G Sarason & G R Pierce (Eds.), Social support: An interactional view.New York: Wiley, 1990: 297-318.

　　[4] Blau P M. Exchange and power in social life. New York: Wiley, 1964.

　　[5] Bolger N, DeLongis A, Kessler R C & Wethington E. The microstructure of daily role-related stress in married couples. In Eckenrode J & Gore S(Eds.), Stress between work and family. Springer US,1990:95-115.

　　[6] Bond J T, Galinsky E & Swanberg J E. The national study of the changing workforce. New York: Families and Work Institute,1997.

[7] Brislin R W. The wording and translation of research instruments. In Lonner W J & Berry J W(Eds.), Field Methods in cross-cultural research.Thousand Oaks, CA US: Sage Publications, Inc., 1986: 137-164.

[8] Brockner J. Self-esteem at work. Lexington, MA: Lexington Books, 1988.

[9] Broderick C B. Understanding family process: Basics of family systems theory. New Bury Park, CA: Sage, 1993.

[10] Bronfenbrenner U. Ecological systems theory. In R. Vasta (Ed.), Six theories of child development. Annals of child development: A research annual . Greenwich, CT: JAI Press,1989, 6:187-249.

[11] Bronfenbrenner U & Morris P A. The ecology of developmental processes. In W Damon (Ed.), (5th ed.). Handbook of child psychology. New York: John Wiley and Sons, 1998:993-1028.

[12] Bronfenbrenner U. The ecology of human development: Experiments by nature and design. Cambridge, MA: Harvard University Press, 1979.

[13] Burke R J & Greenglass E. Work and family. In C L Cooper & I T Robertson (Eds.), International review of industrial and organizational psychology, NewYork: Wiley, 1987:273-320.

[14] Cameron K S, Dutton J E, Quinn R E & Wrzesniewski A. Developing a discipline of positive organizational scholarship. In K S Cameron, J E Dutton & R E Quinn (Eds.), Positive Organizational Scholarship: Foundations of a new discipline. San Francisco: Berrett-Koehler, 2003:361-379.

[15] Cartwright S & Cooper C L. Managing workplace stress. Thousand Oaks, CA: Sage, 1997.

[16] Cooke R A & Szumal J L. Using the organizational culture inventory to understand the operating cultures of organizations. In N M Ashkanasy, C P M Wilderom & M F Peterson (Eds.), Handbook of organizational culture and climate. Thousand Oaks, CA: Sage, 2000: 147-162.

[17] Csikszentmihalyi M. Creativity: Flow and the psychology of discovery and invention. New York: Harper Collins, 1996.

[18] Demerouti E, Geurts S A & Kompier M. Positive and negative

work-home interaction: Prevalence and correlates. Equal Opportunities International, 2004，23(1/2): 6-35.

[19] Den Dulk L. Workplace work-family arrangements: A study and explanatory framework of differences between organizational provisions in different welfare states. In S Poelman (Ed.), Work and family: International research on work and family.Mahwah, NJ: Lawrence Erlbaum, 2005:169-191.

[20] Diener E & Lucas R E. Personality and subjective well-being. In D Kahneman, E Diener & N Schwarz (Eds.), Well-being: The foundations of a hedonic psychology. New York: Russell Sage Foundation,1999: 213-229.

[21] Dubin R. Work and non-work: Institutional perspectives. In M D Dunneite (Ed,), Work and non-work in the year 2001. Monterey, CA: Brooks-Cole, 1973: 53-68.

[22] Eckenrode I, 8 f Gore S. Stress and coping at the boundary of work and family. In Eckenrode & S Gore(Eds.), Stress between work and family. New York:Plenum, 1990: 1-16.

[23] Families and Work Institute. National study of the changing workforce. New York: Families and Work Institute, 2008.

[24] Fredrickson B L. Positive emotions. In C R Snyder & S J Lopez (Eds), Handbook of positive psychology. New York: Oxford University Press, 2005:120-134.

[25] Friedman S D & Greenhaus J H. Allies or enemies?What happens when business professionals confront life choices. New York: Oxford University Press, 2000.

[26] Frone M R. Work-family balance. In J C Quick & L E Tetrick (Eds.),Handbook of occupational health psychology. Washington, DC:American Psychological Association, 2003: 143-162.

[27] Geurts S A E & Demerouti E. Work-/non-work interface: A review of theories and findings. In M J Schabracq, J A M Winnubst & C L Cooper (Eds.), The handbook of work and health psychology. New York: Wiley, 2003: 279-312.

[28] Goldstein I L & Ford J K. Training in organizations: Needs assessment, development, and evaluation (4th ed.). Belmont, CA: Wadsworth/Thomson, 2000.

[29] Greenhaus J H, Callanan G A, Godshalk V M. Career Management. Thousand Oaks, CA: Sage. 4th ed,2010.

[30] Greenhaus J H & Allen T D. Work-family balance: A review and extension of the literature. In J C Quick & L E Tetrick (Eds.), Handbook of occupational health psychology (2nd ed). Washington, DC: American Psychological Association, 2011.

[31] Greenhaus J H & Parasuraman S. A work-nonwork interactive perspective of stress and its consequences. In J M Ivancevich & D C Ganster (Eds.), Job stress: From theory to suggestion. New York: Haworth, 1987: 37-60.

[32] Greenhaus J H & Parasuraman S. Research on work,family, and gender: Current status and future directions. In G N Powell (Ed.), Handbook of gender and work. Newbury Park, CA: Sage, 1999:391-412.

[33] Greenhaus J H & Powell G N. A conceptual analysis of decision making at the work-family interface. Paper presented at the Second International Conference of Work and Family, IESE Business School, University of Navarra,Barcelona, Spain, 2007.

[34] Grzywacz J G. Toward a theory of work-family facilitation. Paper presentation, 34th Annual Theory Construction and Research Methodology Workshop, 2002, November.

[35] Haas L. Families and work. In M Sussman, S K Stein-metz & G W Peterson (Eds.), Handbook of marriage and the family(2nd ed.). New York: Plenum Press, 1999: 571-612.

[36] Haas L. Families and work. In S K Steinmetz & G W Peterson (Eds.), Handbook of marriage and the family. New York: Plenum,1999: 571-611.

[37] Hair J, Anderson R, Tatham R, et al. Multivariate Data Analysis. 5th ed.Upper Saddle River, NJ: Prentice-Hall, 1998.

[38] Hobfoll S E. Stress, culture, and community: The psychology and philosophy of stress. New York: Plenum, 1998.

[39] Jahoda M. Employment and unemployment: A social psychological analysis. Cambridge, England: Cam-bridge University Press, 1982.

[40] Kahn R L, Wolfe D M, Quinn R, Snoek J D & Rosenthal R A.

Organizational stress. New York: Wiley, 1964.

[41] Kanter R M. Work and family in the United States: A critical review and agenda for research and policy. New York: Russell Sage Foundation ,1977.

[42] Kline R B. Principles and practice of structural equation modeling.New York: Guilford Press, 1998.

[43] Kossek E E, Lirio P & Valcour M. The sustainable workforce: Organizational strategies for promoting work-life wellbeing. Presented at Fifth International Community, Work and Family Conference, IESE, July 1-3, Barcelona, Spain,2013.

[44] Kossek E E, Valcour M & Lirio P. The sustainable workforce: Organizational strategies for promoting work-life balance and well-being. In C Cooper & P Chen (Eds.), Work and wellbeing. Oxford: Wiley-Blackwell,2014: 295-318.

[45] Lazarus R S & Folkman S. Stress, appraisal, and coping, springer. New York, 1984.

[46] MacDermid S M, Seery B L & Weiss H M. An emotional examination of the work-family interface. In R G Lord, R J Klimoski & R Kanfer (Eds.), Emotions in the workplace: Understanding the structure and role of emotions in organizational behavior. San Fran-cisco: Jossey-Bass, 2002: 402-427.

[47] Marshall N L & Barnett R C. Family-friendly workplaces, work-family interface, and worker health. In Keita G P & Hurrell J J (Eds.), Job stress in a changing workforce.Washington, DC: APA Books, 1994:253-264.

[48] McCall M W, Lombardo M M & Morrison A M. The lessons of experience: How successful executives develop on the job. Lexington, MA: Lexington Books, 1988.

[49] Miller S. The role of a juggler. In S Parasuraman & J H Greenhaus (Eds.), Integrating work and family: Challenges and choices for a changing world. Westport, CT: Quorum, 1997: 48-56.

[50] Near J P. Predictive and explanatory models of work and nonwork. In M D Lee & R N Kanungo (Eds.), Management of work and personal life: Problems and opportunities. New York: Praeger, 1984: 67-85.

[51] Neck C P & Manz C C. Mastering self-leadership: Empowering yourself for personal excellence(4 th ed). Upper Saddle River, NJ:Pearson Prentice Hall, 2007.

[52] Nunnally J. Psychometric Theory. New York:McGraw-Hill,1978.

[53] O'Driscoll M, Brough P & Kalliath T. Work-family conflict and facilitation, chapter 6. In F Jones, R Burke & M Westman (Eds.). Managing the work-home interface. Hove, Sussex, UK: Psychology Press, 2006.

[54] Peper B, Dikkers J, Vinkenburg C & Engen M V. Causes and Consequences of the utilization of work-life policies by professionals: "Unconditional supervisor support required". In S Kaiser, M Ringlstetter, D R Eikhof & M Pinae Cunha(Eds.), Creating balance? Berlin/Heidelberg:Springer, 2011:225-250.

[55] Piotrkowski C S, Rapoport R N & Rapoport R. Families and work. In M B Sussman & S K Steinmetz (Eds.),Handbook of marriage and the family. New York: Plenum Press,1987: 251-283.

[56] Piotrkowski C S. Work and the family system. New York: Free Press, 1979.

[57] Pleck J H. Are "family-supportive" employer policies relevant to men? In J C Hood (Ed.), Men, work, and family. Newbury Park, CA: Sage, 1993:217-237.

[58] Poelmans S. Organizational research on work and family: recommendations for future research. In Poelmans S A Y (Ed), Work and family: an international research perspective. Mahwah, NJ, USA: Lawrence Erlbaum Associates, 2005: 353-371.

[59] Porter L W & Lawler E E. Managerial attitudes and performance. Homewood, IL: Dorsey Press, 1968.

[60] Reitzes D D. Social and emotional engagement in adulthood. In M H Bornstein, L Davidson, C Keyes & K M Moore (Eds.), Wellbeing: Positive development across the life course. Cross currents in contemporary psychology. Mahwah, NJ: Lawrence Erlbaum, 2003: 425-447.

[61] Repetti R L. Linkages between work and family roles.In S Oskamp

(Ed.), Family processes and problems: Social psychological aspects. Newbury Park, CA:Sage, 1987: 98-127.

[62] Rothbard N R and J M Brett. Promote equal opportunity by recognizing gender differences in the experience of work and family. In E A Locke (ed.), The blackwell handbook of principles of organizational behavior. Oxford: Blackwell, 2000:389-403.

[63] Seligman M E P. Authentic happiness: Using the new positive psychology to realize your potential for lasting fulfillment. New York: Free Press, 2002.

[64] Seligman M E P. Learned optimism. New York: Knopf, 1991.

[65] Stepanova O. Organizational subcultures and family supportive culture in a Spanish organization. In Poelmans S A Y, Greenhaus J H & Las Heras M(Eds.), Expanding the boundaries of work-family research: A vision for the future, Basingstoke, UK: Palgrave,2013:70-90.

[66] Strauss A & Corbin J. Basics of qualitative research: Techniques and procedures for developing grounded theory. Thousand Oaks: CA, Sage Publications, 1998.

[67] Sweet S & Moen P. Advancing a career focus on work and family: Insights from the life course perspective.In M Pitt-Catsouphes, E E Kossek & S Sweet (Eds.), Work-family handbook: Multi-disciplinary perspectives and approaches. Mahwah, NJ:Erlbaum,2006: 189-208.

[68] Tajfel H & Turner J C. The social identity theory of intergroup behavior. In S Worchel & W G Austin (Eds.),Psychology of Intergroup Relations(2nd ed.). Chicago: Nelson-Hall ,1986: 7-24.

[69] Valcour M, Bailyn L, Quijada M A, Bailyn L & Quijada M A. Customized careers. In Gunz H P and M A Peiperl(Eds), Handbook of career studies. Newbury Park, CA: Sage, 2007:188-210.

[70] Vroom V H. Work and motivation. New York: Wiley, 1964.

[71] Wayne J H. Cleaning up the constructs on the positive side of the work-family interface. In D R Crane & J Hill (Eds.), Handbook of families and work: Interdisciplinary perspectives. Lanham, MD: University Press of

America,2009: 105-140.

[72] Weiss H M & Cropanzano R. Affective events theory: A theoretical discussion of the structure, causes,and consequences of affective experiences at work. In Staw B M & Cummings L L (Eds.), Research in organizational behavior. Greenwich, CT: Elsevier Science/JAI Press, 1996:1-74.

[73] Yang Nini. Individualism-collectivism and work-family interfaces: A sino-U S comparison. In Poelmans, Steven AY(Ed), Work and family: An international research perspective. Mahwah, NJ, USA: Lawrence Erlbaum Associates, 2005: 287-318.

[74] Zedeck S (Ed.). Work, families, and organizations. San Francisco: Jossey-Bass, 1992.

[75] Zimmerman K L & Hammer L B. Work-family positive spillover: Where have we been and what lies ahead? In J Houdmont & S Leka (Eds.), Contemporary occupational health psychology:Global perspectives on research and practice. Chichester, England: Wiley-Blackwell, 2010(1): 272-297.

四、英文期刊

[1] Adams G A & Jex S M. Relationships between time management, control, work-family conflict, and strain. Journal of Occupational Health Psychology, 1999, 4(1): 72-77.

[2] Adams G A, King L A & King D W. Relationships of job and family involvement, family social support, and work-family conflict with job and life satisfaction. Journal of Applied Psychology, 1996, 81(4): 411-420.

[3] Adler P S & Kwon S. Social capital: Prospects for a new concept. Academy of Management Review, 2002, 27(1): 17-40.

[4] Aldwin C, Stolols D. The effects of environmental change on individual and groups: some neglected issues in stress research. Journal of Environmental Psychology, 1988, 8(1): 57-75.

[5] Allen T D, Herst D E L, Bruck C S & Sutton M. Consequences associated with work-to-family conflict: A review and agenda for future research. Journal of Occupational Health Psychology, 2000,5(2): 278-308.

[6] Allen T D. Family-supportive work environments: The role of

organizational perceptions. Journal of Vocational Behavior, 2001, 58(3): 414-435.

[7] Anderson J C & Gerbing D W. Structural equation modeling in practice: a review and recommended two-step approach. Psychological Bulletin, 1988,103(3): 411-423.

[8] Aryee S, Srinivas E S & Tan H H. Rhythms of life: Antecedents and outcomes of work-family balance in employed parents. Journal of Applied Psychology, 2005, 90(1): 132-146.

[9] Ashforth B E, Kreiner G E & Fugate M. All in a day's work: Boundaries and micro role transitions. Academy of Management Review, 2000, 25(3): 472-491.

[10] Bae K B & Goodman D. The Influence of family-friendly policies on turnover and performance in South Korea. Public Personnel Management, 2014,43(4): 520-542.

[11] Bagozzi R P & Yi Y. On the evaluation of structural equation models. Journal of the Academy of Marketing Science, 1988,16(1): 74-94.

[12] Bakker A B & Demerouti E. The job demands-resources model: State of the art. Journal of Managerial Psychology, 2007, 22(3): 309-328.

[13] Balkundi P & Harrison D A. Ties, leaders, and time in teams: Strong inference about network structure's effects on team viability and performance. Academy of Management Journal, 2006, 49(1): 49-68.

[14] Baltes B B & Heydensgahir H A. Reduction of work-family conflict through the use of selection, optimization, and compensation behaviors. Journal of Applied Psychology, 2003, 88(6): 1005-1008.

[15] Bandura A. Self-efficacy: Toward a unifying theory of behavioral change. Psychological Review, 1977,84(2): 191-215.

[16] Barnett R C & Hyde J S. Women, men, work, and family. American Psychologist, 2001,56(10): 781-796.

[17] Barnett R C. A new work-life model for the twenty-first century. Annals of the American Academy of Political & Social Science, 1999,562(1): 143-158.

[18] Barnett R C. Toward a review and reconceptualization of the work/family literature. Genetic, Social, and General Psychology Monographs,1998,

124(2): 125-182.

[19] Barnett R C & Hyde J S. Women, men, work, and family. American Psychologist, 2001, 56(10): 781-796.

[20] Barnett R C, Marshall N L & Sayer A. Positive-spillover effects from job to home: A closer look. Women & Health, 1992, 19(2-3): 13-41.

[21] Barnett R C, Marshall N L & Singer J D. Job experiences over time, multiple roles, and women's mental health: a longitudinal study. Journal of Personality & Social Psychology, 1992,62(4): 634-644.

[22] Barnett R C. Toward a Review and reconceptualization of the work/family literature. Genetic, Social, and General Psychology Monographs, 1998, 124(2): 125-182.

[23] Basuil D A & Casper W J. Work-family planning attitudes among emerging adults. Journal of Vocational Behavior, 2012,80(3): 629-637.

[24] Bauer T N, Morrison E W & Callister R R. Organizational socialization: A review and directions for future research. Research in Personnel and Human Resources Management, 1998,16:149-214.

[25] Beal D J, Cohen R R, Burke M J & McLendon C L. Cohesion and performance in groups: A meta-analytic clarification of construct relations. The Journal of Applied Psychology, 2003,88(6): 989-1004.

[26] Becker P E & Moen P. Scaling back: dual-earner couples'work-family strategies. Journal of Marriage & Family,1999, 61(4): 995-1007.

[27] Behson S J. Coping with family-to-work conflict: the role of informal work accommodations to family. Journal of Occupational Health Psychology, 2002, 7(4): 324-341.

[28] Bentler P M. Comparative fit indexes in structural models. Psychological Bulletin, 1990,107(2): 238-246.

[29] Bentler P M & Bonett D G. Significance tests and goodness of fit in the analysis of covariance structure. Psychological Bulletin, 1980,88(3): 588-606.

[30] Bollen K A. A new incremental fit index for general structural equation models. Sociological Methods & Research, 1989,17(3): 303-316.

[31] Boyar S, Carr J, Mosley D & Carson C. The development and

validation of scores on perceived work and family demand scales. Educational and Psychological Measurement, 2007,67(1): 100 -115.

[32] Brayfield A H & Rothe H F. An index of job satisfaction. Journal of Applied Psychology, 1951,35(5): 307-311.

[33] Bretz R D, Boudreau J W & Judge T A. Job search behavior of employed managers. Personnel Psychology, 1994, 47(2): 275-301.

[34] Bretz R D, Milkovich G T & Read W. The current state of performance appraisal research and practice: Concerns, directions, and implications. Journal of Management, 1992,18(2): 321-352.

[35] Brief A P & Weiss H M. Organizational behavior: Affect in the workplace. Annual Review of Psychology, 2002,53(1): 279-307.

[36] Bronfenbrenner U & Ceci S J. Nature–nurture reconceptualized in developmental perspective: A bioecological model. Psychological Review, 1994, 101(4): 568-586.

[37] Brough P, O'Driscoll M & Kalliath T. The ability of family-friendly organizational resources to predict work-family conflict and job and family satisfaction. Stress and Health, 2005, 21(4): 223-234.

[38] Burley K A. Family variables as mediators of the relationship between work-family conflict and marital adjustment among dual-career men and women. Journal of Social Psychology, 1995, 135(4): 483-497.

[39] Butler A B, Grzywacz J G, Bass B L & Linney K D. Extending the demands-control model: A daily diary study of job characteristics, work-family conflict and work-family facilitation. Journal of Occupational and Organizational Psychology, 2005,78(2): 155-169.

[40] Butts M M, Casper W J & Yang T S. How important are work-family support policies? A meta-analytic investigation of their effects on employee outcomes. Journal of Applied Psychology, 2013, 98(1): 1-25.

[41] Campbell-Clark S. Work-family border theory: A new theory of work-family balance. Human Relations, 2000,53(6): 747-770.

[42] Carlson D S, Hunter E M, Ferguson M, et al. Work-family enrichment and satisfaction: Mediating processes and relative impact of originating and

receiving domains. Journal of Management, 2014, 40(3): 845-865.

[43] Carlson D, Kacmar K M, Zivnuska S, et al. Work-family enrichment and job performance: A constructive replication of affective events theory.Journal of Occupational Health Psychology, 2011, 16(3): 297-312.

[44] Carlson D S & Perrewé P L. The role of social support in the stressor-strain relationship: An examination of work-family conflict. Journal of Management, 1999, 25(4): 513-540.

[45] Carlson D S, Ferguson M, Kacmar K M, Grzywacz J G & Whitten D. Pay it forward: The positive crossover effects of supervisor work–family enrichment. Journal of Management, 2011, 37(3): 770-789.

[46] Carlson D S, Grzywacz J G & Kacmar K M. The relationship of schedule flexibility and outcomes via the work–family interface. Journal of Managerial Psychology, 2010, 25(4): 330-355.

[47] Carlson D S, Grzywacz J G, Ferguson M, Hunter E M, Clinch C & Arcury T A. Health and turnover of working mothers after child birth via the work-family interface: An analysis across time. Journal of Applied Psychology, 2011, 96(5): 1045-1054.

[48] Carlson D S, Grzywacz J & Zivnuska S. Is work-family balance more than conflict and enrichment? Human Relations, 2009, 62(10): 1459-1486.

[49] Carlson D S, Kacmar K M, Wayne J H & Grzywacz J G. Measuring the positive side of the work-family interface: Development and validation of a work-family enrichment scale. Journal of Vocational Behavior, 2006, 68(1): 131-164.

[50] Carlson D S & Perrew'e P L. The role of social support in the stressor-strain relationship:An examination of work–family conflict. Journal of Management, 1999,25(4): 513-540.

[51] Champoux I E. Perceptions of work and nonwork: A reexamination of the compensatory and spillover models. Sociology of Work and Occupations. 1978, 5(4): 402-422.

[52] Chen G, Gully S M & Eden D. Self-efficacy and general self-efficacy scale.Organizational Research Method, 2001,4(1): 62-83.

[53] Clarks S. Work-family border theory: A new theory of work-family balance. Human Relations, 2000, 53(6): 747-770.

[54] Cohn M A, Fredrickson B L, Brown S L, Mikels J A & Conway A M. Happiness unpacked: Positive emotions increase life satisfaction by building resilience. Emotion, 2009, 9(3): 361-368.

[55] Costa P T, Mccrae R R & Dye D A. Facet scales for agreeableness and conscientiousness: a revision of the NEO personality inventory. Personality & Individual Differences, 1991,12(9): 887-898.

[56] Crouter A C. Participative work as an influence on human development. Journal of Applied Developmental Psychology, 1984, 5(1): 71-90.

[57] Crouter A C. Spillover from family to work: The neglected side of the workfamily interface. Human Relations, 1984,37(6): 425–442.

[58] Crouter A. Participative work as an influence on human development. Journal of Applied Developmental Psychology, 1984, 5(1): 71-90.

[59] Crouter A. Spillover from family to work: The neglected side of the work-family interface. Human Relations, 1984, 37(6): 425-442.

[60] De Vos A, De Hauw S & Van der Heijden B I. Competency development and career success: The mediating role of employ ability. Journal of Vocational Behavior, 2011,79(2): 438-447.

[61] Demerouti E, Peeters M W & van der Heijden B M. Work-family interface from a life and career stage perspective: The role of demands and resources. International Journal of Psychology, 2012,47(4): 241-258.

[62] Diener E D, Emmons R A, Larsen R J & Griffin S. The satisfaction with life scale. Journal of Personality Assessment, 1985,49(1): 71-75.

[63] Dipaula A & Campbell J D. Self-esteem and persistence in the face of failure. Journal of Personality and Social Psychology, 2002,83(3): 711-724.

[64] Durst S L. Assessing the effect of family friendly programs on public organizations. Review of Public Personnel Administration ,1999,19(3).

[65] Eby L T, Casper W J, Lockwood A, Bordeaux C & Brinley A. Work and family research in IO/OB: Content analysis and review of the literature (1980-2002). Journal of Vocational Behavior, 2005, 66(1): 127-197.

[66] Eby Lillian T, Wendy J Casper, Angie Lockwood, Chris Bordeaux & Andi Brinley. Work and Family Research in IO/OB: Content Analysis and Review of the Literature (1980–2002). Journal of Vocational Behavior, 2005, 66(1): 127-197.

[67] Edwards J R & Rothbard N P. Mechanisims linking work and family:Clarifying the relationship between work and family consitructs. Academy of Management Review,2000, 25(1): 178-199.

[68] Erez A & Judge T A. Relationship of core self-evaluations to goal setting, motivation, and performance. Journal of Applied Psychology, 2001, 86(6): 1270-1279.

[69] Espinosa J A, Slaughter S A, Kraut R E & Herbsleb J D. Familiarity, complexity, and team performance in geographically distributed software development. Organization Science, 2007,18(4): 613-630.

[70] Evans P & Bartolome F. The dynamics of work-family relationships in managerial lives. Applied Psychology, 1986, 35(3): 371-395.

[71] Ezra M & Deckman M. Balancing work and family responsibilities: Flextime and child care in the federal government. Public Administration Review, 1996, 56(2): 174-179.

[72] Ford J K, Quinones M A, Sego D J & Sorra J S. Factors affecting the opportunity to perform trained tasks on the job. Personnel Psychology, 1992, 45(3): 511-527.

[73] Fornell C & Larcker D F. Evaluating structural equation models with unobservable variables and measurement error. Journal of Marketing Research, 1981,18(1): 39-50.

[74] Frame M W & Shehan C L. Work and well-being in the two-person career:Relocation stress and coping among clergy husbands and wives. Family Relations:Interdisciplinary Journal of Applied Family Studies, 1994,43(2): 196-205.

[75] Fredrickson B L. The role of positive emotions in positive psychology: The broaden-and-build theory of positive emotions. American Psychologist, 2001, 56(3): 218-226.

[76] Fredrickson B L. What good are positive emotions? Review of General Psychology, 1998, 2(3): 300-319.

[77] Fredrickson B L & Branigan C. Positive emotions broaden the scope of attention and thought-action repertoires. Cognition & Emotion, 2005, 19(3): 313-332.

[78] Fredrickson B L & Branigan C A. Positive emotions broaden action urges and the scope of attention. Manuscript in Preparation, 2000.

[79] Fredrickson B L & Joiner T. Positive emotions trigger upward spirals toward emotional well-being. Manuscript submitted for publication, 2000.

[80] Fredrickson B L & Levenson R W. Positive emotions speed recovery from the cardiovascular sequelae of negative emotions. Cognition and Emotion, 1998, 12(2): 191-220.

[81] Fredrickson B L & Losada M F. Positive affect and the complex dynamics of human flourishing. American psychologist, 2005, 60(7): 678-686.

[82] Friedman R A & Krackhardt D. Social capital and career mobility: A structural theory of lower returns to education for Asian employees. Journal of Applied Behavioral Science, 1997, 33(3): 316-334.

[83] Frone M R, Russell M & Cooper M L. Prevalence of work-family conflict: Are work and family boundaries asymmetrically permeable?Journal of Organizational Behavior, 1992,13(7): 723-729.

[84] Frone M R, Yardley J K & Markel K S. Developing and testing an integrative model of the work-family interface. Journal of Vocational Behavior, 1997,50(2): 145-167.

[85] Frone M R, Russell M & Cooper M L. Relation of work–family conflict to health outcomes:A four-year longitudinal study of employed parents. Journal of Occupational and Organizational Psychology, 1997,70(4): 325-335.

[86] Gist M E & Mitchell T R. Self-efficacy: A theoretical analysis of its determinants and malleability. Academy of Management Review, 1992, 17(2): 183-211.

[87] Glass J L & Estes S B. The family responsive workplace. Annual Review of Sociology,1997, 23(1): 289-313.

[88] Golden B R. The past is the past—or is it? The use of retrospective accounts as indicators of past strategy.Academy of Management Journal, 1992, 35(4): 848-860.

[89] Goodstein J D. Institutional pressure and strategic responsiveness: Employer involvement in work-family issues. Academy of Management Journal, 1994, 37(2): 350-382.

[90] Gouldner A W. The norm of reciprocity: A preliminary statement. American Sociological Review, 1960, 25(2): 161-178.

[91] Greenhaus J H & Beutell N J. Sources of conflict between work and family roles.Academy of Management Review, 1985,10(1):76-88.

[92] Greenhaus J H & Nicholas J B. Sources of conflict between work and family roles. Academy of Management Review, 1985, 10(1):76-88.

[93] Greenhaus J H & Powell G N. When work and family are allies: A theory of work-family enrichment. Academy of Management Review, 2006, 31(1): 72-92.

[94] Greenhaus J H & Wormley W M. Effects of race on organizational experience, job performance evaluations, and career outcomes. Academy of Management Journal, 1990,33(33): 64-86.

[95] Grimm-Thomas K & Perry-Jenkins M. All in a day's work: Job experiences, self-esteem, and fathering in working-class families. Family Relations, 1994, 43(2):174-181.

[96] Grover S L & Crooker K J. Who appreciates family-responsive human resource policies: The impact of family-friendly policies on the organizational attachment of parents and non-parents. Personnel Psychology, 1995, 48(2): 271.

[97] Grzywacz J. Work-family spillover and health during midlife: Is managing conflict everything? American Journal of Health Promotion, 2000, 14(4): 236-243.

[98] Grzywacz J G. Toward a theory of work-family facilitation.Paper presented at the 32nd annual theory construction and research methodology workshop of the persons, national council on family relations, Houston, TX,2002.

[99] Grzywacz J G. Toward a theory of work-family facilitation. Paper

presentation, 34th Annual Theory Construction and Research Methodology Workshop, 2002, November.

[100] Grzywacz J G. Work-family spillover and health during midlife: Is managing conflict everything? American Journal of Health Promotion, 2000,14(4): 236-243.

[101] Grzywacz J G & Bass B L. Work, family and mental health: testing different models of work-family fit. Journal of Marriage & Family, 2003, 65(1): 248-261.

[102] Grzywacz J G & Butler A B. The impact of job characteristics on work-family facilitation: Testing a theory and distinguishing a construct. Journal of Occupational Health Psychology, 2005,10(2): 97-109.

[103] Grzywacz J G & Marks N F. Reconceptualizing the work-family interface: An ecological perspective on the correlates of positive and negative spillover between work and family. Journal of Occupational Health Psychology, 2000, 5(1): 111-126.

[104] Grzywacz J G, Almeida D M & McDonald D A. Work-family spillover and daily reports of work and family stress in the adult labor force. Family Relations, 2002,51(1): 28–36.

[105] Grzywacz J G, Carlson D S, Kacmar K M & Wayne J H. A multi-level perspective on the synergies between work and family. Journal of Occupational and Organizational Psychology, 2007, 80(4): 559-574.

[106] Guzzo R A, Dickson M W. Teams in organizations: Recent research on performance and effectiveness. Annual Review of Psychology, 1996, 47(1): 307-338.

[107] Haar J M & Bardoel E A. Positive spillover from the work–family interface: A study of Australian employees. Asia Pacific Journal of Human Resources, 2008, 46(3): 275-287.

[108] Hackett G & Betz N E. A self-efficacy approach to the career development of women. Journal of Vocational Behavior,1981, 18(3): 326-339.

[109] Hackman J R & Oldham G R. Motivation through the design of work: Test of a theory. Organizational Behavior and Human Decision Processes,

1976,16(2): 250-279.

[110] Hanson G C, Colton C L & Hammer L B. Development and validation of a multidimensional scale of work-family positive spillover. Paper presented at the 18th Annual Meeting of SIOP, Orlando,2003.

[111] Hassan Z. Work-family conflict in east vs western countries. Cross Cultural Management: An International Journal, 2010, 17(1): 30-49.

[112] Hecht T D & McCarthy J M. Coping with employee, family and student roles: Evidence of dispositional conflict and facilitation tendencies. Journal of Applied Psychology, 2010, 95(4): 631-647.

[113] Henry K B, Arrow H & Carini B. A tripartite model of group identification: theory and measurement. Small Group Research, 1999,30(5): 558-581.

[114] Herman C & Lewis S. Entitled to a sustainable career? motherhood in science, engineering, and technology. Journal of Social Issues, 2012, 68(4): 767-789.

[115] Hill E J, Allen S, Jacob J, Bair A F, Bikhazi S L, Van Langeveld A & Walker E. Work-family facilitation: Expanding theoretical understanding through qualitative exploration. Advances in developing human resources, 2007, 9(4): 507-526.

[116] Hobfoll S E. Conservation of resources: A new attempt at conceptualizing stress. American Psychologist, 1989,44(3): 513-524.

[117] Hobfoll S E. Social and psychological resources and adaptation. Review of General Psychology, 2002,6(4): 307.

[118] Hobfoll S E. The influence of culture, community, and the nested-self in the stress process: Advancing conservation of resources theory. Applied Psychology, 2001, 50(3): 337-422.

[119] Hobman E V, Bordia P & Gallois C. Consequences of feeling dissimilar from others in a work team. Journal of Business and Psychology, 2003,17(3): 301-325.

[120] Holman D J & Wall T D. Work characteristics, learning-related outcomes, and strain: A test of competing direct effects, mediated, and moderated

models. Journal of Occupational Health Psychology, 2002, 7(4): 83-301.

[121] House J S. Work stress and social support. Reading,MA: Addison-Wesley ,1981.

[122] Hughes D, Galinsky E & Morris A. The effects of job characteristics on marital quality: Specifying linking mechanisms. Journal of Marriage and the Family, 1992, 54(1): 31-42.

[123] Hunter E M, Perry S J, Carlson D S & Smith S A. Linking team resources to work-family enrichment and satisfaction. Academy of Management Annual Meeting Proceedings, 2010, 77(2): 304-312.

[124] Isen A M & Baron R A. Positive affect as a factor in organizational behavior. Research in Organizational Behavior, 1991, 13:1-53.

[125] Johnson J L & Podsakoff P M. Journal influence in the field of management: an analysis using Salancik's index in a dependency network.Academy of Management Journal, 1994, 37(5): 1392-1407.

[126] Judge T A & Bono J E. Relationship of core self-evaluation traits self-esteem, generalized self-efficacy, locus of control, and emotional stability with job satisfaction and job performance: A meta-analysis. Journal of Applied Psychology, 2001, 86(1): 80-92.

[127] Judge T A & Watanabe S. Individual differences in the nature of the relationship between job and life satisfaction. Journal of Occupational and Organizational Psychology, 1994, 67(2):101-107.

[128] Judge T A, Cable D M, Boudreau J W & Bretz R D. An empirical investigation of the predictors of executive career success. Personnel Psychology, 1995,48(3): 485-519.

[129] Judge T A, Thoreson C J, Bono J E & Patton G K. The job satisfaction-job performance relationship: Aqualitative and quantitative review. Psychological Bulletin, 2001, 127(3): 376-407.

[130] Kabanoff B & O'Brien G. Work and leisure: A task attributes analysis. Journal of Applied Psychology, 1980, 65(5): 596-609.

[131] Kacmar K M, Crawford W S, Carlson D S, Ferguson M & Whitten D. A short and valid measure of work-family enrichment. Journal of Occupational

Health Psychology, 2014, 19(1): 32-45.

[132] Kahn W A. Psychological conditions of personal engagement and disengagement at work. Academy of Management Journal, 1990, 33(4): 692-724.

[133] Kahn W A. To be fully there: Psychological presence at work. Human Relations, 1992, 45(4): 321-349.

[134] Kando T M & Summers W C. The impact of work on leisure: Toward a paradigm and research strategy. The Pacific Sociological Review, 1971, 14(3): 310-327.

[135] Kanter R M. Work and family in the United States: A critical review and agenda for research and policy. Russell Sage Foundation, 1977.

[136] Karasek R A. Job demands, job decision latitude,and mental strain: Implications for job redesign. Admin-istrative Science Quarterly, 1979, 24(2): 285-308.

[137] King Z. Career self-management: Its nature, causes and consequences. Journal of Vocational Behavior, 2004, 65(1): 112-133.

[138] Kinnunen U, Feldt T, Geurts S & Pulkkinen L. Types of work-family interface: Well-being correlates of negative and positive spillover between work and family. Scandinavian Journal of Psychology, 2006, 47(2): 149-162.

[139] Kirchmeyer C. Perceptions of nonwork-to-work spillover: Challenging the common view of conflict-ridden domain relationships. Basic and Applied Social Psychology, 1992, 13(2): 231-249.

[140] Kobasa S C. Commitment and coping in stress resistance among lawyers. Journal of Personality and Social Psychology, 1982, 42(4): 707-717.

[141] Kobasa S C. Stressful life events, personality, and health: An inquiry into hardiness. Journal of Personality and Social Psychology, 1979,37(1): 1-11.

[142] Kohn M L & Schooler C. The reciprocal effects of the substantive complexity of work and ntellectual flexibility: A longitudinal assessment. American Journal of Sociology, 1978, 84(1): 24-52.

[143] Korman A K. Hypothesis of work behavior revisited and an extension. Academy of Management Review, 1976,1(1): 50-63.

[144] Kossek E E, Ollier-Malaterre A, Lee M D, Hall D T, Pichler S.

Managerial gate keeping rationales for customized work arrangements: evidence of the changing employee-organization relationship. Presented at Annu. Soc. Ind. Organ. Psychol. (SIOP) Conf., 26th, Apr. 14-16, Chicago, 2011.

[145] Kossek E E & Lautsch B A. CEO of me: Creating a life that works in the flexible job age. Pearson Prentice Hall,2007.

[146] Kossek E E, Ozeki C. Bridging the work-family policy and productivity gap: A literature review. Community, Work and Family, 1999, 2(1): 7-32.

[147] Kossek E E, Roberts K, Fisher S & Demarr B. Career self-management: A quasi-experimental assessment of the effects of a training intervention. Personnel Psychology, 1998, 51(4): 935-960.

[148] Lambert S J. Processes linking work and family: A critical review and research agenda. Human Fleiations, 1990, 43(3): 239-257.

[149] Lambert S & Haley-Lock A. The organizational stratification of opportunities for work. Community, Work, and Family, 2004, 7(2): 179-195.

[150] Lazear E P. Salaries and piece rates. Journal of Business, 1986, 59(3): 405-431.

[151] Lee S Y & Hong J H. Does family-friendly policy matter? Testing its impact on turnover and performance. Public Administration Review,2011, 71(6): 870-879.

[152] Lehman W E & Simpson D D. Employee substance use and on-the-job behaviors. Journal of Applied Psychology, 1992,77(3): 309-321.

[153] Lim D H, Song J H & Choi M. Work-family interface: Effect of enrichment and conflict on job performance of Korean workers.Journal of Management & Organization, 2012, 18(3): 383-397.

[154] Lobel S A. Allocation of investment in work and family roles: Alternative theories and implications for research.Academy of Management Review, 1991,16(3): 507-521.

[155] Lobel S A & St Clair L. Effects of family responsibilities, gender, and career identity salience on performance outcomes. Academy of Management Journal, 1992, 35(5): 1057-1069.

[156] Lodahl T M & Kejner M. The definition and measurement of job involvement. Journal of Applied Psychology, 1965, 49(1): 24-33.

[157] Lu C Q, Siu O L, Chen W Q & Wang H J. Family mastery enhances work engagement in Chinese nurses: A cross-lagged analysis.Journal of Vocational Behavior, 2011,78(1): 100-109.

[158] Magee C A, Stefanic N, Caputi P & Iverson D C. The association between job demands-control and health in employed parents: The mediating role of work-to-family interference and enhancement. Journal of Occupational Health Psychology, 2012, 17(2): 196-205.

[159] Marks S R. Multiple roles and role strain: some notes on human energy, time and commitment. American Sociological Review, 1977,42(6): 921-936.

[160] Marsden P V, Kalleberg A L & Cook C R. Gender differences in organizational commitment influences of work positions and family roles. Work and Occupations, 1993,20(3): 368-390.

[161] Masuda A D, McNall L A, Allen T D & Nicklin J M. Examining the constructs of work-to-family enrichment and positive spillover. Journal of Vocational Behavior, 2012, 80(1): 197-210.

[162] Masuo D, Fong G, Yanagida J & Cabal C. Factors associated with business and family success: A comparison of single manager and dual manager family business households. Journal of Family and Economic Issues, 2001, 22(1): 55-73.

[163] Mccarthy A, Darcy C & Grady G. Work-life balance policy and practice: understanding line manager attitudes and behaviors. Human Resource Management Review, 2010,20(2): 158-167.

[164] McCauley C D, Ruderman M N, Ohlott P J & Morrow J E. Assessing the developmental components of managerial jobs. Journal of Applied Psychology, 1994, 79(4): 544-560.

[165] McCrae R R & John O P. An introduction to the five-factor model and its applications. Journal of Personality, 1992,60(2): 175-215.

[166] McNall L A & Nicklin J M & Masuda A D. A meta-analytic review of

the consequences associated with work-family enrichment. Journal of Business and Psychology, 2010, 25(3): 381-396.

[167] McNall L A, Masuda A D & Nicklin J M. Flexible work arrangements, job satisfaction, and turnover intentions: The mediating role of work-to-family enrichment. The Journal of Psychology, 2010,144(1): 61-81.

[168] Michel J S, Kotrba L M, Mitchelson J K, Clark M A & Baltes B B. Antecedents of work-family conflict: A meta-analytic review. Journal of Organizational Behavior, 2011, 32(5): 689-725.

[169] Mignonac K & Herrbach O. Linking work events, affective states and attitudes: An empirical study of managers' emotions. Journal of Business and Psychology, 2004, 19(2): 221-240.

[170] Moen P & Yu Y. Effective work-life strategies: Working couples, work conditions, gender, and life quality. Social Problems, 2000,47(3): 291-326.

[171] Morf M. The work/life dichotomy. Westport, CT: Quorum, 1989.

[172] Mulaik S A, James L R, Van Alstine J, Bennett N, Lind S & Stilwell C D. Evaluation of goodness-of-fit indices for structural equation models. Psychological Bulletin, 1989,105(3): 430-445.

[173] Naquin S S & Holton E F. The effects of personality, affectivity and work commitment on motivation to improve work through learning. Human Resource Development Quarterly ,2002, 13(4): 357-376.

[174] Natalie S & Barbara P. Work-life conflict: is work time or work overload more important?. Asia Pacific Journal of Human Resources, 2008, 46(3): 303-315.

[175] Near J, Rice R & Hunt R. The relationship between work and nonwork domains: A review of empirical research. Academy of Management Review, 1980, 5(3): 415-429.

[176] Near J P, Rice R W & Hunt R G. Job satisfaction and life satisfaction: A profile analysis. Social Indicators Research, 1987, 19(4): 383-401.

[177] Ngo H Y, Foley S & Loi R. Family friendly work practices, organizational climate, and firm performance: A study of multinational corporations in Hong Kong. Journal of Organizational Behavior, 2009, 30(5):

665-680.

[178] Odle-Dusseau H N, Britt T W & Greene-Shortridge T M. Organizational work-family resources as predictors of job performance and attitudes: the process of work-family conflict and enrichment. Journal of Occupational Health Psychology, 2012, 17(1): 28-40.

[179] Parasuraman S & Greenhaus J H. Toward reducing some critical gaps in work–family research. Human Resource Management Review, 2002, 12(3): 299-312.

[180] Parasuraman S, Greenhaus J H & Granrose C S. Role stressors, social support, and well-being among two-career couples. Journal of Organizational Behavior , 1992,13(4): 339-356.

[181] Parasuraman S, Purohit Y S, Godshalk V M & Beutell N J. Work and family variables, entrepreneurialcareer success, and psychological well-being. Journal of Vocational Behavior, 1996, 48(3): 275-300.

[182] Pecnrlin L I & Schooler C. The structure of coping.Journal of Health and Social Behavior, 1978, 19(1): 2-21.

[183] Perry-Jenkins M, Repetti R L & Crouter A C. Work and family in the 1990s. Journal of Marriage and the Family, 2000, 62(4): 981-998.

[184] Pinkley R L, Neale M A & Bennett R J. The impact of alternatives to settlement in dyadic negotiation. Organizational Behavior & Human Decision Processes, 1994, 57(1): 97-116.

[185] Pittman J F & Orthner D K. Predictors of spousal support for the work commitments of husbands. Journal of Marriage and the Family, 1988, 50(2): 335-348.

[186] Pleck J H. The work-family role system. Social Problems, 1977, 24(4): 417-442.

[187] Powell G, Greenhaus J. Is the opposite of positive negative? The relationship between work-family enrichment and conflict. Academy of Management Meetings,New Orleans, LA, 2004.

[188] Proost K, De Witte H, De Witte K & Schreurs B. Work-family conflict and facilitation: The combined influence of the job demand-control model and

achievement striving. European Journal of Work and Organizational Psychology, 2010,19(5): 615-628.

[189] Repetti R L. Effects of daily workload on subsequent behavior during marital interaction: the roles of social withdrawal and spouse support. Journal of Personality & Social Psychology, 1989,57(4): 651-659.

[190] Rice R W, Frone M R & McFarlin D B. Work-nonwork conflict and the perceived quality of life. Journal of Organizational Behavior, 1992, 13(2): 155-168.

[191] Rothausen T J. Family in organizational research: A review and comparison of definitions and measures. Journal of Organizational Behavior, 1999, 20(6): 817-836.

[192] Rothbard N P. Enriching or depleting? The dynamics of engagement in work and family roles. Administrative Science Quarterly, 2001, 46(4): 655-684.

[193] Ruderman M N, Ohlott P J, Panzer K & King S N. Benefits of multiple roles for managerial women. Academy of Management Journal, 2002, 45(2): 369-386.

[194] Rusting C L & Larsen R J. Personality and cognitive processing of affective information. Personality & Social Psychology Bulletin, 1998,24(2): 200-213.

[195] Ryan A M & Kossek E E. Work-life policy implementation: Breaking down or creating barriers to inclusiveness? Human Resource Management, 2008, 47(2): 295-310.

[196] Ryff C D. Happiness is everything, or is it? Explorations on the meaning of psychological well-being. Journal of Personality and Social Psychology, 1989,57(6): 1069-1081.

[197] Sanz-Vergel A, Demerouti E, Moreno-Jiménez B & Mayo M. Work-family balance and energy: A day-level study on recovery conditions. Journal of Vocational Behavior, 2010, 76(1): 118-130.

[198] Schein V E. The work/family interface: challenging corporate convenient.Women in Management Review, 1993,8(4): 22-27.

[199] Schwenk C R. The use of participant recollection in the modeling of

organizational decision processes.Academy of Management Review, 1985, 10(3): 496-503.

[200] Scott D B. The costs and benefits of women's family ties in occupational context: Women in corporate-government affairs management. Community, Work and Family, 2001,4(1): 5-27.

[201] Seibert S E, Kraimer M L & Liden R C. A social capital theory of career success. Academy of Management Journal, 2001, 44(2): 219-237.

[202] Seibert S E, Kraimer M L, Holtom B C & Pierotti A J. Even the best laid plans sometimes go askew: Career self-management processes, career shocks, and the decision to pursue graduate education. Journal of Applied Psychology, 2013, 98(1): 169.

[203] Seyler D L, Monroe P A & Garand J C. Balancing work and family: The role of employer-supported child care benefits. Journal of Family Issues, 1995,16(2): 170-193.

[204] Shockley K M &Singla N. Reconsidering work-family interactions and satisfaction: A meta-analysis. Journal of Management, 2011, 37(3): 861-886.

[205] Sieber S D. Toward a theory of role accumulation.American Sociological Review, 1974, 39(4): 567-578.

[206] Sincacore A L & Akcali F O. Men in families: Job satisfaction and self-esteem. Journal of Career Development, 2000, 27(1): 1-13.

[207] Singer T, Yegidis B L, Robinson M M, Barbee A P & Funk J. Faculty in the middle: The effects of family caregiving on organizational effectiveness. Journal of Social Work Education, 2001, 37(2): 295-308.

[208] Spector P E & Fox S. An emotion-centered model of voluntary work behavior: Some parallels between counter productive work behavior and organizational citizenship behavior. Human Resource Management Review, 2002, 12(2): 269-292.

[209] Spreitzer G M. Psychological, empowerment in the workplace: dimensions, measurement and validation. Academy of Management Journal, 1995,38(5): 1442-1465.

[210] Staines G L. Spillover versus compensation: A review of the literature

on the relationship between work and nonwork. Human Relations, 1980, 33(2): 111-129.

[211] Steiger James H. Structural model evaluation and modification: an interval estimation approach. Multivariate Behavioral Research, 1990,25(2): 173-180.

[212] Stephens G K & Sonnner S M. The measurement of work to family conflict. Educational and Psychological Measurement, 1996, 56(3): 475-486.

[213] Stewart W & Barling J. Fathers'work experiences effect children's behaviors via job-related affect and parenting behaviors. Journal of Organizational Behavior, 1996, 17(3): 221-232.

[214] Stroh L K, Brett Jeanne M & Reilly Anne H. All the right stuff: a comparison of female and male managers' career progression.Journal of Applied Psychology, 1992,77(3): 251-260.

[215] Stryker S & Serpe R T. Identity salience and psychological centrality: Equivalent, overlapping, or complementary concepts? Social Psychology Quarterly, 1994, 57(1): 16-35.

[216] Tekleab A G, Quigley N R & Tesluk P E. A longitudinal study of team conflict, conflict management, cohesion, and team effectiveness. Group and Organization Management, 2009, 34(2): 170-205.

[217] Tenbrunsel A E. Brett J M, Maoz E, Stroh L K & Reilly A H. Dynamic and static work-family relationships. Organizational Behavior and Human Decision Processes, 1995, 63(3): 233-246.

[218] Thoits P A. On merging identity theory and stress research. Social Psychology Quarterly, 1991, 54(2): 101-112.

[219] Thoits P A. Identity structures and psychological well-being: gender and marital status comparisons. Social Psychology Quarterly,1992,55(3), 236-256.

[220] Thomas L T & Ganster D C. Impact of family-supportive work variables on work-family conflict and strain: A control perspective. Journal of Applied Psychology, 1995,80(1): 6-15.

[221] Thomas L T & Thomas J E. The ABCs of child care: Building blocks

of competitive advantage. MIT Sloan Management Review, 1990,31(2): 31-41.

[222] Thompson C A, Beauvais L L & Lyness K S. When work-family benefits are not enough: The influence of work-family culture on benefit utilization, organizational attachment, and work-family conflict. Journal of Vocational Behavior, 1999, 54(3): 392–415.

[223] Tsui A S, Egan T D & O'Reilly C A. Being different: Relational demography and organizational attachment. Administrative Science Quarterly, 1992, 37(37): 549-579.

[224] Tugade M & Fredrickson B L. Resilient individuals use positive emotions to bounce back from negative emotional arousal. Manuscript in preparation, 2000.

[225] Uhl-Bien M & Graen G B. Self-management and team-making in cross-functional work teams: discovering the keys to becoming an integrated team. Journal of High Technology Management Research, 1992,3(2): 225-241.

[226] Van Steenbergen E F & Ellemers N. Is managing the work-family interface worthwhile? Benefits for employee health and performance. Journal of Organizational Behavior, 2009, 30(5): 617-642.

[227] Van Steenbergen E F, Ellemers N & Mooijaart A. How work and family can facilitate each other: Distinct types of work family facilitation and outcomes for women and men. Journal of Occupational Health Psychology, 2007,12(3): 279-300.

[228] Voydanoff P. Conceptualizing community in the context of work and family. Community, Work, and Family, 2001, 4(2): 133-156.

[229] Voydanoff P. Implications of work and community demands and resources for work-to-family conflict and facilitation. Journal of Occupational Health Psychology, 2004, 9(4): 275-285.

[230] Voydanoff P. Incorporating community into work and family research: A review of basic relationships. Human Relations, 2001, 54(12): 1609-1637.

[231] Voydanoff P. Linkages between the work-family interface and work, family,and individual outcomes: An integrative model. Journal of Family Issues, 2002, 23(1): 138-164.

[232] Voydanoff P. Social integration: Work-family conflict and facilitation, and job and marital quality. Journal of Marriage and Family, 2005,67(3), 666-679.

[233] Voydanoff P. The effects of work demands and resources on work-to-family conflict and facilitation. Journal of Marriage and Family, 2004, 66(2): 398-412.

[234] Voydanoff P & Donnelly B W. Multiple roles and psychological distress: The intersection of the paid worker, spouse, and parent roles with the role of the adult child. Journal of Marriage and the Family, 1999,61(3): 739-751.

[235] Watson D & Clark L A. Negative affectivity: The disposition to experience aversive emotional states, 1984, 96(3): 465-490.

[236] Wayne J H & Cordeiro B. Who is a good organizational citizen? Perceptions of male and female employees using family leave. Sex Roles, 2003, 49(5-6): 233-246.

[237] Wayne J H, Grzywacz J G, Carlson D S & Kacmar K M. Work-family facilitation: a theoretical explanation and model of primary antecedents and consequences. Human Resource Management Review, 2007,17(1): 63-76.

[238] Wayne J H, Musisca N & Fleeson W. Considering the role of personality in the work-family experience: Relationships of the big five to work–family conflict and facilitation. Journal of Vocational Behavior, 2004, 64(1): 108-130.

[239] Wayne J H, Randel A & Stevens J. The role of identity and work-family support in work-family enrichment and its work-related consequences. Journal of Vocational Behavior, 2006, 69(3): 445-461.

[240] Wayne S J & Liden R C. Perceived organizational support and leader-member exchange: a social exchange perspective. Academy of Management Journal, 1997,40(1): 82-111.

[241] Wegge J. Communication via videoconference: Emotional and cognitive consequences of affective personality dispositions, seeing one's own picture, and disturbing events. Human-Computer Interaction, 2006, 21(3): 273-318.

[242] Weiss H M & Cropanzano R. Affective events theory:A theoretical

discussion of the structure, causes and consequences of affective experiences at work. Research in Organizational Behavior, 1996,18(3):1-74.

[243] Werbel J & Walter M H. Changing views of work and family roles: A symbiotic perspective. Human Resource Management Review, 2002, 12(3): 293-298.

[244] Wiebe D J & McCallum D M. Health practices and hardiness as mediators in the stress-illness relationship. Health Psychology, 1986, 5(5): 425-438.

[245] Wiese B S, Seiger C P, Schmid C M, et al. Beyond conflict: Functional facets of the work-family interplay. Journal of Vocational Behavior, 2010, 77(1): 104-117.

[246] Williams A & Franche R L. Examining the relationship between work-family spillover and sleep quality. Journal of Occupational Health Psychology, 2006, 11(1): 27-37.

[247] Williams L J & Anderson S E. Job satisfaction and organizational commitment as predictors of organizational citizenship and in-role behaviors. Journal of Management, 1991,17(3): 601-617.

[248] Williams S, Zainuba M & Jackson R. Affective influences on risk perceptions and risk intention. Journal of Managerial Psychology, 2003, 18(2): 126-137.

[249] Yang NiNi, Chao C Chen & Yi Min Zou. Sources of work-family conflict: A Sino-US Comparison of the effects of work and family demands. Academy of Management Journal, 2000, 43(1):113-123.

[250] Yoo B & Donthu N. Developing and validating a multi-dimensional consumer-based brand equity scale. Journal of Business Research, 2001,52(1): 1-14.

[251] Zabriskie R B & Mccormick B P. Parent and child perspectives of family leisure involvement and satisfaction with family life. Journal of Leisure Research, 2003,35(2): 163-189.

[252] Zhao H, Wayne S J, Glibkowski B C & Bravo J. The impact of psychological contract breach on work-related outcomes: A meta-analysis.

Personnel Psychology, 2007, 60(3): 647-680.

五、网络资料

[1]　American Psychological Association. Stress in America, 2008.Retrieved from http://www.apa.org/news/press/releases/2008/10/stress-in-Aamerica.pdf.

[2]　法律搜索查询时间为：2016 年 9 月 15 日。

[3]　民政部.社会工作专业人才队伍建设中长期规划（2011—2020 年）[EB/OL].中华人民共和国民政部门户网站.http://www.mca.gov.cn/article/zwgk/fvfg/shgz/201204/20120400302330.shtml.

[4]　人力资源社会保障部.国家中长期人才发展规划纲要（2010—2020）[EB/OL].中华人民共和国人力资源和社会保障部门户网站.http://www.mohrss.gov.cn/SYrlzyhshbzb/zwgk/ghcw/ghjh/201503/t20150313_153952.htm.

[5]　新华网.十八大报告[EB/OL].新华社. http://www.xj.xinhuanet.com/2012-11/19/c_113722546.htm.

[6]　新华社.财政部公布 2015 年全国财政决算[EB/OL].中央政府门户网站.http://www1.www.gov.cn/shuju/2016-07/15/content_5091772.htm.

[7]　http://news.sina.com.cn/o/2016-02-23/doc-ifxprqea5072450. shtml.

[8]　http://news.sun0769.com/dg/headnews/201604/t20160407_6451568.shtml.

[9]　http://news.163.com/16/0311/16/BHT2KUEH00014JB5.html.

后 记

　　大概在 2011 年暖春时节，我开始提笔研写博士后出站报告"基于资源获取发展观的工作-家庭促进研究"。初衷是在国家自然基金项目基础上，结合中国经济崛起和中国企业竞争力提高的时代背景进行研究的延伸。在工作-家庭研究领域被"冲突"视角统治 20 年之后，关注二者之间的相互促进关系正在成为组织行为领域研究的热点。尽管如我辈的大多数人不会过分地期望生活中的顺遂不逆，但假如能将工作时的压力、家庭中的负担从尖锐的棱角转化成圆滑内敛的暖玉，终归是好的。

　　初稿出炉之时，知来新夏先生惦念此题，及时将报告交予先生看。来公一向推崇"回归民众"，此次我以促进为视角去探索工作与家庭间的积极性也深得先生认可。通读报告后略加思索，题记便润笔蹴成，他还敦促着待书籍出版后定要"打赏"一本。

　　我知先生的夸赞和赏识有激励的意思，对于"博涉群籍、有科学依据、前沿性、国际化"的评价不敢受之，只能继续仔细斟酌，认真研究。在出站报告的基础上，书稿补充了大量国内外最新研究成果并增加了实证检验和系统开发等章节，尽我之所能让此书担得起先生这般认可。

　　年逾九旬的来公常常自喜于难得人生老更忙，神清思澈未显龙钟之态，更是在 90 初度之日说过"有生之年，誓不挂笔"的豪言。我也深信先生当享期颐之寿，便在日常的琐碎中，猛然失却了呈书一本的机会。

　　来公仙逝，伤感有之，震惊有之，遗憾有之，写题记时的鼓励称赞还历历在目，却似乎又转瞬间了无痕迹。众人皆知生命之短暂，于我更是感慨这时间只在书首书尾间。但想必来公的一生是完满的，那句"不挂笔"的诺言更是履行至终点。借用先生小文中的一句话"误堕尘寰的我终于摆脱掉风雨的纷扰和晴空的照耀，蜷缩进飘庐蜗居去寻行数墨，过着'也无风雨也无晴'的日子，平平淡淡，依然故我地笑对人生。"

　　愿本书能如我初衷，在严谨刻板的研究中折射出一丝人文关怀；让一丝不苟的数据里带来温暖的善意，使"工作"和"家庭"不再是言辞贫乏的单薄词汇，那么我这心头的一点体会也算是尽了其应有的价值。想必来公纵是没有见到书稿付梓，也能在归途中添一声朗笑。

　　是为后记。

张　伶

2016 年爽秋写于南开园